René Wynands
»Do the Reggay!«

SERIE MUSIK
PIPER·SCHOTT
Band 8409

Zu diesem Buch

An keinem Ort der Welt wird mehr Musik produziert als auf der Karibikinsel Jamaika. Reggae ist dort echte »Volksmusik«, die die Erlebnisse, Wünsche und Ansichten einer quirlig-chaotischen Gesellschaft reflektiert. Hauptvertreter des Reggae war Bob Marley (1945–1981), der in den 70ern zu einer Kultfigur wurde. Wynands' Buch zeichnet die Geschichte der Reggae-Musik bis in unsere Tage nach und stellt dabei den Mythos Bob Marley in seinen musikgeschichtlichen Kontext. Der Autor gibt einen tiefen Einblick in Herkunft, Entwicklung und in Spielweisen einer faszinierenden Musik, deren innovative Kraft die euro-amerikanische Popmusik seit 35 Jahren entscheidend prägt und derzeit umkrempelt.

René Wynands, geboren 1965 in Bochum, studierte Kunstgeschichte, Filmwissenschaften und Philosophie. Er ist versierter Kenner des Reggae und arbeitet als freier Musikjournalist und Kunstkritiker.

René Wynands

»Do the Reggay!«

Reggae von Pocomania bis Raggamuffin
und der Mythos Bob Marley

Mit 31 Abbildungen

Piper München · Schott Mainz

SERIE MUSIK
PIPER · SCHOTT

ISBN 3-492-18409-X (Piper)
ISBN 3-7957-8409-3 (Schott)
Originalausgabe
Januar 1995
© R. Piper GmbH & Co. KG, München 1995
Umschlag: Federico Luci
Foto: © Adrian Boot / Bob Marley Inc.
Gesamtherstellung: Clausen & Bosse, Leck
Printed in Germany

INHALT

Vorwort

Vor kurzem telefonierte ich mit dem bedeutenden Reggae-Chronisten Steve Barrow (dem auch dieses Buch viele wesentliche Informationen verdankt). Er stimmte mir darin zu, daß man keine endgültige Reggae-Geschichte schreiben könne; immer wieder würde man bei den Recherchen auf neue Namen stoßen und neue Protagonisten entdecken, deren bisher verkannter Anteil an der Entwicklung der jamaikanischen Musik jede vermeintlich festgefügte Geschichte durcheinanderwirbeln würde. So sei die Historie der frühen Sound-Systems der fünfziger und sechziger Jahre nahezu unerforscht, da keine Vinyl-Dokumente aus dieser Zeit existieren. Zudem seien viele Sound-Men und Musiker dieser Ära längst tot und der Reggae war bekanntlich stets ein Teil der Alltags- und Ghettokultur, deren Entwicklung schriftlich festzuhalten niemand für nötig befand.

Das vorliegende Buch »Do The Reggay« erhebt deshalb gar nicht erst den Anspruch, vollständig, endgültig oder gar fehlerfrei zu sein. Es ist vielmehr eine grundlegende Einführung in einen der faszinierendsten Musikstile der Welt. Das war nie so deutlich wie heute in den neunziger Jahren, wo Reggae sich weltweit zu einem etwa dem Blues, Soul oder HipHop gleichwertigen Stil etabliert hat.

Mit dem Boom des modernen Ragga eines Shabba Ranks, Shaggy oder Buju Banton wächst auch das Bedürfnis, etwas über die Hintergründe dieser Musik zu erfahren, über ihre Geschichte, ihre Produktionsweisen, ihre Protagonisten und ihre Kultur. Ein Blick zurück auf die Herkunft dieser Musik entfaltet ein faszinierendes Szenario, das den Reggae nicht mehr nur als eine bestimmte formale Rhythmusstruktur erscheinen läßt, die (wie in Europa und Amerika oft praktiziert) beliebig jedem Lied übergestülpt werden kann. Der Blick zurück macht den Reggae begreiflich als Ausdruck einer schillernden, temperamentvollen Kultur, die aufgrund ihres unbekümmerten Umgangs mit dem »Kulturgut« Musik der internationalen Musikentwicklung oftmals ein wesentliches Stück voraus war. Mehr als in jedem anderen Musikstil lag im Reggae die Betonung stets auf dem Rhythmus – eine Priorität, die in der afroamerikanischen Popmusik so konsequent erst viel später gesetzt wurde. Die latenten Einflüsse des Reggae ziehen sich so durch weite Teile der westlichen Popmusik, sei es im Disco-Sound der Siebziger, wo man begann, die Musik mit Blick auf ihre *Sound*-Struktur als »Tracks« zu definieren, anstatt wie bisher in *Song*-Strukturen zu denken (eine Entwicklung, deren Höhepunkte zur Zeit die House-Music und Techno darstellen). Sei es im HipHop-Rapping, der zunächst nur eine Kopie des jamaikanischen DeeJaying war. Oder sei es die aus dem Dance-Floor-Bereich nicht mehr wegzudenkende Remix-Praxis, die berühmte Dub-Meister wie King Tubby in Jamaika erfanden.

Reggae ist also weit mehr als ein exotischer Sound, mehr als eine bloße Randerscheinung im internationalen Musikgeschehen. Ein kleiner Drittweltstaat hat hier eine musikalische Form geschaffen, die unsere westliche Popmusikkultur in ganz wesentlichem Maße bereichert hat – und die es nun zu entdecken gilt...

Dieses Buch wäre ohne die Hilfe vieler Freunde, Kollegen, Musiker und anderer Autoren nicht möglich gewesen. Mein Dank gilt allen, die mich mit Rat und Tat unterstützt haben, allen voran Silke Löhmann für ihren stets kritischen Rat, dem dieses Buch viele Verbesserungen verdankt. Der gleiche Dank geht an Ulrich Hoffmann für die Redaktion und an Michael Lemster vom Piper Verlag, der das ganze Buchprojekt in Gang gebracht und mir den nötigen Mut gemacht hat. Desweiteren danke ich Steve Barrow für die unzähligen wichtigen Informationen und Erläuterungen, ohne die das Buch nur halb so umfangreich wäre. Dank auch an Simon Buckland und Tim Barrow für die großartigen Fotos.

Special Thanks an: David Rodigan, Kate Bartlett, Everton Sharp, Michael Weilacher, Peter Erik Hillenbach, Eva Schütz, Helmut Philipps und die bospect-Posse.

Bochum 1.7.1994   *René Wynands*

Einleitung

Wahrscheinlich wird sich jeder, der dieses Buch in der Hand hält und diese Zeilen liest, schon einmal die Frage gestellt haben, woran es liegt, daß ihn der Reggae so fasziniert. Bei dem Versuch, diese Frage zu beantworten, wird er gewiß zunächst beständig auf Widersprüche gestoßen sein: Reggae ist die Musik einer fremden Kultur, die nur äußerst wenig mit unserer bundesdeutschen Lebensrealität zu tun hat, und der man nicht gerecht wird, wenn man sie nur über einige herausragende »Künstler« zu erschließen versucht. Er läßt sich nur als Ganzes, als kollektiver Ausdruck einer eigenständigen – und fremden – Kultur verstehen. Somit verfügt er – von Bob Marley einmal abgesehen – über keine klassischen Identifikationspotentiale, über die der Europäer den Zugang zu ihm finden könnte. Darüber hinaus ist dem Reggae in seiner Funktion als »Volksmusik« immer eine ausgeprägte lokale Beschränkung auf Jamaika zu eigen, die ihn gewissermaßen nach außen hin abschirmt. Außerdem wirken seine einfache musikalische Struktur und sparsame Instrumentierung auf unsere europäischen Hörgewohnheiten monoton und »unterproduziert«, und seine Inhalte – ob sie nun dem esoterischen Rasta-Idiom oder dem jamaikanischen Alltag entstammen – sind aufgrund ihrer Zugehörigkeit zu einem uns fremden Kontext (und wegen des kreolischen Patois-Dialektes, in dem sie vorgetragen werden) für uns nur fragmentarisch zu verstehen.

Was also ist es, was den Reggae so faszinierend macht?

Zunächst ist es der Rhythmus! In seiner einfachen und klaren Struktur liegt das Geheimnis einer höchst komplexen Wirkung. Die faszinierende Wirkung des Reggae-Rhythmus entsteht durch die Kombination einfacher musikalischer Muster unter der absoluten Priorität des suggestiven Bassklanges. So entwickelt die reggae-typische Betonungsverschiebung ein permanentes

Spannungsmoment, das erst im verzögert folgenden »One Drop« wieder aufgelöst wird – während der Bass eine warme, hypnotisch-beruhigende, geradezu physisch spürbare Atmosphäre schafft, in der diese unablässigen Spannungswechsel eingebettet sind. Ein Reggae-Rhythmus ist die potentiell unendliche Wiederholung dieses Vorganges, der das Gefühl eines stetigen Vorenthaltens (des Erwarteten) und (dessen) verzögerter Befriedigung hervorruft.

Das Beeindruckende dieses Vorganges ist die Einfachheit der Mittel mit denen dies erreicht wird (wobei die Einfachheit zugleich die unabdingbare Voraussetzung für die Wirkung ist). Er ist damit ein bezeichnendes Phänomen für die Kultur eines Drittweltstaates, die geprägt ist von materiellem Mangel. Das Leben im Ghetto hatte den »ökonomischen« Umgang mit Ressourcen gelehrt; die Gebrauchsgegenstände des täglichen Lebens waren einem endlosen Recyclingprozeß unterworfen und einem rigiden Minimalismus verpflichtet. Das galt auch für die Musik, die deshalb stets im Ruf stand, roh, primitiv und minimalistisch zu sein. So sind viele der in den sechziger Jahren komponierten *Riddims* – die kleinen, formelhaften Melodielinien des Baßlaufes – bis heute immer wieder Grundlage neuer Instrumentalarrangements; sie bilden gewissermaßen die Konstanten der auditiv vermittelten Reggaetradition. Aber auch die auf ihrer Basis produzierten Instrumentalarrangements sind selbst wiederum Grundlage für eine Vielzahl von Gesangsaufnahmen, die mit verschiedenen Sängern (zu diesen Intrumentaltracks) eingespielt werden.

Auf diese Weise ist es möglich, neue Reggae-Stücke schnell, spontan und sehr preiswert zu produzieren, was der Musik die Möglichkeit gibt, ein allgegenwärtiges Kommunikationsmittel des täglichen Lebens in Jamaika und eine ständige, aktuelle Reflexion gesellschaftlicher Vorgänge zu sein. Die »Studiomusik« Reggae wird so zur Volksmusik.

Für viele Jugendliche aus dem Ghetto bedeutet Reggae außerdem die einzige Chance, den Ort ihres bisherigen Lebens zu verlassen und zu Anerkennung und Besitz zu kommen. Ihre Motivation könnte größer nicht sein, und die daraus entstehende kreative Energie bildet den reichen Schatz des Reggae. So verliert der Reggae nicht den Kontakt zur Straße, er bleibt eine Musik des Volkes. Das Publikum und die Protagonisten des Reggae teilen die gleiche Lebensrealität und erleben die gleichen sozialen Ereignisse, die sie ganz selbstverständlich in ihre Musik hineintragen. So kann ein Produzent oder ein Vokalist innerhalb weniger Tage auf bestimmte Ereignisse oder Trends in Form einer Platte reagieren, die er dann als *Dub-Plate* (Vorabpressung) bereits abends auf der »Tanzveranstaltung« im *Sound-System* spielt. Das Sound-System wird damit zum Zentrum eines interaktiven Prozesses zwischen Produzent und Publikum, in dessen Rahmen die Hörer erneut aktiven Einfluß auf die Gestaltung »ihrer« Musik nehmen. Dann am nächsten Tag wird der Produzent sein Dub-Plate entweder einschmelzen, oder er wird – bei Erfolg im Sound-System – wieder ins Studio gehen und dort weitere *Versions* über den gleichen Instrumentaltrack aufnehmen. Das Publikum »macht« so seine eigene Musik!

Anders als in der angloamerikanischen Popmusik, wo sich ein entfernt ähnlicher Prozeß anhand steriler Verkaufszahlen vollzieht, ist die kollektive Steuerung der Produktion in den Sound-Sytems – nicht zuletzt auch durch die lokale Konzentration in Jamaika – viel direkter und stellt eine ganz eigene Form des für eine Volksmusik typischen »gemeinsamen Musizierens« dar.

Reggae reflektiert somit nicht nur die soziale Befindlichkeit, sondern ist selbst konstruktiver Bestandteil derselben. Er ist daher in Jamaika weniger ein ästhetisches, »künstlerisches« Phänomen (wie für uns, die wir nicht Teil seiner Kultur sind), als vielmehr ein Gegenstand des sozialen Lebens, dessen Gebrauchscharakter – die Musik muß an die Bedürfnisse der aktuellen Lebenssituation anpaßbar sein – durch den enorm schnellen Wechsel von Stilen, Inhalten und Protagonisten besonders offenkundig ist. So umfaßt der Reggae alle Genres, die sich in der europäischen und angloamerikanischen populären Musik auf viele verschiedene Gattungen verteilen. Das Reggae-Spektrum spannt sich vom seichten Liebeslied bis zum hektisch-aggressiven

Hardcore-Ragga, vom sozialkritischen Roots bis zum affirmativen Crossover-Reggae, vom intellektuellen Dub-Poem bis hin zum dümmlich-dreisten Sex-Talk. Dementsprechend vielfältig ist auch das Publikum des Reggae, das sich aus allen Altersgruppen und sozialen Schichten rekrutiert – und auf diese Weise die These vom Reggae als »Subkultur« widerlegt. Reggae ist in Wahrheit eine Volksmusik, zu der die Rude Boys genauso tanzen wie ihre Grannys, er ist Ausdruck ihrer Kultur, ihrer Wünsche und Bedürfnisse, Erlebnisse und Ansichten in einem Spannungsfeld zwischen unbekümmerter Ausgelassenheit und sozialer Depression.

Gerade das verleiht dem Reggae Aufrichtigkeit und Charme, denn er ist *authentisch* und glaubwürdig und reflektiert in dieser Qualität alle Gemütslagen und Stimmungen des Lebens. Das geschieht jedoch gerade nicht in Form einer ausformulierten (sozialkritischen) Botschaft – wie es das Klischee dem Reggae gerne unterstellt –, sondern in Form des Riddims, der tief in der Magengrube des Zuhörers vibriert.

Deshalb gilt es auch, die durch die Bob-Marley-Rezeption extrem eingeschränkte westliche Pauschalisierung des Reggae als »Rebel Music« aufzubrechen und seine wahre Vielfalt offenzulegen. Die vom europäischen und nordamerikanischen Publikum auf Bob Marley projizierten Idealbilder lassen ihn (und die esoterische Rasta-Religion) als einen Gegenentwurf zur eigenen rationalistisch-materialistischen Leistungsgesellschaft erscheinen. Sie sind aber Produkte eines Mythos, der den Europäern und Nordamerikanern die Sicht auf den originären Reggae Jamaikas verstellte und zur pauschalen Gleichsetzung von Bob Marley und Reggae führte. Bob Marley ist jedoch keineswegs (durchgängig) repräsentativ für den Reggae, denn aufgrund seiner internationalen Vermarktung als »Rockstar« hat er schon sehr früh viel von seiner Authentizität verloren. Nur *weil* er gerade *keinen* originären Reggae (mehr) spielte, konnte er paradoxerweise seinen internationalen Status als »Botschafter des Reggae« erst erhalten.

Bob Marley ist nur dann richtig zu verstehen, einzuschätzen

und entsprechend zu würdigen, wenn man den Reggae, seine Geschichte sowie die Protagonisten kennt. Das ist das Ziel dieses Buches. Es zeichnet die Geschichte der jamaikanischen Musik nach, von ihren Ursprüngen in der Sklavenzeit über Mento und Jamaican R'n'B, Ska, Rocksteady, Early Reggae, Roots und Dancehall bis hin zum Raggamuffin unserer Tage, und führt den Mythos »Bob Marley« wieder in diesen musikgeschichtlichen Kontext zurück. In alternierenden Kapiteln ergänzen sich Reggae-Historie und Bob-Marley-Biographie wie zwei Handlungsebenen der gleichen Geschichte zu einem umfassenden Bild der Herkunft, Entwicklung und Spielweisen einer faszinierenden Musik, deren innovative Kraft die euro-amerikanische Popmusik seit nunmehr fünfunddreißig Jahren entscheidend beeinflußt hat. Und die gerade im Begriff ist, unsere aktuelle Popmusik umzukrempeln, wie es noch vor wenigen Jahren der mittlerweile allgegenwärtige HipHop tat.

Poco Man Jam

Die Ursprünge der jamaikanischen Musik
(16. Jhd. – 19. Jhd.)

Die Geschichte des Reggae beginnt in Afrika. Von hier deportierten zuerst die spanischen, später die britischen Kolonialisten seit Anfang des 16. Jahrhunderts Millionen von Sklaven, teils für die Arbeit auf den jamaikanischen Zuckerrohrfeldern, teils zum Weiterverkauf in die »neue Welt« Amerika. Jamaika wurde zu einem der Hauptumschlagplätze des Sklavenhandels.

Mit den Sklaven kamen auch ihre afrikanische Kultur und ihr musikalisches Erbe in die Karibik. Vor allem in ihrer Musik lebte die Erinnerung an Afrika weiter. Diese Selbstvergewisserung ihrer kulturellen Identität ermöglichte den deportierten Afrikanern das existentielle Minimum an Selbstbewußtsein. Insbesondere durch die später entstandene Rastafari-Religion ist dies mittlerweile zu einem Grundpfeiler schwarzer karibischer Kultur erwachsen.

Typische Merkmale afrikanischer Musik, die von den Sklaven übernommen wurden (und auch weitgehend noch für den Reggae gelten), sind unter anderem das »call and response«-Prinzip, bei dem sich ein Solosänger und ein Chor abwechseln, indem der Chor die gesungenen Sätze des Solisten »kommentiert«. Darüber hinaus ist die Vermeidung größerer Tonschritte für afrikanische Musik ebenso kennzeichnend wie eine »musikalische Zeitlosigkeit«, die durch andauernde Wiederholungen jede – aus der klassischen europäischen Musik bekannte – Entwicklung, im Sinne eines Fortschreitens vom Anfang, über Mitte zum Ende hin, verweigert.

Die Musik ist in Afrika eng mit dem täglichen Leben verbunden, sie ist als kollektives Ausdrucksmittel Träger vielfältiger sozialer und religiöser Funktionen, die sie auch fern der Heimat, in der Gemeinschaft der Sklaven, weiterhin erfüllte. So war sie oft Nährboden und Zündfunke für Sklavenaufstände (eine subversive Eigenschaft, die ansatzweise auch noch in der Gestalt des Roots-Reggae vorhanden war und diese Musik zum erklärten Dauerfeind des Establishments machte). Den Sklaven wurde das Versammeln und Trommeln mittels eines »drum-law« weitgehend verboten, lediglich zu Beerdigungen und zu Weihnachten waren ihnen musikalisch begleitete Riten erlaubt. Der besondere Stellenwert, den der Tod im afrikanischen Weltbild generell einnahm, wurde durch diese Beschränkung während der Sklaverei noch verstärkt. Mit dem Tod wurde die Erlangung einer Freiheit gefeiert, die den Sklaven in ihrer irdischen Existenz vorenthalten war. So inspirierte die jenseitige Freiheit des Toten das Verlangen der Feiernden nach irdischer Freiheit – das Begräbnis wurde zu einem Ritual der potentiellen Revolte. Aus dieser Stimmung erwuchs der religiös-kriegerische *Myrial*-Kult. Geisterbesessenheit, akrobatischer Tanz, Opfer und okkultische Heilungen, die durch einen schnellen Trommelrhythmus und Gesang begleitet wurden, waren zentrale Inhalte der Zeremonien dieses Kultes.

Den Sklaven wurde bei Androhung der Todesstrafe eine Teilnahme an Zeremonien des Myrial-Kultes untersagt. Ihre friedlichen und feierlichen *Jonkonnu*-Prozessionen zu Weihnachten (dem einzigen Feiertag der Sklaven) wurden hingegen von den Plantagenbesitzern ausdrücklich gefördert; wahrscheinlich ein Grund, warum sich die Jonkonnu-Tradition bis heute erhalten hat. Jonkonnu war stark beeinflußt von westafrikanischen Tänzen und feierte die Erinnerung an einen großen afrikanischen Führer namens »John Konny« oder »John Canoe«. Im wesentlichen ist Jonkonnu eine euphorische, überschwengliche und ausgelassene Prozession maskierter Tänzer, deren Hauptcharaktere Teufel, Kuhkopf, Pferdekopf, Königin und eine Figur namens »Pitchy Patchy« darstellen. Das Fest war die einzige Gelegenheit für die Sklaven, die Brutalität und Unmenschlichkeit ihrer Sklavenarbeit im lustvollen Rausch zu vergessen.

Ein weiterer, stark afrikanisch geprägter Karibik-Kult ist *Kumina*, dessen musikalische Struktur der später entwickelten Trommel-Musik der Rastafaris schon sehr ähnlich ist. Die Kumina-Tänze wurden begleitet – und geleitet – von zwei verschiedenen Trommeln, der tiefer gestimmten »bandu«, die den Basisrhythmus vorgab, und der hoch gestimmten »playing cas«, die die komplizierteren Lead-Rhythmen spielte. Dazu sang ein Chor im typischen Frage-Antwort-Schema mit den Solisten »King« bzw. »Captain« und »Queen«, bzw. »Mother«. Die durch sie gerufenen Erd-, Himmel- und Ahnengeister sollten in die Tänzer eindringen und die Gegenwart Afrikas erneuern. Jedem Geist war dabei ein bestimmter Rhythmus zugeordnet, der sein Erscheinen ankündigte. Der Geist erschien dann im Zentrum des Tanzplatzes, drang durch den Boden in die Trommel ein und stieg danach einem besessenen Tänzer durch die Füße in den Kopf. Stark beeinflußt wurde diese Musik auch durch Relikte der spanisch-indianischen Tradition und durch den Voodo-Kult Haitis.

Die andere Seite des Spektrums früher jamaikanischer Kulte orientierte sich stärker am Christentum, das im späten 18. Jahrhundert im Zuge des »Great Revival« durch die ersten (vor allem baptistischen) Missionare in der Karibik verbreitet wurde und bald die dominante Religion Jamaikas bildete. Viele christliche Rituale und Doktrinen sind von den afrikanischen Sklaven im Sinne ihrer afrikanischen religiösen Traditionen umgedeutet worden. Als Folge der in Jamaika extrem erfolgreichen Revival-Bewegung, bildeten sich unzählige christlich orientierte Sekten und Konfessionen (heute existieren etwa einhundert), in deren Zentrum gegen Ende des 19. Jahrhunderts *Pocomania* und *Zion* traten. Befaßte sich Pocomania im wesentlichen mit den Geistern der Vorfahren, die – ähnlich wie beim heute noch auf Jamaika weitverbreiteten *Obeah*-Kult – mittels der Zeremonien ausgesandt und teilweise mit christlichen Symbolen wieder gebannt werden können, so stehen bei den jamaikanischen Zionisten Jesus und die heilige Dreifaltigkeit im Mittelpunkt. Kennzeichnend für die Rituale beider Glaubensrichtungen sind melodische Gesänge und Trommeln, die sich auf einen Höhepunkt zu entwickeln, auf dem sich der Gesang in ein heftiges, stoßweises Atmen verwandelt, das die Tänzer (wahrscheinlich unterstützt durch die Hyperventilation) in einen ekstatischen Rausch fallen läßt und die Leiden Christi am Kreuz beschwören soll.

Neben diesen vornehmlich religiös motivierten Zeremonien rückte nach Befreiung der Sklaven 1838, im Zuge der beginnenden sozialen Depression in den städtischen Elendsgebieten, eine stärker säkularisierte Spielart der überlieferten afrikanischen Musik immer mehr in den Mittelpunkt sozialer Aktivitäten: *Burru*. Diese Art des Trommelns existierte bereits in der Sklavenzeit und wurde dort sogar oftmals von den Plantagenbesitzern als Taktgeber für die Feldarbeit der Sklaven eingesetzt. Nach der Befreiung gingen viele Burru-Trommler in die Slums der Städte, wo ihre Musik im Untergrund als eine Art urbane Version des Myrial-Kultes weiterlebte. Die Trommler, selbst teilweise dem kriminellen Milieu zugehörig, pflegten bald in die Ghetto-Gemeinschaft zurückkehrende Sträflinge mit Burru-Rhythmen zu empfangen. Es war bereits für die Burru-Trommler üblich, aktuelle Ereignisse in unterhaltsamen Liedern zu kommentieren und bestimmte Personen der Gemeinschaft, die eines Fehlverhaltens schuldig waren, durch ihre Gesänge öffentlich anzuklagen. Das Hauptgewicht lag dabei auf dem Gesang, der von Trommeln, die dem Kumina-Set sehr ähnlich waren, begleitet wurde. In den vierziger Jahren wurde die Burru-Musik auch zu den Weihnachtsfesten sehr beliebt. Zu dieser Zeit hatte die Rastafari-Religion in den armen Bevölkerungsschichten schon eine gewisse Verbreitung gefunden. Wie die Burru-Musiker lebten viele Rastas in den Slums von Kingston und waren mit den Burru-Klängen gut vertraut. Ihre häufigen Gefängnisaufenthalte – wegen illegalen Besitzes von Marihuana – ließen sie ebenfalls oft in den Genuß der Burru-Begrüßungszeremonien kommen. So blieb es nicht aus, daß die Rastas das Burru-Trommeln bald als Ausdruck ihrer Religion übernahmen und das profane Burru-Trommeln von der nun etwas langsamer gespielten »Rasta«-Musik zusehens verdrängt wurde.

Vor allem der Rasta-Musiker Count Ossie pflegte den Rasta-Trommelstil und gab entscheidende Impulse ihn zu etablieren. Er übernahm vom Burru die drei charakteristischen Trommeln:

Baßtrommel, Fundeh und Repeater. Die in mittlerer Lage ge-
stimmte Fundeh gibt den Grundrhythmus an, während die
Baßtrommel sie rhythmisch unterstützt und der hochgestimmte
Repeater schnelle, synkopierte Rhythmen, die »Melodie«,
spielt.

Boogie In My Bones
Vom Calypso zum Jamaican Rhythm and Blues
(19. Jhd. – 1962)

Neben der Fortführung der religiös geprägten Musiktraditionen der Sklaven entstand etwa zeitgleich mit der ersten Blüte des Burru-Drumming gegen Mitte des 19. Jahrhunderts auf der Insel Trinidad unter Wegfall der religiösen Funktion eine neue Musik, in der sich das afrikanische Erbe mit Elementen der europäischen Volksmusik verband: der Calypso – die Musik des karibischen Karnevals. Ursprünglich Anfang des 19. Jahrhunderts von den französischstämmigen Bewohnern Trinidads gefeiert, wurde der Karneval (»Cannes Brulées«) nach der Sklavenbefreiung 1838 sehr schnell zu einem Fest der Schwarzen. Calypsomusiker mit so illustren Namen wie »Sir Lancelot«, »Lord Kitchener«, »Lord Beginner«, »Attila The Hun« oder »Lord Creator« kämpften um den Titel des »Calypso-King«. Von Trinidad aus verbreitete sich der fröhliche, an aktuellen Themen und humorvollen Frivolitäten reiche Calypso sehr schnell in der gesamten Karibik, wo er auf den verschiedenen Inseln, je nach den dort herrschenden musikalischen Einflüssen, vielfältige Mischformen bildete. Durch den regen Karibiktourismus der US-Amerikaner wurde der Calypso sowohl in den USA als auch im Europa der vierziger und fünfziger Jahre sehr populär. Calypso wurde pauschal für *die* Musik der Karibik gehalten, tatsächlich aber besaß fast jede karibische Insel ihre eigene musikalische Mischung aus europäischen und afrikanischen Klängen. Auf Kuba beispielsweise entstand unter starkem spanischen Einfluß die *Rumba*-Musik (die dann später nach Zentralafrika reimportiert wurde, um dort schließlich Vorläufer des *Soukous* zu werden – der momentan in Afrika am weitesten verbreiteten urbanen Tanzmusik). In der Dominikanischen Republik spielte man *Merengue* und auf der Insel Tobago entwickelte sich die *Steel-Pan-Music*. Jamaikas »Calypso«-Musik hieß *Mento* und war eine im ausgehenden 19. Jahrhundert entstandene Mischung aus der Quadrille – einem französischen Rundtanz der Kolonialherren – den Rhythmen des Jonkonnu und der kubanischen Rumba. Perkussive Instrumente wie Handtrommeln und Rasseln (Maracas) spielten neben dem Banjo die dominierende Rolle. Versprühte der Calypso pure Lebenslust, so bot der etwas ungeschliffener und direkter klingende Mento vor allem eines: eindeutige Anzüglichkeiten. Oftmals ließen sich bestimmte Platten nur unter dem Ladentisch verkaufen, und auch die Art, zu Mento zu tanzen, war mehr oder weniger eindeutig (und wurde dann später für langsame Reggae-Rhythmen wiederentdeckt): Die Hüften kreisten langsam in engem Kontakt mit denen des Tanzpartners, während der Oberkörper nahezu unbewegt blieb. Zunächst war Mento ein ländliches Tanzvergnügen, fand dann aber auch Einzug in die Städte und (in entschärfter Form) in die Hotel-Lounges. In den vierziger Jahren wurden mit Mento von einem gewissen Stanley Motta die ersten jamaikanischen Platten produziert – die frühesten Aufnahmen einer originär jamaikanischen Musik.

Neben dem Mento gehörte in den fünfziger Jahren auch immer noch das aus dem Burru hervorgegangene Rastafari-Drumming zum musikalischen Bild der Insel. Während das Rasta-Drumming nur in den Zirkeln gläubiger Rastas praktiziert wurde, war der Mento eine echte Volksmusik, die sich allerdings bei der jüngeren Generation keiner allzugroßen Beliebtheit erfreute. Diese entdeckte statt dessen bald eine Musik, die in klaren Nächten via Kurzwelle von den Radiostationen Floridas herüberwehte und mit kleinen Transistorradios auf Jamaika empfangen werden konnte: den *Rhythm and Blues* (kurz: R'n'B) des schwarzen Amerika. Während die beiden einheimischen Radiostationen JBC (Jamaican Broadcasting Corporation) und RJR (Radio Jamaica Redifussion) vor allem Calypso bzw. Mento und amerikanischen Swing spielten, hörten die jamaikanischen Jugendlichen amerikanischen R'n'B, der Anfang der fünfziger Jahre im Begriff war, den Big Band-Swing zu verdrängen. Das schwarze Amerika tanzte nun zu den Sounds von Fats Domino, Shirley & Lee, Smiley Lewis, Bill Doggett, Louis Jordan, Chuck

Berry, Erny Freeman und vor allem Rosco Gordon – und Jamaika tanzte mit! Es war die Geburtsstunde der »Sound-Systems«, Quelle, Motor und Seele der zukünftigen jamaikanischen Musikentwicklung.

Viele Jamaikaner hatten sich in den späten vierziger Jahren für einige Monate zu Erntearbeiten in den USA anheuern lassen und brachten von dort die ersten R'n'B-Singles mit nach Jamaika. Einige der Kontraktarbeiter witterten ein Geschäft darin, die Platten an ihre R'n'B-begeisterten Landsleute im großen Stil zu verkaufen. Allerdings hatten nur wenige junge Jamaikaner das Geld, Platten zu kaufen, geschweige denn einen Plattenspieler. Also kamen die neuen Plattendealer – die entweder selbst regelmäßig Kontraktarbeiter in den USA waren, oder aber zumindest gute Beziehungen zu einem solchen hatten und somit immer über die neusten R'n'B-Platten verfügten (manchmal tauschten sie auch mit amerikanischen Seeleuten Platten gegen Rum) – auf eine lukrative Idee: Sie spielten dem tanzwütigen Volk ihre begehrten (aber unerschwinglichen) Platten einfach vor. Das kurbelte einerseits den geringen Verkauf etwas an und brachte andererseits gute Einnahmen durch die Eintrittsgelder. Die Sound-System-Pioniere luden ein paar gigantische Lautsprecherboxen und einen Plattenspieler auf ihren Lieferwagen und machten sich abends auf zu zentralen Plätzen in den Slums von Kingston oder fuhren an den Strand, wo sie ihr Sound-System unter freiem Himmel »abhielten«. Jedes Sound-System hatte seine Fan-Gemeinde, die ihm treu folgte und in Auseinandersetzungen mit den sogenannten »Dance Crashers« – Anhängern anderer »Sounds«, die beauftragt waren die Tanzveranstaltung der Konkurrenz »aufzumischen« – ihre Loyalität gegebenenfalls auch mit Waffengewalt unter Beweis stellte. Einige der populärsten Sound-Systems der frühen fünfziger Jahre waren »Tom the Great Sebastian«, »Count Smith the Blues Buster« und »Sir Nick the Champ«. Ihre Discjockeys (DeeJays) konkurrierten mit den anderen Sound-Systems um die besten und exklusivsten US-Platten, die sie durch Abkratzen der Label-Etiketten vor Spionen aus dem anderen Lager geheimzuhalten versuchten. Ihrem Publikum boten sie eine absurde Show in grotesken Kostümen: als Lone Ranger, Zorro, Pirat oder König mit (imitierter) Hermelinrobe verkleidet, schwenkten sie in beiden Händen wechselweise goldene Revolver, Macheten, Degen oder die neuesten Platten – also die furchtbarsten Waffen! Nicht selten kam es dabei zu »Sound-Clashes« bei denen zwei Sound-Systems ihre gewaltigen Lautsprecherboxen in direkter Nachbarschaft zueinander aufbauten und sich dann sowohl an Lautstärke, Sound als natürlich auch an Exklusivität der R'n'B-Scheiben zu übertreffen versuchten. Schon zu dieser Zeit entwickelte sich eine Tradition, ohne die Sound-Systems nicht denkbar wären: ihre keineswegs zimperliche Schließung durch die Polizei.

Mitte der fünfziger Jahre betraten dann zwei für die spätere Musikentwicklung zentrale Persönlichkeiten die Sound-System-Szene: Duke Reid und Clement Seymour Dodd. Sie gründeten jeder ihr eigenes Sound-System; Duke Reid nannte seines »The Trojan«, nach dem Namen seines Lieferwagens, einem Bedford Trojan, während Clement Dodd sich den Spitznamen eines Cricketspielers aneignete (da er selbst ein guter Spieler war): »Sir Coxsone Downbeat«.

Duke Reid, der mit seiner Frau ein Spirituosengeschäft in Kingston betrieb, war bei den anderen »Sound-Men« (den Betreibern eines Sound-Systems) aufgrund seiner Rauhheit und Härte sehr respektiert, und obwohl er eine Zeit lang Polizist in Kingston gewesen war, ging das Gerücht, er unterhielte gute Verbindungen zur New Yorker Unterwelt. Er betrat sein Sound-System nie ohne Revolver am Gürtel, einer abgesägten Schrotflinte in der Hand und über der Brust gekreuzten Patronengürteln (manchmal hatte er gar eine Handgranate dabei). Dazu trug er passend einen schwarzen Kunstseidenanzug, Sandalen aus alten Autoreifen und eine goldene Krone aus Pappmaché.

Clement Seymour Dodd hingegen war eine zurückhaltende Persönlichkeit. Er war selbst als Kontraktarbeiter in Amerika gewesen und hatte sich von seinem Lohn zunächst einige rare R'n'B-Platten von dort mitgebracht, die er dann in dem Geschäft seiner Mutter – auch eine Spirituosenhandlung – zur Unterhal-

C. S. Dodd

tung der Kunden auflegte. Schnell erkannte er, daß er mit den besonderen Platten, die nur er in Amerika aufzutreiben wußte, und einem eigenen Sound-System viel Geld verdienen könnte. So investierte er seinen Lohn, den er sich auf den Zuckerrohrfeldern in den Südstaaten der USA erarbeitet hatte, in ein paar Lautsprecherboxen, einen Plattenspieler und einen Verstärker, fuhr damit nach Kingston und wurde Duke Reids schärfster Konkurrent.

Coxsone Dodd spielte in den späten Fünfzigern in seinem Sound-System eine US-R'n'B-Platte mit dem Titel *Later For Alligator*, die nur er besaß und die deshalb vom Publikum »Coxsone Hop« genannt wurde. Duke Reid fuhr an die fünfzehnmal in die USA, um das Stück aufzutreiben, blieb aber erfolglos. Als ihm dann nach *neun* Jahren ein Verräter aus dem Coxsone-Camp den wahren Titel der Platte zusteckte und Duke Reid daraufhin ihrer habhaft werden konnte, lud er Coxsone am Abend in sein Sound-System ein und spielte *Later For Alligator*. Coxsone war außer sich und verließ wutentbrannt den Ort des Geschehens – auf der Suche nach neuen, exklusiven Platten. Duke

Reid und Coxsone Dodd beflügelten sich durch ihre stete Konkurrenz gegenseitig zu innovativen Höchstleistungen, die ihnen zu Recht einen prominenten Platz in der Reggae-Geschichte sicherten.

Zunächst aber spielten auch sie nur amerikanische Musik in ihren Sound-Systems. Neben dem impulsiven und energiereichen R'n'B hörte man dort auch viel Boogie Woogie oder ruhige Balladen z. B. von Bing Crosby, Sammy Davis Jr. und Nat King Cole. Aber die Zeiten sollten sich ändern. Der afro-amerikanische Rhythm and Blues, selbst aus dem Blues hervorgegangen, mußte nun in Amerika seinerseits dem Rock 'n' Roll weichen. Erstaunlicherweise vollzogen die Jamaikaner diesen Schritt nicht mit. Sie tanzten weiterhin zu R'n'B, sahen sich jedoch unvermittelt vor eine fatale Situation gestellt: Es war kein R'n'B-Nachschub aus den USA mehr zu bekommen.

Die Sound-Men gingen daraufhin den nächsten logischen – und äußerst folgenreichen – Schritt: Sie produzierten die R'n'B-Scheiben für ihre Sound-Systems selbst, in Jamaika! Aus dem Sound-Man wurde so ein Musik-Produzent. Der Weg war damit frei geworden für die Umsetzung eines schier unerschöpflich scheinenden kreativen Potentials, aus dem der Ska und schließlich der Reggae entstehen sollte. Das Ghetto bildete ein enormes Reservoir an musikalischen Talenten und innovativen Kräften. Für die Bewohner der Slums, in deren Straßen die Sound-Systems spielten, war die Musik *das* Medium, um den Sorgen ihrer Existenz zu entfliehen und ihre Gefühle und ihren Unmut (stellvertretend) zu artikulieren. Nun, wo in Jamaika selbst Musik produziert wurde, schien das »Recording-Business« für viele Jugendliche der einzige Weg zu sein, aus dem Ghetto herauszukommen und berühmt zu werden, jemand' zu sein, statt als nichtsnutziger »Niemand« ein Leben am Rande der Gesellschaft zu fristen.

Doch zunächst war ein »Recording-Business« auf Jamaika kaum vorhanden. Auf der Insel existierten nur drei sehr dürftig ausgestattete Studios. Zwei davon waren die Aufnahmestudios der beiden Radio-Stationen RJR und JBC. Ersteres war ein Ein-

Spur-Studio, d. h. es stand nur ein Mikrophon in der Mitte des Studios, um das sich alle Musiker versammeln mußten. Aufgenommen wurde in einem einzigen »Take« auf ein Mono-Tonbandgerät, und wenn ein Musiker seinen Einsatz verpaßte oder sich verspielte, mußte die ganze Aufnahme wiederholt werden. Das JBC-Studio verfügte immerhin über zwei Spuren, so daß die Aufnahmequalität verbessert werden konnte, indem man mit einem Mikrophon die Musik aufnahm und mit einem zweiten den Sänger. Kernpunkt der jamaikanischen »Plattenindustrie« jedoch war das Studio von »Federal Records«, einer Plattenfirma, die Ken Khouri 1954 gegründet hatte und die vor allem lizensierte amerikanische 78er-Schellack-Platten für den jamaikanischen Markt preßte, die aber auch einige einheimische Mento-Songs – z. B. von Lord Tanamo, Lord La Rue, Count Lasher u. a. – aufnahm und vertrieb. Ken Khouris Studio wurde nun von den Sound-Men belagert, die hier Material für ihre Sound-Systems aufnehmen wollten. Angeblich saß Khouri hinter einem Tisch am Eingang und kassierte das Geld der Produzenten, welches er sich dann in einen Brustbeutel zu stecken pflegte, den er stets um seinen Hals trug.

Zwei der ersten Produzenten die bereits 1958 jamaikanischen R'n'B aufnahmen waren Chris Blackwell und Edward Seaga. Blackwell war der Sohn einer wohlhabenden weißen Industriellen-Familie mit Besitz in Jamaika. Er ging später nach England, wo er seine Plattenfirma »Island Records« gründete. Seaga war in Havard ausgebildeter Anthropologe, der bei seinen Forschungen zu Kumina, Pocomania und Obeah mit dem Musikgeschäft in Berührung kam – und später immerhin Premierminister von Jamaika wurde. Beide kopierten das amerikanische R'n'B-Muster sehr genau. So produzierte Chris Blackwell mit dem Sänger Laurel Aitken das Stück *Boogie In My Bones*, das in Jamaika schnell zu einem Hit wurde. Edward Seaga arbeitete mit dem Balladen-Sänger Owen Gray, dem Nat-King-Cole-Imitator Wilfred »Jackie« Edward sowie mit dem Duo Roy Wilson & Joe Higgs (der später Bob Marley das Singen beibringen sollte).

Duke Reid und Coxsone Dodd gingen ein Jahr später, 1959, zum ersten Mal ins Studio. Reid produzierte das Duo Chuck & Dobby, »The Jiving Juniors«, Eric Morris und den damaligen Superstar Derrik Morgan, der später selbst Produzent wurde. Coxsone Dodd nahm zu dieser Zeit u.a. den brillanten, stark vom Soul beeinflußten Sänger Alton Ellis auf, dessen große Zeit etwa zehn Jahre später in der Ära des Rocksteady folgte. Aus Coxsones erster »Recording Session« ging auch gleich einer der großen Klassiker dieser Jahre hervor: Theophilus Beckfords *Easy Snappin'*, ein archetypischer jamaikanischer Boogie. Auf die meisten dieser jungen Sänger und Musiker wurden die Produzenten durch die Talent-Show »Opportunity Hour« aufmerksam, die Vere John regelmäßig an zentralen Orten in West-Kingston, inmitten der Slums, veranstaltete.

Coxsone und die anderen Sound-Men dachten zunächst überhaupt nicht daran, ihre selbst produzierten Aufnahmen zu verkaufen. Im Gegenteil: Sie waren als Unikate gedacht, die nur im eigenen Sound-System zu hören sein sollten. So reagierte Coxsone auf den Vorschlag eines Freundes, seine im Studio direkt auf Acetatscheiben (Hartwachsplatten) geschnittenen Aufnahmen in hoher Auflage zu pressen und anschließend zu verkaufen, mit einem ungläubigen Lächeln. Der Freund lieh sich daraufhin von Coxsone eine Acetat-Platte, ließ ein paar hundert Singles davon pressen und verkaufte sie innerhalb eines Tages. Coxsone fror das Lächeln im Gesicht ein, und er fuhr direkt ins Preßwerk, um seine anderen Aufnahmen auf Vinyl vervielfältigen zu lassen. Dies war der Beginn einer bis heute typisch jamaikanischen Methode, Aufnahmen zu veröffentlichen: Zuerst wird von einem Stück ein Unikat angefertigt, die Acetat-Platte, auch *Dub-Plate* genannt, die im eigenen Sound-System gespielt wird – einerseits um zu testen, ob sie beim Publikum ankommt, andererseits, um sie bei den Musikfans bekannt zu machen. Dann werden einige hundert Singles davon gepreßt, die für einen relativ hohen Preis u.a. an andere Sound-Systems, Clubs und *Dance Halls* verkauft werden. Schließlich, wenn der Song bekannt genug ist, erscheint er als Single in hoher Auflage auf einem Label und ist für wenig Geld regulär zu kaufen.

In England erkannte ein Geschäftsmann serbokroatischer Abstammung, Emil Shallit, das Marktpotential der frühen Musik aus Jamaika. Er war keineswegs besonders an Musik interessiert, sondern verkaufte vielmehr alles, womit sich Geld verdienen ließ. 1959 importierte er die ersten jamaikanischen R'n'B-Singles und brachte sie auf dem »Blue Beat«-Label seiner Plattenfirma »Melodisc« heraus. Bereits ein Jahr später verfügte er über ein großes Angebot an jamaikanischen Produktionen, die er in London an die Einwanderer aus der Karibik verkaufte. Vor allem mit dem jungen Prince Buster unterhielt er regen Geschäftskontakt.

Prince Buster, der bis 1960 für Coxsone gearbeitet hatte, gründete in diesem Jahr sein eigenes Sound-System (»The Voice Of The People«) und stieg zugleich ins Produktionsgeschäft ein. In seiner ersten Recording-Session, die 1960 in einem provisorisch hergerichteten Studio des Radiosenders JBC stattfand (das Hauptstudio hatte aufgrund guter Beziehungen Duke Reid gebucht), produzierte Buster eine kleine Revolution: Er engagierte den legendären Rasta-Perkussionisten Count Ossie, der mit seinen Rasta-Brüdern die vom Burru übernommenen Trommel-Rhythmen spielte, und kombinierte diese mit dem R'n'B/Boogie-Pianospiel von Owen Gray. Er selbst steuerte »Handclaps« und verbale Bläser-Imitation bei. Der Song mit dem Titel *Oh Carolina* wurde in zwei Takes mit nur einem Mikrophon aufgenommen und wurde für Buster zum Megaseller. 33 Jahre später erlebte der Klassiker durch den New Yorker DeeJay Shaggy ein Revival, das ihn zu einem Nummer-Eins-Hit in den Charts rund um die Welt werden ließ (doch dazu später...).

Obwohl sich diese und die anderen jamaikanischen R'n'B-Platten sehr gut verkauften, wurden sie kaum im Radio gespielt. Die Playlist des jamaikanischen Rundfunks hätte genausogut die eines nordamerikanischen Radiosenders sein können: Rock'n' Roll von Elvis Presley und Bill Haley standen neben Mento und Calypso auf dem Programm. Das Bürgertum Jamaikas empfand den jamaikanischen Rhythm and Blues als primitiv und beschämend. R'n'B wurde so zur Musik einer Subkultur aus dem Ghetto von Kingston, die in den Sound-Systems und Dance Halls zelebriert wurde.

Judge Not
Bob Marleys erste Schritte (1945 – 1962)

Etwa siebzig Kilometer von der Hauptstadt Kingston, ihren Ghettos und lauten Straßen, entfernt, liegt im Norden Jamaikas der Gemeindebezirk St. Ann, der für seine prachtvolle Landschaft und den fruchtbaren Boden bekannt ist. In den flachen nördlichen Ebenen, die sich bis zum Meer erstrecken, wurde seit dem 18. Jahrhundert Zuckerrohr angebaut. Weiter südlich erstreckte sich eine dicht mit Palmen, Bambus, Mangobäumen und Ackee bewachsene Hügellandschaft, an deren Hängen die Plantagenarbeiter nach Befreiung der Sklaven 1838 kleine Gärten anlegten, in denen sie das anbauten, was sie zum Leben brauchten. Ihre einfachen Hütten, meist aus Weidenzweigen geflochten und mit Stroh gedeckt, später aus Holz und Wellblech gebaut, bildeten winzige Dörfer. Nach dem Zweiten Weltkrieg lebte hier eine Handvoll eng miteinander verschwägerter und verschwisterter Familien. Die Malcoms gehörten zu den für ländliche Verhältnisse wohlhabenderen Familien. Ihr Oberhaupt, Omeriah Malcom, bestellte ein Stück allerbesten Ackerlandes, betrieb eine Bäckerei, einen Gemischtwarenladen, eine Reparaturwerkstatt für Reparaturen aller Art (von Schuhen bis zu Maschinen) und beherrschte zudem die magischen Künste eines *Myalman*, der das Wissen und die Macht besaß, die Kraft des Obeah zu brechen und Menschen zu heilen. Sein materieller Reichtum und seine spirituellen Fähigkeiten verschafften ihm großen Respekt seitens der anderen Familien der Gegend, und so wurde er zum Kustos seines Dorfes *Nine Miles* berufen.

Das Leben in den Dörfern war geprägt von harter Feldarbeit und der für Jamaika insgesamt bezeichnenden gelassenen Grundstimmung, mit der man das Geschehen des Tages hinnahm, ohne sich viel um die Zukunft zu scheren. Man hatte Zeit und ließ die Dinge auf sich zukommen, wenn nicht heute, dann morgen: »soon come!« Abends vergnügte man sich oft durch gemeinsames Musizieren und Tanzen. Omeriah spielte selbst Geige und Akkordeon, ein naher Verwandter von ihm Gitarre und Banjo, andere Männer des Dorfes beherrschten die Rumba-Box, ein kleines Instrument, bei dem mehrere Blechzungen auf einem Resonanzkörper aus Holz befestigt sind und abwechselnd, in Form einer kleinen rhythmischen Melodie, angezupft werden. Man spielte Mento und tanzte eine eigenwillige Version der Quadrille, jenes französischen Rundtanzes, der Polka nicht unähnlich, den bereits die Sklaven von den Kolonialherren abgeschaut hatten. Omeriahs Frau Alberta sang dazu; sie hatte eine kraftvolle, sehr schöne Stimme, mit der sie auch während der Feldarbeit ihre Lieder über das Feld schallen ließ und den Arbeitern ihre eintönige Tätigkeit in der brütenden Sonne erleichterte.

Alberta und Omeriah hatten neun Kinder, von denen das sechste, ein Mädchen namens Cedella, am 23. Juli 1926 geboren wurde. Als Cedella zehn Jahre alt war, starb ihre Mutter; sie wurde nun von ihrer großen Schwester und Omeriah erzogen. Den größten Teil ihrer Kindheit verbrachte Cedella, mit einem Korb auf dem Kopf, auf endlosen Fußmärschen zwischen den Feldern Omeriahs und ihrem kleinen Haus in Nine Miles. Lediglich der Sonntag, auf den sie sich immer sehr freute, brachte Abwechslung. Dann nämlich machte sich die ganze Familie auf nach *Eight Miles*, in die kleine Dorfkirche und Cedella durfte singen. Mit vierzehn Jahren trat sie dem Kirchenchor bei und gab kleine Gospel-Konzerte auf Festivitäten in der Gegend.

Doch das Leben auf dem Land wurde ihr langweilig und sie sehnte sich nach Abwechslung. Diese kam vier Jahre später in Gestalt eines weißen britischen Captains auf einem Pferd in das Dorf geritten. Cedella war beeindruckt von der British-West-Indian-Regiment-Uniform des Captain Norval Marley und von seinem feinen Sinn für Humor. Sie verliebte sich in ihn, obwohl er bereits über fünfzig Jahre alt war. Seine Familie gehörte der oberen jamaikanischen Mittelklasse an und lebte im reichen Uptown Kingston. Trotz des gewaltigen Altersunterschiedes erlebten Cedella und er eine leidenschaftliche Liebesaffäre – mit der

Folge, daß die inzwischen achtzehnjährige Cedella im Mai 1944 schwanger wurde. Anders als es sonst in Jamaika üblich war, hielt der in London mit britischen Moralvorstellungen erzogene Marley es für seine Pflicht, die schwangere Cedella nun zu heiraten. Die Nachfahren der schwarzen jamaikanischen Sklaven hatten diesen Moralkodex allerdings nie übernommen, denn durch die nach Geschlechtern getrennte Unterbringung der Sklaven auf den Plantagen, hatte sich die Bildung natürlicher Familienstrukturen nicht durchsetzen können. Daher spricht man in Jamaika oft von einer »Baby Mother« statt von einer Ehefrau. Es ist hier nahezu selbstverständlich, daß sich eine Frau mit ihren Kindern allein und ohne Unterstützung des Vaters durchs Leben schlagen muß.

So war Omeriah mit dem Ansinnen Marleys nicht einverstanden, weil er ihn als viel zu alt für seine Tochter empfand. Marleys Mutter war ebenfalls gegen die Verbindung, wenn auch aus anderen Gründen. Für sie war es entwürdigend, daß ihr Sohn sich mit einem schwarzen Mädchen abgab. An einem Freitag, Mitte Juni 1944, fand die Hochzeit von Cedella Malcom und Norval Marley dennoch statt – wenigstens Omeriah hatte letztlich doch zugestimmt. Noch in der Hochzeitsnacht teilte Marley seiner jungen Braut mit, daß er sie schon am nächsten Morgen verlassen würde, um bei seiner Mutter in Kingston zu leben, die ihm, nachdem sie von seinen Heiratsplänen erfahren hatte, dort einen Job besorgt hatte.

Cedella blieb somit allein in Nine Miles zurück und bereitete sich auf das typische Schicksal einer Baby Mother vor. Marley besuchte sie während ihrer Schwangerschaft zweimal und versprach, für sie und ihr Kind zu sorgen – ein Versprechen, das er später auf seltsame Art und Weise erfüllen würde.

Am 6. Februar 1945 gebar Cedella ihr Baby in der Hütte von Omeriah, einen hellhäutigen Jungen von sechseinhalb Pfund. Omeriah war begeistert von seinem Enkel. Es war der Beginn einer intensiven und für den Jungen sehr fruchtbaren Beziehung. Cedella und ihr Vater gaben dem Jungen keinen Namen, sondern warteten auf Norval Marley, dem dieses Recht vorbehalten war. Er kam eine Woche später nach Nine Miles und nannte seinen Sohn Nesta Robert Marley. Nesta war ein sehr ungewöhnlicher Name und Cedella mußte ihn sich von Marley buchstabieren lassen. Später, als der kleine Nesta Robert Marley einen Paß bekommen sollte, war der Beamte der Ansicht, daß sich Nesta zu sehr nach einem Mädchennamen anhöre, weshalb er die Namensfolge im amtlichen Dokument einfach umkehrte: Robert Nesta Marley.

Zunächst kam Norval Marley regelmäßig einmal pro Monat nach Nine Miles und brachte Omeriah Geld für Cedella und ihren Sohn. Omeriah baute ihnen davon eine kleine Hütte und richtete Cedella ein eigenes Lebensmittelgeschäft ein. Dann aber wurden die Besuche von Norval Marley immer seltener und blieben schließlich ganz aus.

Nesta wuchs indessen heran und Cedella arbeitete in ihrem Lebensmittelgeschäft, das am Fuße eines Hügels bei *Stephney* lag. Als Nesta vier Jahre alt wurde besuchte er die Schule auf dem Hügel über Cedellas Geschäft. An heißen Tagen wurde der Unterricht im Freien abgehalten; Cedella konnte dann die helle durchdringende Stimme ihres Sohnes hören, wie sie sich aus dem Stimmengewirr der anderen Schüler abhob.

1951 schrieb Norval Marley ein letztes Mal an seine Frau und schlug ihr vor, Nesta aus dem Unterricht der Dorfschule zu nehmen und ihn nach Kingston zu seinem Vater zu schicken, wo er zu einer besseren Schule gehen könne. Cedella und Omeriah waren mit dem Vorschlag einverstanden und schickten Nesta in Begleitung einer Tante, die einmal in der Woche nach Kingston zum Coronation-Markt fuhr, um ihre Ernte zu verkaufen, in die Hauptstadt. Cedella wartete nach der Abreise von Nesta täglich auf eine Nachricht von ihrem Mann, in der er ihr mitteilte, daß es Nesta gut ginge – aber der Brief blieb aus. Über ein Jahr wartete sie vergeblich auf ein Lebenszeichen ihres Sohnes, bis schließlich eines Tages ihre Freundin Maggie kam und ihr erzählte, sie hätte den kleinen Nesta in Kingston gesehen. Sie sei gerade die Spanish Town Road heruntergegangen, als sie hinter sich eine Kinderstimme »Hi! Miss Maggie« rufen hörte. Es war Nesta, der ihr erzählte, er würde bei einer gewissen Mrs. Grey in der Heywood Street wohnen. Cedella war verzweifelt – wer war Mrs. Grey und warum war Nesta nicht bei seinem Vater? Sie beschloß, sofort nach Kingston zu fahren, um ihren Sohn zurückzuholen, doch Maggie gestand ihr, daß sie die Hausnummer von Nesta vergessen hatte. Dennoch machte sich Cedella auf den Weg nach Kingston. Eine Freundin von Maggie, die in der Stadt lebte und sich dort auskannte, sollte ihr bei der Suche helfen. Als die Frauen schließlich in der Heywood Street standen, fragten sie einen alten Mann, der am Straßenrand saß, ob er einen Jungen namens Marley kenne. »Wen? Robert? Der hat gerade noch hier gespielt« antwortete er und wies mit dem Finger die Straße hinab. Von dort aus lief Nesta mit einigen Spielkammeraden geradewegs auf sie zu und rief »Oh Mumma! You're so fat!« Er selbst war auch etwas pummelig geworden und Cedella freute sich, ihn so gesund wiederzusehen. Nesta nahm sie mit zu Mrs. Grey, einer sehr alten, gebrechlichen Frau, die für ihn gesorgt hatte. Nestas Vater hatte seinen Sohn in der Hoffnung bei ihr abgegeben, daß Nesta Mrs. Greys Besitz nach ihrem Tod erben würde. Danach hatten weder Nesta noch seine neue Pflegemutter Norval Marley je wieder gesehen. Cedella und Nesta fuhren noch am gleichen Tage zurück nach Nine Miles; Nesta Robert Marley war inzwischen sieben Jahre alt.

In Kingston hatte Nesta ein Mento-Lied gelernt, das er nun den Kunden im Lebensmittelgeschäft seiner Mutter vorsang:

Please, mister, won't ya touch me tomato!

Touch me yam, me pumpkin an' potato!

All ya do is feel up, feel up!

Ain't ya tired of squeeze up, squeeze up?

(Bitte, mein Herr, fassen Sie nicht meine Tomaten an!

Nicht meine Yams, Kürbisse und Kartoffeln!

Alles, was Sie tun, ist antatschen, antatschen!

Sind Sie es nicht leid, alles zu quetschen und zu quetschen?)

Während er sang, trommelte er mit zwei Stöcken auf den Gemüsekisten. Es war das erste Lied, das seine Mutter ihn je singen hörte. (Auch Bob Marley hat also seine Wurzeln im Mento!)

Wenige Jahre später, 1955, kam aus Kingston die Nachricht vom Tod Norval Marleys. Im gleichen Jahr beschloß Cedella, nach Kingston umzuziehen. Sie wollte der Ödnis und Eintönigkeit des Landlebens entfliehen und hoffte, in der Hauptstadt ein neues, interessanteres Leben beginnen zu können. Nesta sollte bei seinem Großvater in Nine Miles bleiben, während sie selbst zu ihrem Bruder in den *Goverment Yard* in West-Kingston ziehen wollte.

Der Yard ist die erste Adresse für Neuankömmlinge in Kingston, es ist die »bessere« Behausung der Ghettobewohner. Ihren Ursprung haben die Yards in den Unterkünften, die die Plantagenbesitzer Mitte des 18. Jahrhunderts für ihre Sklaven gebaut hatten. Ein Gesetz schrieb damals vor, daß je vier Sklavenhütten auf städtischem Boden von einer Mauer umgeben sein mußten, die mindestens sieben Fuß hoch zu sein hatte und nur einen Eingang haben durfte. Die Yards in Kingston sind gegen Ende des 19. Jahrhunderts nach ähnlichem Schema gebaut worden, wenn auch die Anzahl der Häuser in einem Yard auf acht angewachsen war. Sie dienten zunächst Landflüchtigen oder zwischen Land und Stadt pendelnden Marktleuten als billige Unterkunft, wurden schließlich aber zu den permanenten Wohngebieten der armen Bürger Kingstons. Gegen 1930 waren zwei Arten von Yards in Kingston typisch geworden: der *Tenement Yard* und der *Goverment Yard*. Der Tenement Yard wurde privat vermietet und bestand aus einer im Halbkreis angeordneten Anzahl von Hütten, die von einer Mauer oder einem Zaun eingefaßt waren. Der Goverment Yard hingegen wurde von der Regierung vermietet und war eine modernisierte Fassung des Tenement Yard-Schemas. Seine Häuser wurden nach der Verwüstung durch die Wirbelstürme von 1944 und 1951 errichtet. Die kleinen Betonhäuser waren massiver gebaut, hatten Küche und Toiletten und waren zudem billiger als die älteren im Tenement Yard, da ihre Mieten vom Staat festgelegt wurden. Allerdings fehlte hier auch das gemeinschaftliche Gefühl, das für das Leben im Tenement Yard so bezeichnend war. Denn die Jamaikaner kochten traditionellerweise an einer Feuerstelle im Freien vor dem Haus, wie es im

Zentrum des halbkreisförmigen Tenement Yard noch praktiziert wurde. In den Goverment Yards war die Küche ins Haus integriert und auch die Architektur widersprach dem kommunikativen Prozeß. Das Leben war hier deshalb individueller und zugleich anonymer.

Cedella lebte zwei Jahre lang im Goverment Yard, ehe sie sich dazu entschloß, ihren Sohn ebenfalls nach Kingston zu holen. Während sie selbst sich nie richtig in die Ghettogemeinschaft in West-Kingston einleben konnte, ging es dem inzwischen zwölfjährigen Nesta, der das Ghetto durch seinen Aufenthalt bei Mrs. Grey bereits kannte, ganz anders. Für ihn waren die Yards in *Trench Town* eine erlebnisreiche Umgebung, und er freundete sich schnell mit deren Bewohnern an und lernte die Regeln der Straße.

Das Ghetto bevölkerten viele Menschen, die wie Cedella und Nesta in der Hoffnung vom Land in die Stadt kamen, hier einen Job zu bekommen und einigermaßen gut leben zu können. Das Landleben war nicht nur beschwerlich und karg, sondern aufgrund des wenigen freien Landes (über fünfzig Prozent des Landes gehörte weniger als 1000 Großgrundbesitzern) ebenso von Arbeitslosigkeit geprägt wie die Stadt. In der Stadt jedoch konzentrierte sich das Elend auf engem Raum in den Ghettogebieten. In Kingston gab es drei davon, alle im Westen der Stadt, *downtown* gelegen: *Trench Town*, das entlang eines Abwassergrabens gebaut war, *Back O'Wall*, ein Zentrum der Rastafaris, das hinter der Mauer des öffentlichen Friedhofs lag, und der *Dungle*, das Ghetto im Ghetto, Wohnstädte für diejenigen, die selbst aus der Gemeinschaft der »Sufferers« (Leidender / Ghettobewohner) ausgestoßen wurden. Sie lebten auf der städtischen Müllhalde, in der sie täglich nach Nahrung und anderen brauchbaren Dingen wühlten. In Trench Town und Back O'Wall hingegen hausten die Menschen geringfügig »komfortabler« in den überfüllten Yards oder in notdürftig zusammengehaltenen Hütten aus plattgeschlagenen Kanistern, Ölfässern, Pappe und Wellblech. Toiletten gab es außerhalb der Yards nicht, ebensowenig wie fließendes Wasser und Strom. Überbevölkerung, Seuchen, hohe Kindersterblichkeit und die allgegenwärtige Gewalt auf den Straßen bestimmten die Lebensbedingungen der Sufferers im Ghetto. Aber die Ghettobevölkerung war – wohlwissend, daß man ihr nur selten entkommen konnte – auch eine verschworene Gemeinschaft, die zusammenhielt gegen die Repressionen des Babylon-Systems, das im Ghetto meist durch die verhaßte Polizei repräsentiert wurde. Robert Nesta Marley machte diese Gemeinschaft zu seiner Familie, nahezu ein Leben lang. Hier fand er viele Freunde, mit denen er seine Zeit verbrachte. Da die Schulpflicht mit vierzehn Jahren endete, blieb Nesta (der es nun vorzog, nach seinem »erwachsenerem« Namen, Robert, genannt zu werden) viel Zeit, um vor allem eines zu tun: Fußball zu spielen. Die Ghetto-Jugendlichen waren wie besessen von dieser Beschäftigung, sie spielten bis tief in die Nacht hinein, wenn der Ball im unbeleuchteten Trench Town kaum mehr zu sehen war.

Die wesentlichen Charakterzüge von Robert begannen sich in dieser Zeit herauszubilden; er war sehr überlegt und selbstbewußt, aber auch egoistisch und eitel. Er lernte den rohen Slang der Straße und wußte sich verbal ebenso wie in Messerstechereien und Prügeleien zu behaupten. Cedella, die wegen seines Umgangs sehr beunruhigt war, pflegte er zu sagen: »Sie schreiben mir nichts vor – *ich befehle ihnen*.«

Roberts bester Freund, Neville O'Riley Livingston (genannt Bunny), lebte mit seiner Familie im gleichen Yard wie er selbst. Mit Bunny gab sich Robert seiner zweiten Leidenschaft – neben dem Fußballspiel – hin: dem Singen. Bunny besaß eine selbstgebaute Gitarre, die aus einem Brett, einer Sardinenbüchse und einen Bambusstab bestand; als Saiten dienten die Kupferadern eines Elektrokabels.

Die beiden Freunde begannen zunächst damit, Gospels und Mento-Lieder nachzusingen, begeisterten sich dann aber bald für die Rhythm-and-Blues-Stücke, die Bunny mit einem kleinen Transistorradio aus Miami empfangen konnte. Sie waren fasziniert von den großartigen Sängern aus New Orleans wie Fats Domino, Louis Jordan und Earl King. Ihre direkten Vorbilder

Bob Marley 1966

aber wurden Gesangsgruppen wie »The Drifters« und vor allem »The Impressions« mit ihrem brillanten Leadsinger Curtis Mayfield. Robert ließ sich aber auch von Sängern wie Sam Cooke, Solomon Burke, Brook Benton und dem in Jamaika immens populären Country-and-Western-Star Jim Reeves stark beeinflussen. 1959 hatte Robert schließlich seinen ersten öffentlichen Auftritt im Rahmen des Talentwettbewerbes in Kingston.

Obwohl Cedella ihn drängte, eine Lehre als Schweißer anzufangen – was er dann auch tat – war es Roberts erklärtes Ziel, Sänger zu werden. Er ging deshalb zu einem berühmten jamaikanischen R'n'B-Sänger, der ebenfalls in Trench Town lebte: Joe Higgs. Higgs war Teil des Duos »Higgs & Wilson«, das für den Produzenten Edward Seaga mit *Manny-O* einen großen Hit aufgenommen hatte. Joe Higgs war ein Star des Ghettos, der seinen Ruhm dazu nutzte, die Jugendlichen des Ghettos vor dem fast zwangsläufigen Abgleiten in die Kriminalität zu bewahren. Kostenlos gab er ihnen Gesangsunterricht und half ihnen, eigene Gesangsgruppen zu bilden. Zeitweise standen bis zu fünfzehn Jugendliche in seinem Garten und sangen, während Higgs sie mit der Gitarre begleitete. Robert und Bunny nahmen schon regelmäßig an den Gesangsstunden teil, als ein Junge namens Peter McIntosh die Gruppe in Higgs Garten singen hörte und sich ihr anschloß. Er war etwas älter als die anderen, hoch gewachsen, aufbrausend und impulsiv – und er hatte eine (echte) Gitarre. Robert und Bunny beschloßen sofort, mit ihm eine Gruppe zu gründen und begannen zu dritt zu proben. Sie waren selbst überrascht, welche vielfältigen Möglichkeiten sie mit ihren drei Stimmen besaßen, die Stücke von z. B. den »Impressions«, Ray Charley und Jerry Butler zu intonieren. Bunnys Stimme war hell und durchdringend, nahezu ein Falsett, wie das von Curtis Mayfield. Robert hatte eher eine rauhe, kratzige Tenor-Stimme wie Sam Cooke oder Ben E. King von den »Drifters«. Peter McIntosh (der sich später Peter Tosh nannte) schließlich hatte eine tiefe, harte Baritonstimme wie Jerry Butler. Obwohl ihre Stimmen zu dritt ganz hervorragend klangen, holten sie sich noch zwei Mädchen als Background-Sängerinnen (Beverly Kelso und Cherry Smith) und einen weiteren Leadsänger, Junior Braithwaite, dazu. Braithwaite hatte eine kräftige, gut ausgebildete Tenorstimme und war zweifellos der beste Sänger der Gruppe, während Peter Tosh (er hatte ja die Gitarre) sich für ihren Boß hielt. Sie gaben ihrer Band den passenden, wenn auch wenig einfallsreichen Namen »The Teenagers« und gingen weiterhin zu Joe Higgs, der sich bemühte, den Leadgesang von Junior und Robert mit dem Harmoniegesang von Peter und Bunny wohlklingend zu verweben.

Unterdessen hatte Robert auf Wunsch seiner Mutter die Lehre als Schweißer begonnen und beschäftigte sich in seiner Freizeit damit, an eigenen Liedern zu arbeiten. Anfang 1961 ging er dann mit seinem eigenen Material in den Plattenladen von Leslie Kong, um dort an einem Vorsingen des Produzenten teilzunehmen. Aber der 16jährige Robert sah in seinen ihm zu kurz gewordenen Hosen kaum aus wie ein zukünftiger R'n'B- oder Ska-Star und wurde weggeschickt, ohne gehört worden zu sein.

Ein Jahr später erlitt Robert beim Schweißen einen schrecklichen Unfall, als sich ihm ein Metallsplitter tief in das linke Auge bohrte. Entgegen der Vorschrift hatte er wegen der großen Hitze ohne Schutzmaske gearbeitet. Robert hatte Glück, daß er sein Augenlicht behielt, mußte aber mehrere Wochen mit heftigen Schmerzen im Bett liegen.

Dieses Ereignis bestärkte seinen endgültigen Beschluß, der harten körperlichen Arbeit abzuschwören und sich auf eine Gesangskarriere zu konzentrieren. Einem anderen jungen Sänger namens Desmond Dekker, der in der gleichen Werkstatt arbeitete, wiederfuhr wenige Monate später ein ähnlicher Unfall, auch ihm flog ein Splitter ins Auge. Er nutzte seinen Krankheitsurlaub für ein Vorsingen bei Leslie Kong, der auch gleich eine Platte mit ihm aufnahm, *Honor Your Mother And Father*. Robert erzählte Desmond von seinem mißglückten Versuch bei Kong vorzusingen, worauf dieser ihn mit einem Sänger bekannt machte, der bereits einiges für Kong aufgenommen hatte: Jimmy Cliff. Sein erstes Stück war nach dem neuen Plattenladen von Kong betitelt (der zugleich auch Eisdiele und chinesisches Restaurant war): *My Dearest Beverly*. Jimmy Cliff und Derrik Morgan (ihm hatte seine Freundin, die mit Roberts Tante befreundet war, von Roberts Talent berichtet) stellten Kong Anfang 1962 Robert vor. Kong forderte Robert spontan auf, sein Lied sofort, mitten im Plattenladen und ohne Musikbegleitung vorzusingen. Robert bestand das befremdliche Vorsingen – obwohl er mehr tanzte als sang – und durfte sein Stück *Judge Not* (bei dessen Komposition

Joe Higgs geholfen hatte) zusammen mit zwei weiteren Songs, *One Cup Of Coffee* (eine modifizierte Cover-Version von Brook Bentons *Another Cup Of Coffee*) und *Terror,* im Federal Studio von Ken Khouri zu einem harten Ska-Rhythmus (Derrik Morgan spielte Klavier) aufnehmen. Obwohl *Judge Not* eine prägnante Melodie besaß, die über einen schnellen, kraftvollen Ska-Beat lief, verkaufte sich die Platte kaum. Robert verdiente ganze zwanzig Pfund an seinem Song. Nach dem Mißerfolg in Jamaika verkaufte Leslie Kong die Platte unter dem falsch geschriebenen Namen Bob Morley an Chris Blackwell, der sie mit seiner jungen britischen Plattenfirma »Island Records« unter der Katalognummer achtundachtzig ebenfalls recht erfolglos in England vertrieb. Robert hatte damit immerhin sein Plattendebüt hinter sich gebracht – die angestrebte Karriere als Sänger wurde wieder ein Stück greifbarer.

Ein weiteres Ereignis dieses Jahres änderte Roberts Leben drastisch: Seine Mutter Cedella beschloß, nach Amerika auszuwandern und Robert im Ghetto zurückzulassen. Sie hatte im Jahr zuvor eine Liebesaffäre mit dem Vater von Bunny gehabt und gebar nun, 1962, ein Mädchen, das sie Pearl Livingston nannte. Sie heiratete aber keineswegs deren Vater, Toddy Livingston, sondern einen »anständigen« und verläßlichen Mann namens Edward Booker, der bereits in den USA, in Wilmington, Delaware, lebte. Ihm wollte sie nach Amerika folgen, während sich ihre Schwester Enid im Ghetto solange um Robert und Pearl kümmern sollte, bis Cedella genug Geld hätte, um sie in die Vereinigten Staaten nachkommen zu lassen. Enid hielt es aber nicht lange im Ghetto aus und kehrte mit Pearl nach Nine Miles zurück. Robert konnte vorerst bei den Livingstons wohnen, was aber auch nicht von Dauer war, da er sich mit der Freundin von Toddy Livingston überwarf. So wurde Robert schließlich obdachlos und konnte nur nachts mit seinem Freund Vincent Ford in einer Ecke des Yards unterkommen. Vincent und er komponierten tagsüber eigene Lieder; Robert begrub seine Idee von der Solokarriere und konzentrierte sich statt dessen wieder auf die gemeinsame Gesangsgruppe mit Peter, Bunny und Junior.

Sie lernten in diesen Tagen einen Rasta-Trommler namens Alvin Patterson kennen, den sie auch Franseeco (oder Seeco) nannten. Er beherrschte das Rasta-, bzw. Burru-Trommeln und wurde für die Gruppe zu einem Lehrmeister für Rhythmus und Timing, so wie Higgs ihr Lehrmeister für Gesang und Harmonie war. Wichtiger aber noch als sein musikalischer Einfluß wurde für Robert und seine Freunde Franseecos Verbindung zum wichtigsten Mann des Musikgeschäftes dieser Zeit: Clement Coxsone Dodd.

Train To Skaville
Der Ska (1962–1966)

Allmählich begannen in Jamaika der Rhythm and Blues und der Mento unter dem Einfluß des Rasta-Drumming, wie bereits bei *Oh Carolina*, zu verschmelzen. Die extreme Betonung des Rhythmus war (und blieb) stets kennzeichnend für die jamaikanische Musik. So liebten die Jamaikaner die harten und schnellen R'n'B-Stücke eines Fats Domino oder Rosco Gordon ganz besonders. Insbesondere US-Star Rosco Gordon, der auch einige Auftritte in Jamaika absolvierte, spielte einen »pumpenden« Piano-Rhythmus, der den zweiten und vierten Taktschlag betonte. Die gleiche Betonung findet man auch beim Mento; ähnlich wie beim R'n'B lag hier die Akzentfolge prinzipiell auf dem ersten und dritten Schlag, während jedoch zusätzlich auch der eigentlich unbetonte zweite und vierte Taktschlag ebenfalls hervorgehoben wurden. Es entstand dadurch ein Widerstreit zweier Rhythmussysteme, der den Eindruck permanenter Synkopenbildung, eine Art Dauerspannung, bewirkte.

Ähnliche Synkopierung prägte auch das Rasta-Drumming. Um 1962 wurde die Betonung der Synkopen schließlich so prägnant, daß sich unter deren Dominanz die diffusen Einflüsse der verschiedenen Musikstile zu einer neuen Form verbanden: dem *Ska*. Charakteristisch für den sehr schnellen, hüpfenden Ska-Rhythmus sind die extremen *Afterbeats*, die »Nachschläge« auf den »und«-Zählzeiten des Vier-Viertel-Taktes (eins-*und*-zwei-*und*-drei-*und*-vier), gegenüber der *auf* den Zählzeiten gespielten, stark betonten Baßlinie. Bläser und Piano, später die Rhythmusgitarre, spielten die Afterbeats, während der Baß (dem »Walking Bass« des Blues ähnlich) eine auf- und wieder absteigende kurze Melodie spielte. Lediglich der Gesang und die stark vom Jazz inspirierten Bläsersoli kontrastierten mit den rein rhythmisch eingesetzten Instrumenten.

Von Prince Buster wird behauptet, er habe seinen Gitarristen Jah Jerry dazu angehalten, den Afterbeat statt des *Downbeats* zu betonen, womit Prince Buster zum Erfinder des Ska würde. Theophilius »Easy Snappin'« Beckford behauptet hingegen, die Verschiebung der Betonung im Takt sei aufgrund der mangelnden musikalischen Fähigkeiten der Studiomusiker bei dem Versuch, den R'n'B nachzuspielen, entstanden. Mehrere hundert hervorragende und präzise gespielte R'n'B-Aufnahmen aus Jamaika widersprechen jedoch dieser Auffassung, zumal die Musiker, die die Geburt des Ska begleitet haben, ganz hervorragend ausgebildete, kreative Persönlichkeiten waren, die ihr Können später auch international unter Beweis stellten. Wie sich herausstellte, war der Ska ja keineswegs mangelhafter, defizitärer Rhythm and Blues, sondern vielmehr eine weitreichende Innovation, die den Beginn der musikalischen Entwicklung des Reggae markiert.

Viele dieser Ska-Pioniere hatten ihr Handwerk in einer strengen und an der klassischen europäischen Musik orientierten Ausbildung in der »Alpha Boys Catholic School« gelernt, einem »Besserungsinternat« für schwer erziehbare Kinder, inmitten von West-Kingston, dem Ghetto, gelegen. Einige Absolventen der Alpha-School wie Don Drummond, Joe Harriot, Roy Harper und Wilton »Bogey« Gaynair begannen damit, Jazz zu spielen, und tourten bereits in den fünfziger Jahren mit Swing-Big-Bands durch die Hotel-Bars der Insel oder gründeten eigene Bands, wie Eric Dean, Roy Coburn und Sonny Bradshaw es taten. Ihre Vorbilder waren Duke Ellington und Stan Kenton, aber auch Miles Davis, Thelonius Monk, Art Blakey und Max Roach. Andere Absolventen der Alpha-School bekamen Engagements als Studiomusiker für verschiedene Produzenten oder spielten in Clubs.

Im Wesentlichen konzentrierte sich das gesamte musikalische Geschehen des Ska auf einen Kern von Musikern, die in unterschiedlichen Formationen nahezu alle Titel des Ska für die vielen verschiedenen Produzenten und Sänger einspielten. Nach 1962 waren dies folgende Musiker: Tommy McCook, Roland Alphonso und Mr. Campbell (Tenor-Saxophon), Lester Sterling

Prince Buster

(Alt-Saxophon), Johnny Moore und Leonard Dillon (Trompete), Don Drummond (Posaune), Jackie Mittoo und Gladstone Anderson (Klavier und Orgel), Lloyd Brevette (Kontrabaß), Cluett Johnson (elektrischer Baß), Lloyd Knibbs und Arkland »Drumbago« Parks (Schlagzeug), Jah Jerry und Ernest Ranglin (Gitarre). Auf all den exklusiven Acetat-Platten, mit denen sich die Sound-Systems gegenseitig zu übertrumpfen trachteten, spielten exakt dieselben Musiker!

Einige dieser Musiker gründeten 1963 auf die Initiative von Tommy McCook eine Band, die zunächst »Satalites« heißen sollte, weil zu dieser Zeit die Russen gerade einen Satelliten ins All befördert hatten. Es war dann Tommy McCooks Idee, die Band »Skatalites«, zu nennen, ein Name, der die Ära des Ska dominieren sollte.

Die bürgerlichen Schichten Jamaikas konnten nicht verstehen, warum die besten Musiker der Insel, die sie aus den Swing-, Mento- und Jazz-Bands der Hotels und den Uptown-Tanzveranstaltungen kannten, diese würdelose Musik spielten, die sie als »buff-buff-music« bezeichneten. Eines Sonntags wurden die »Skatalites« nach Bournemouth Gardens, einem öffentlichen Park in Uptown-Kingston eingeladen, wo die besserverdienenden und konservativen Jamaikaner sie zum ersten Mal live hören konnten. Vor allem die Söhne und Töchter der »Reichen« wurden prompt Fans der Musiker, vor denen ihre Eltern sie immer gewarnt hatten.

Byron Lee, ein Musiker, der schon seit vielen Jahren den seichten Massengeschmack der Jamaika-Touristen bediente, versuchte sogar, Ska-Musik und den dazugehörigen wilden Tanz nach Amerika zu exportieren, um ihn dort in der Nachfolge des Twist als neuen »Dance-Craze« zu vermarkten – was glücklicherweise fehlschlug, da er, statt der »Skatalites«, seine eigene (wenig authentisch klingende) Band die »Dragonaires« einsetzte. In Jamaika jedoch breitete sich infolge der 1962 erreichten Unabhängigkeit von Großbritannien ein Enthusiasmus aus, der im euphorischen Beat des Ska sein adäquates Ausdrucksmittel fand. Pure Lebensfreude und Optimismus hinsichtlich der neu gewonnenen Freiheit bestimmte die Gemüter aller sozialen Schichten, die in der Musik aus dem Ghetto, dem Ska, einen gemeinsamen Nenner gefunden hatten, wie es später nur noch bei der Musik Bob Marleys der Fall war.

Jamaika wurde überschwemmt von Ska-Singles; unzählige neue Produzenten drängten auf den Markt. Bob Marley nahm seine erste Platte (noch als Solo-Sänger) für Leslie Kong auf und 1963 mit den »Wailers« die erste Single für Coxsone Dodd. Die »Wailers« waren nur eine von vielen »Gesangs-Bands« wie »The Maytals«, »Justin Hinds And The Dominoes«, The Clarendonians«, »The Charmers« und viele andere, die wie Pilze aus dem Boden schossen und zu den »Backings« der »Skatalites« ihre Stücke sangen. Einige der besten Solo-Sänger der Ska-Ära waren u. a. Delroy Wilson, Alton Ellis, Eric Morris, Stranger Cole, Ken Boothe und Jackie Opel, die alle wahre Klassiker in dieser Zeit geschaffen haben.

Der größte Star unter ihnen war jedoch Derrik Morgan. Ihm gelang es in den frühen sechziger Jahren sogar, alle ersten sieben Plätze der Hitparade in Jamaika gleichzeitig zu belegen! Morgan war so überragend erfolgreich, daß man ihm nachsagte, er könne, selbst wenn er es wolle, keinen Flop produzieren – die Hits waren ihm sicher. Seine Karriere begann 1959, als er neunzehnjährig von dem berüchtigten Duke Reid hörte, der angeblich Sänger für sein neues »Treasure Isle«-Label suchte. Morgan maschierte eines Tages in Reids Spirituosengeschäft, stellte sich vor die Verkaufstheke und sang ihm vier Songs vor. Der Duke war beeindruckt und ging mit ihm ins Studio, um Morgans erste Platte mit den beiden Stücke *Lover Boy* und *Oh My* zu produzieren. Da die Songs große Hits zu werden versprachen, setzte Reid sie zunächst für knapp ein Jahr als Dub-Plates in seinem Sound-System ein, bevor er sie regulär veröffentlichte. Inzwischen hatte Morgan für den relativ unbekannten Produzenten L.S. »Little Wonder« Smith das Stück *Fat Man* aufgenommen, das sofort zu einem großen Hit auf der Insel wurde. Danach gab es für Morgan kein Halten mehr. In den Jahren 1960/61 sang er einige Hits für Coxsone und anschließend auch wieder für Reid, bis er Ende 1961 auf Prince Buster traf, mit dem ihn sofort eine kongeniale Haßliebe verband, die einige schöne Produktionen hervorbrachte.

Morgans musikalische Leistungen für den Ska sind gar nicht hoch genug einzuschätzen – allein in dieser Periode nahm er über zweihundert Singles auf, von denen der weitaus größte Teil heute Klassiker sind. Aber seine Karriere reichte noch weit über die Ska-Ära in die Zeit des Rocksteady und des frühen Reggae hinein; 1967 half er seinem Schwager Bunny Lee – der einer der produktivsten Produzenten des Reggae werden sollte – dessen eigenes Label zu gründen und begann zugleich selbst als Produzent zu arbeiten – was er bis heute tut.

Inzwischen hatte Coxsone Dodd, nachdem er vier Jahre seine Produktionen in fremden Studios hatte aufnehmen müssen, 1963 sein eigenes – legendäres – Studio im Herzen von West-Kingston errichtet: das »Jamaika Recording and Publishing Studio«, besser bekannt unter dem Namen des Labels – »Studio One«. Es war zunächst ein Ein-Spur-Studio und wurde 1965 auf zwei Spuren aufgerüstet (später sogar auf acht). Coxsones Cousin, Sid Bucknor, installierte die Elektrik und wurde nach einigen Monaten Toningenieur des Studios (bis dahin hatte Coxsone die Regler selbst bedient). 1964 baute auch Byron Lee sein »West Indies Recording Studio«. Lee hatte bereits 1961 eine Produktionsgesellschaft gegründet, mit der er große Konzerttouren lokaler Stars durch Jamaika organisierte. Als Backing-Band fungierten stets seine Hausmusiker, die »Dragonaires«, mit denen er sich auf einen seichten, kommerziellen Sound, der den Hörgewohnheiten der Touristen auf Jamaika entsprach, spezialisiert hatte. Sein neues Studio war gleich mit drei Spuren ausgestattet und wurde kurze Zeit später durch ein Vier-Spur-Mischpult ergänzt, das ein Deutscher namens Luntz für ihn gebaut hatte (es wurde später an King Tubby weiterverkauft, als Byron Lee acht Spuren installierte). 1969 kaufte er die technische Sechzehn-Spur-Ausstattung des WIRL-Studios von Edward Seaga und gründete damit seine Produktionsfirma »Dynamic Sounds« – das bestausgestattete Studio in der Karibik. Sein altes Acht-Spur-Mischpult hatte er an Duke Reid weiterverkauft, der es in sein legendäres »Treasure Isle«-Studio einbaute, das in der Zeit des Rocksteady für seinen tiefen Baß-Sound berühmt wurde. Ein anderer wichtiger Produzent dieser Zeit war Joe Gibbs – er richtete bereits Mitte der sechziger Jahre ein Sechzehn-Spur-Studio ein.

Viele »Sound-Men« der ersten Tage fanden sich also nun als Studiobesitzer wieder und waren zentraler Bestandteil der jungen jamaikanischen Musikindustrie geworden. Der eingewanderte Chinese Leslie Kong hingegen kam nicht aus dem Sound-System-Geschäft, sondern besaß mit seinen Brüdern ein chinesisches Restaurant. Er war so begeistert von der neuen Musik, daß er Derrik Morgan stets zu kostenlosem Essen einlud. Schließlich kratzte Kong eines Tages sein gesamtes Geld zusammen und produzierte für Derrik Morgan ein Stück mit dem Titel *Shake A Leg*. Es wurde sofort ein Hit und weitere folgten, mit denen Morgan Kongs neugegründetem »Beverly«-Label auf die Beine half. Morgan rekrutierte für Kong auch andere junge Talente wie beispielsweise die »Maytals« oder den jungen Marley, der auf dem »Beverly«-Label seine erste Platte *Judge Not* veröffentlichen konnte. Mittlerweile hatte Morgan so viele Hits für Kong aufgenommen, daß Kong sich entschloß, ein Derrik-Morgan-Album unter dem Titel *Forward March* herauszubringen: eines der ersten Alben, die es im Reggae (respektive Ska) überhaupt gab.

Leslie Kong avancierte, bis zu seinem frühen Tod 1969, zu einem der Top-Produzenten der Insel, dessen ganz spezifischer, einfacher und sehr klarer Sound jede Dance Hall zum Explodieren brachte.

Sein erklärter Widersacher war Prince Buster, der zu Recht den Status, *der* absolute Top-Produzent des Ska zu sein, für sich in Anspruch nehmen konnte. Er war in den sechziger Jahren so berühmt wie Bob Marley in den Siebzigern. In England wurde Buster geradezu zum Synonym für Ska und für »Blue Beat«, weil er dort von Emil Shallits Plattenfirma »Melodisc« auf dem legendären »Blue Beat«-Label vertrieben wurde. Seine Platten verkauften sich nicht nur an die jamaikanischen Immigranten in Brixton, sondern auch an weiße Jugendliche: die »Mods« bzw.

»Modernists«, die sich in den Sechzigern mit den Rock'n'Rollern heftige Straßenschlachten lieferten. Buster produzierte an die 500 Ska-Platten, die er auf seinem eigenen Label in der gesamten Karibik (und in vielen eigenen Plattenläden) vertrieb – und auf denen er zum größten Teil auch noch selbst sang. Er produzierte ebenfalls, wie Leslie Kong, den Sänger Derrik Morgan, dem er erzürnt seine Aufnahmen für Kong vorwarf, denn Buster war der Meinung, daß ein schwarzer Sänger aus dem Ghetto mit seinesgleichen (und seinesgleichen zum Profit) arbeiten sollte – und nicht für einen Chinesen, dessen fernöstliche Landsleute in Jamaika als Ausbeuter verrufen waren. Morgan jedoch schien nichts von diesen rassistischen Ansichten zu halten, worauf Buster ein Stück mit dem Titel *Black Head Chinee Man* aufnahm. Morgan antwortete mit dem Song *Blazing Fire* – beide wurden große Hits. Aber der Schlagabtausch war noch nicht beendet: Buster schlug zurück mit *Creation*, Morgan konterte mit *Love Natty*. Schließlich beendete Buster den Streit mit *Praise Without Raise*, dessen Titel für sich spricht. Beide hatten jedoch während der ganzen Zeit ein gutes und freundschaftliches Verhältnis und tourten sogar gemeinsam durch England.

Prince Buster war die einzige ernstzunehmende Konkurrenz für Coxsone Dodd und Duke Reid. Dieses Trio lieferte sich einen ständigen musikalischen Schlagabtausch mit Stücken wie *Prince, Duke and Sir* oder *Prince In The Pack* von Coxsone, *Downbeat Burial* von Reid oder aber *This Is My Sound That Goes Around* von Buster selbst. Aber alle drei benutzten dieselbe Waffe: die »Skatalites«.

1965 lösten sich die »Skatalites« leider auf. Unstimmigkeiten in der Band und die Unzuverlässigkeit einzelner Mitglieder waren verantwortlich dafür. Der großartige Posaunist Don Drummond, eine zentrale Persönlichkeit in der Band, litt immer mehr unter geistiger Verwirrung und mußte oft wegen kurzer Sanatoriumsaufenthalte aussetzen. Als er im Januar 1965 seine Freundin mit einem Messer erstach, wurde er endgültig eingewiesen (und starb 1969). Auch Coxsone, der ihr Hauptarbeitgeber gewesen war, hatte nicht geringe Schuld an der Auflösung der

»Skatalites«, da er Roland Alphonso und Jackie Mittoo überredete, die Band zu verlassen und exklusiv für ihn zu arbeiten. Nachdem ihm das geglückt war, gründete er unter der Leitung von Alphonso und Mittoo eine eigene Studioband mit dem Namen »Soul Brothers«, die teilweise aus den gleichen Musikern wie die ehemaligen »Skatalites« bestand. Ein anderer Teil der »Skatalites« ging unter der Führung von Tommy McCook zu Duke Reid und etablierte sich dort als Studioband. Weitere Mitglieder gingen in den Bands von Lyn Taitt und Baba Brooks auf. Im »Studio One« wurde Roland Alphonso zum verantwortlichen Arrangeur der Bläser-Sektion; Jackie Mittoo zeichnete bis 1968 für die gesamte Produktion, Arrangements und das Songwriting des Studios verantwortlich.

Er gab dem Bassisten seine »Basslines«, die *Riddims,* die durch ihre bis heute andauernde ständige Wiederverwendung für neue Songs (*Versions*) zu legendären Klassikern, ja geradezu zu den durchgängigen Konstanten der Reggae-Tradition schlechthin geworden sind (allein die Bassline des Songs *Never Let Go* von Slim Smith diente bis heute über vierhundertmal als Backing für neue Songs). Mittoo komponierte darüber hinaus auch den Gitarrenpart und spielte selbst Klavier und Orgel. Er schrieb auch die Musik für viele Sänger dieser Zeit, z. B. für Alton Ellis (*I'm Still In Love*, das in den Siebzigern als *Uptown Top Ranking* zu einem internationalen Hit für »Altea & Donna« wurde), für die »Heptones« (*Fatty Fatty*), Marcia Griffith (*Truly* und *Feel Like Jumping*), Delroy Wilson (*Conquer Me*), »Carlton And The Shoes« (*Love Me Forever*) und für viele andere mehr.

Der lang andauernde Erfolg Coxsones und sein außerordentlicher Stellenwert in der Entwicklung des Reggae waren keineswegs das Produkt eines genialen Kopfes, sondern vielmehr in der Tatsache begründet, daß Coxsone sich stets mit den kreativsten Geistern – wie z. B. Mittoo – umgab, derer er habhaft werden konnte. So soll z. B. der junge Bob Marley Coxsone beraten haben, welche Stücke er veröffentlichen solle (Coxsone dementiert das allerdings). Ein weiteres musikalisches Genie, das für

Coxsone arbeitete – zunächst im Sound-System, später im Studio als Toningenieur und Produzent, war Lee Perry. Sehr zugute kam Coxsone, daß sein »Studio One« aufgrund der vielen Hits sehr respektiert und geschätzt wurde, so daß sich die talentierten Musiker und Sänger ganz automatisch bei ihm einfanden, da es für sie eine Ehre bedeutete, auf dem »Studio One«-Label produziert zu werden. Fast alle der großen Reggae-Stars der 70er Jahre kamen aus der »Studio One«-Schule. Was Coxsone auszeichnete, waren sein Gespür für die richtigen Leute und sein treffsicherer Geschmack hinsichtlich der Auswahl der zu veröffentlichenden Stücke. Darüber hinaus war er ein gerissener Geschäftsmann, der es verstand – wie aber nahezu alle anderen Produzenten auch –, seine Künstler auszubeuten: Musiker wie Sänger bekamen für eine Session zwischen zehn und zwanzig jamaikanische Pfund – danach war das Musikstück vollständiges Eigentum des Produzenten. Er konnte es dann so oft verwenden, wie er wollte, ohne Tantiemen zahlen zu müssen! Selbst ein Superhit, der sich vielleicht international mehrere hunderttausendmal verkaufte, kostete den Produzenten nur das übliche Session-Honorar. Darüber hinaus gab (und gibt) es in Jamaika kein Copyright, so daß ein Stück, insbesondere seine Bassline, der Riddim, unendlich oft von anderen Produzenten kopiert werden kann, um sie dann für eigene Produktionen zu verwenden. Coxsone profitierte noch über zehn Jahre später von den Backings, die er in den sechziger Jahren produzierte, indem er sie immer wieder mit neuem Gesang versah (z. B. von Sugar Minott, Willi Williams, Burning Spear, Lone Ranger, Michigan & Smiley, Brigadier Jerry und sogar Frankie Paul). Jede dieser Platten erlangte Kult-Status, obwohl Coxsone zu dieser Zeit schon nicht mehr zur Spitzengruppe der Reggae-Produzenten zählte.

Bis Mitte der sechziger Jahre war Sir Coxsones »Downbeat«-Sound-System allerdings führend auf Jamaika. Dann aber begann der schnelle, euphorische Ska-Rythmus sich zu ändern, mit dem *Rocksteady* sollte das »Goldene Zeitalter« der jamaikanischen Musik anbrechen – und mit ihm gelangte Duke Reid, Coxsones größter Widersacher, an die Spitze des »Sound-Business«. Dennoch sollte es Coxsones »Studio One« sein, das in der Reggae-Historie für alle Zeiten den prominenteren Platz einnehmen würde.

Simmer Down

Bob Marley im »Studio One« (1963–1966)

Jeden Sonntagnachmittag hielt Coxsone im Garten seines »Studio One« Audienz. Stets auf der Suche nach frischen Talenten, ließ er sich von jungen, ambitionierten Sängern aus dem Ghetto ihre Songs vorsingen und entschied anschließend darüber, wem er die Chance einer Plattenaufnahme geben wolle.

An einem solchen Sonntagnachmittag im Jahre 1963 brachten der Rasta-Trommler Franseeco und Joe Higgs ihre Schützlinge, Bunny, Peter, Bob, Junior und die beiden Backup-Sängerinnen Beverly und Cherry zu Coxsone, um sie dort an dem Vorsingen teilnehmen zu lassen. Nachdem Higgs die Band, die sich »The Teenagers«, oder alternativ auch »The Wailing Rudeboys« nannte, in höchsten Tönen gelobt hatte, trugen Bob und seine Freunde ein paar Liebeslieder im Stile der »Impressions« vor, die nur von Peter Toshs Gitarre begleitet wurden. Nachdem die letzte Silbe verklungen war, herrschte betretenes Schweigen im Garten und Coxsone geleitete die »Teenagers« mit den Worten zum Tor, sie hätten zwar Talent, müßten aber noch viel üben. Peter antwortete ihm, daß sie noch ein Lied vorsingen wollten, das aber noch nicht ganz fertig sei. Coxsone war einverstanden, und die Band intonierte ein Stück, das Bunny geschrieben hatte und das eine Botschaft an die *Rude Boys* (halbstarke Outlaws) war: *Simmer Down*. Coxsone erkannte das Potential dieses Songs, in dem sich, anders als bei den Liebesliedern, Jugendliche aus dem Ghetto in ihrer Sprache an ihresgleichen wandten. Der Song war glaubwürdig, klang frisch und hatte eine schöne Melodie, so daß Coxsone Bob und die anderen aufforderte, am folgenden Dienstag wiederzukommen, um das Stück aufzunehmen.

Zwei Tage später erschienen sie dann im Studio, wo die berühmten »Skatalites« schon auf sie warteten, um zu *Simmer*

Down einen hüpfenden Ska-Rhythmus beizusteuern. Bob und seine Freunde empfanden es als große Ehre, von so exzellenten Musikern begleitet zu werden. Roland Alphonso und Jackie Mittoo arrangierten das mit üppigen Bläser-Sätzen durchsetzte Backing in perfekter Harmonie mit Bobs aggressivem Lead-Gesang und den Backingvocals von Peter, Bunny und den anderen. Allen Beteiligten war klar, daß der Song zu einem Hit werden würde. Coxsone veröffentlichte das Stück in den Wochen vor Weihnachten 1963 unter dem Band-Namen »The Wailing Wailers«, den er ohne Rücksprache mit der Band bestimmt hatte. Im Januar 1964 kletterte der Song bis zur Nummer-Eins-Position in den Radio-Charts und blieb dort für die nächsten zwei Monate. Die »Wailing Wailers« hatten ihren Durchbruch geschafft, mit einer Musik, die genau an die Bedürfnisse der im Entstehen begriffenen Rude Boy-Manie angepaßt war. Das erfolgreiche Debüt legte damit fast zwangsläufig die weitere Richtung ihrer musikalischen Entwicklung fest: Die »Wailing Wailers« wurden *die* Kultband der gefürchteten Rude Boys (und waren bald selbst ebenso gefürchtet). Coxsone machte die Band zu seinen bevorzugten Hit-Lieferanten und stellte dem immer noch obdachlosen Bob im hinteren Teil des Studios einen Raum zum Wohnen zur Verfügung. Das »Studio One« wurde dadurch buchstäblich zu Bobs Zuhause. Er verbrachte nahezu seine gesamte Zeit im Studio, lernte Gitarre spielen, schrieb Songs und hörte die neusten von Coxsone aus den USA importierten R'n'B- und Soul-Platten von Major Lance, Lee Dorsey, »The Impressions«, »The Tams«, »The Moonglows« oder aus der »Motown«-Hitfabrik (z. B. Marvin Gaye, Little Stevie Wonder, »The Marveletts«).

Die beiden Platten, die auf *Simmer Down* folgten, waren ein Liebeslied von Junior Braithwaite, *It Hurts To Be Alone*, und *Lonesome Feeling*, das von Bob und Bunny als eine Fortsetzung zu Juniors Lovesong geschrieben worden war. *Lonesome Feeling* wurde ein großer Hit in den Sound-Systems, erreichte aber keine hohe Chart-Plazierung. Im weiteren Verlauf der Jahre 1964/65 baute Coxsone die »Wailers« immer mehr zu einer

Star-Band auf, kaufte ihnen Bühnenkostüme aus Goldlamé und spitze Lackschuhe, schickte sie auf Tour durch die Sound-Systems und zu den bekannten Talent-Wettbewerben von Vere Johns ins Palace Theatre. Bei einem solchen Talentwettbewerb, der als *Battle Of The Groups* ausgeschrieben war, nahmen die »Wailers« neben den »Paragons«, »Melodians« und den »Uniques« teil. Die »Wailers« gingen als vorletzte Gruppe auf die Bühne und sangen *It Hurts To Be Alone* und *Lonesome Feeling*, wobei sie kleine Probleme hatten, den Takt zu halten. Als danach die »Uniques« auftraten und deren brillanter Leadsänger Slim Smith das Publikum mit seiner Version von *Baby, I Need Your Loving* begeisterte, wurden die »Uniques« zu Siegern erklärt und die »Wailers« auf den zweiten Platz verwiesen. Das ärgerte Bob dermaßen, daß er hinter der Bühne sein »Ratchet« (ein Klappmesser) zog und Slim Smith zum Kampf herausforderte – den die anderen »Wailers« gerade noch verhindern konnten. Durch solche Auftritte und ihre die Rude Boys verherrlichenden Lieder wie *Let Him Go, Jail House* oder *Rude Boy* erwarben die »Wailers« sehr schnell ihre Reputation, selbst gefährliche Rude Boys zu sein und wurden mit diesem Image schließlich zur populärsten Gesangsgruppe der Ska-Ära. (Das Rude-Boy-Phänomen sollte allerdings seinen Höhepunkt erst im Sommer 1966 erreichen, als die »Wailers« diesen Status bereits größtenteils wieder eingebüßt hatten.) In ihren Rude-Boy-Liedern war neben der enthusiastischen Propagierung des Rude-Boy-Tums – die gemeinhin in allen Liedern gleichen Themas zu finden war – bereits der revolutionäre Eifer und das Rebellentum zu spüren, die Bob Marley und die »Wailers« später auszeichnen sollten.

In ihren Songs kopierten die »Wailers« – wenn es nicht ohnehin schon Cover-Versionen waren – unzählige Melodien, Hooklines, Riffs und Texte aus der amerikanischen Popmusik ihrer Zeit. Teilweise änderten sie nur einige Textpassagen oder modifizierten die Melodie des US-Originals (z. B. bei *Play Boy, Ska Jerk, What's New Pussycat, I Should Have Known Better, And I Love Her, Like A Rolling Stone,* etc.). Aber es entstanden auch die ersten Aufnahmen einiger selbstkomponierter Songs wie

Love And Affection und *One Love*, die Bob Marley später auf seinen »Island«-Alben teilweise wieder neu einspielte.

Trotz ihres enormen Erfolges, der sie zu einer von Coxsones Haupteinnahmequellen machte, blieben Bob und seine Freunde arm. Coxsone bezahlte ihnen lediglich fünfzehn bis zwanzig Pfund für einen Song und drei Pfund pro Woche als Tantiemen. Für den Fall, daß seine Künstler mehr Geld verlangten, hatte Coxsone immer eine Pistole dabei, die er dann anstelle der Brieftasche hervorzuholen pflegte. Die Sänger und Musiker waren teilweise so arm, daß sie sich nicht genug zu Essen kaufen konnten – und so kam es während der Mangosaison immer wieder zu spontanen Unterbrechungen der Aufnahmesitzungen, weil die hungrigen Musiker hörten, wie die reifen Früchte vom Mangobaum im Garten auf das Studiodach fielen.

Ende 1965 verließ Junior Braithwaite die »Wailers«, da er mit seiner Familie nach Chicago auswanderte. Mit ihm gingen die beiden Background-Sängerinnen, und die »Wailers« schrumpften auf ihre Urbesetzung zurück: Bob Marley, Bunny Livingston und Peter Tosh. Aber noch im selben Jahr machten sie die Bekanntschaft von Rita Anderson, einem jungen Mädchen, das in der Nähe von Coxsones Studio bei ihrer Tante wohnte und die »Wailers« auf ihrem täglichen Weg ins Studio beobachtete. Sie erhoffte sich, durch die »Wailers« Coxsone Dodd kennenzulernen, um ihm mit ihrer eigenen Gesangsgruppe, den »Soulettes«, vorsingen zu können. Zunächst traute sie sich nicht, die »Wailers« anzusprechen, da sie sie für böse Rude Boys hielt und Angst vor ihnen hatte. Schließlich aber begann sie, mit ihnen zu flirten, und vor allem Peter war von ihr entzückt. Er nahm sie mit ins Studio, wo sie Coxsone vorsang. Dem gefiel, was er hörte, und er überantwortete die »Soulettes« der Regie von Bob, der sie unterrichten sollte. Bob war ein überaus strenger Lehrer und deshalb bei den Mädchen recht unbeliebt, und so waren sie sehr erstaunt, als Bunny eines Tages Rita einen Liebesbrief von Bob überbrachte. Sie sprach mit Bob, der ihr seine Liebe gestand – und sie im gleichen Atemzug zu seiner Sekretärin machte. Eine ihrer ersten Aufgaben bestand darin, den Stapel von Briefen zu beantworten, den Bobs Mutter ihm aus den USA geschrieben hatte. Einem der Briefe hatte Cedella ein Flugticket in die USA beigelegt, damit ihr Sohn ihr ins Land der unbegrenzten Möglichkeiten folgen könne. Da sich die »Wailers« kurz vor Weihnachten 1965 mit Coxsone wegen ihrer ungerechten Bezahlung zerstritten hatten (immerhin bekamen sie pro Woche nur sechs Pfund Tantiemen für Platten, die gleichzeitig die Plätze eins, zwei, drei, sieben und neun der Charts belegten), beschloß Bob in die USA zu reisen und dort genügend Geld zu verdienen, um in Jamaika sein eigenes, unabhängiges Label gründen zu können.

Für den Fall, daß es ihm in den Vereinigten Staaten so gut ginge, daß er nicht mehr zurückkehren wolle, empfahl ihm Coxsone, Rita noch vor seiner Abreise zu heiraten, damit sie ihm dann leichter in die USA folgen könne. So heirateten die beiden am 10. Februar 1966, einen Tag vor Bobs Abreise. Am nächsten Morgen verließ er seine junge Frau, so wie einundzwanzig Jahre zuvor sein Vater Cedella verlassen hatte.

Cedella hatte sich mit ihrem Mann in den USA ein neues Leben aufgebaut; sie besaß ein eigenes Haus und ein kleines Lebensmittelgeschäft in Wilmington, einer kleinen Hafenstadt an der Mündung des Delaware-Flußes. Bob wohnte bei ihr und jobbte als Laborassistent, als Fließbandarbeiter in der Chrysler-Automobilfabrik, als Parkwächter und als Nachtwächter in einem Warenhaus. Er haßte seine Jobs und konnte seine gelassene jamaikanische Mentalität nicht mit dem geschäftigen Treiben, der Hektik und dem Lärm der großen Stadt in Einklang bringen. In seiner Freizeit arbeitete er an neuen Liedern oder diskutierte mit seiner Mutter, die strenggläubige Christin war, über die Rastafari-Religion, zu der er sich hingezogen fühlte. Für Cedella war es eine nicht zu ertragende Vorstellung, daß ihr Sohn sich anschickte, die Haare wachsen zu lassen und die suspekten Rastafaris des Back-O'Wall-Bezirkes zu seinen Freunden zu machen. Ihre größte Sorge war, daß Bob wieder nach Jamaika zurückkehren und Rasta werden würde.

In Jamaika erlebte die Rastafari-Bewegung mit dem Staatsbesuch von Haile Selassie unterdessen ihren ersten Höhepunkt. Peter und Rita ließen sich von dem religiösen Taumel anstecken und konvertierten zum Rasta-Glauben, während Bunny schon seit Jahren mit der neuen Religion sympathisiert hatte. Langsam begannen die Rastafari-Inhalte auch das Musikgeschehen in Jamaika zu beeinflußen, ein sicheres Zeichen für die Etablierung dieser Religion.

By The Rivers Of Babylon
Die Rastafari-Religion

»Seht nach Afrika, dort wird ein schwarzer König gekrönt werden, durch ihn wird der Tag der Befreiung kommen«. Diesen Satz sagte angeblich Marcus Mosiah Garvey neunundzwanzig Jahre vor der Geburt Bob Marleys; und ohne diesen Satz sähe auch die Biographie Marleys – selbst gekrönt als »King Of Reggae« – wohl ganz anders aus, wenn sie denn überhaupt je geschrieben worden wäre. Doch schon hier beginnen die Probleme, denn wahrscheinlich war es gar nicht der große »Moses« Garvey, der diese Prophezeiung sprach – die sich in der Krönung eines Despoten bewahrheiten sollte –, sondern ein relativ unbedeutender Mitarbeiter seiner Organisation. Ist womöglich alles, was folgte, letztlich nur ein Irrtum – und der König ein Narr?

Marcus Garvey wurde 1887 in St. Ann auf Jamaika geboren, im gleichen Bezirk, in dem auch Bob Marley das Licht der Welt erblicken sollte. Garveys Vater stammte von den Maroons ab, einer Gruppe von ca. eintausendfünfhundert afrikanischen Sklaven, die 1655 von ihren spanischen Herren freigelassen wurden, als die Briten begannen, die Insel zu erobern. Die Maroons zogen sich zurück in die Blue Mountains und gründeten dort eine unabhängige soziale Gemeinschaft, die lange mit den neuen Herren der Insel Krieg führte, bis sie schließlich mit den Engländern einen Friedensvertrag unterzeichnete, der ihre Unabhängigkeit gewährleistete, sie aber dazu verpflichtete, entflohene Sklaven auszuliefern. Wie sein Vater wurde auch Marcus Garvey Drucker von Beruf; er schloß sich der Gewerkschaft an und engagierte sich aktiv bei deren Arbeitskämpfen. Nach der Selbstauflösung der korrupten Gewerkschaft reiste Garvey erst durch Lateinamerika und gelangte dann 1912 nach England, wo er Duse Mohammed Ali, einen sudanesisch-ägyptischen Gelehrten, kennenlernte, dessen Buch *In The Land Of The Pharaos* Garvey mit

Begeisterung gelesen hatte. Durch Ali kam er in Kontakt mit einer kleinen Gruppe schwarzer Intellektueller, die sich mit der Geschichte der schwarzen Diaspora durch die Sklaverei auseinandersetzte. In diesen Zirkeln las man die Bücher *Up From Slavery* von Booker T. Washington und *Ethiopia Unbound – Studies In Race Emancipation* von Caseley Hayford, die auf den jungen Garvey starken Einfluß ausübten. 1914 kehrte er in seine Heimat Jamaika zurück und gründete dort, inspiriert durch seine Erfahrungen in England, die *Universal Negro Improvement And Conservation Association And African Communities League*, deren Ziel es war, ein College-System nur für schwarzen Jamaikaner aufzubauen. Das Motto lautete: »one god, one aim, one destiny« (»ein Gott, ein Ziel, eine Bestimmung«).

Es ging Garvey um die Emanzipation der »Negroes«, wie er die Schwarzen in bewußter Abgrenzung zur diskriminierenden Bezeichnung »Nigger« selbstbewußt nannte. Diese Emanzipation sollte nach dem Prinzip der Rassentrennung erfolgen und in der Rückkehr aller Menschen schwarzer Hautfarbe in ihre ursprüngliche Heimat, Afrika, ihren Höhepunkt finden.

Garveys Ideen stießen jedoch bei seinem eigenen Volk in Jamaika auf wenig Gegenliebe, so daß er zwei Jahre später, 1916, in die USA ausreiste. In Harlem fand er ein zugängliches und williges Publikum und gründete dort seine *Universal Negro Improvement Association* (UNIA) mit den gleichen Zielen neu. Mit Hilfe zweier von ihm herausgegebener Zeitungen, *The Negro World* und *The Black Man*, verbreiteten sich Garveys Ideen sehr schnell und die UNIA gewann so viele Mitglieder (Garvey behauptet es seien bis zu vier Millionen gewesen), daß sie bald zur größten und einflußreichsten Organisation afroamerikanischer Menschen angewachsen war. Garveys Arbeit wurde zu einem Meilenstein auf dem Weg der schwarzen Amerikaner zu kultureller und historischer Selbstfindung.

Auf dem Höhepunkt seiner Macht – man hatte ihn bereits zum »ersten provisorischen Präsidenten Afrikas« ernannt – verhandelte Garvey mit dem Völkerbund um die Zusprechung bestimmter Gebiete in Afrika, die bis zum Kriegsende deutsche

Marcus Garvey, Harlem 1924

Kolonien gewesen waren, um sie zu einem *Empire Of Africa* für die repatriierten Schwarzen zu machen.

1919 gründete Garvey die »Black Star Line«-Schiffahrtsgesellschaft, mit deren Schiffen die Schwarzen in ihre Heimat zurücktransportiert werden sollten. Eine Aktie dieser Gesellschaft, die nur von Schwarzen erworben werden durfte, kostete fünf Dollar. Der Verkauf brachte der UNIA Millionen ein. Bei so großen Geldmengen ist Korruption nie weit, und in der Tat wurden 1922 drei UNIA-Funktionäre wegen Betrugs festgenommen und Garvey der Steuerhinterziehung angeklagt. Man kann nur spekulieren, ob Garvey dem weißen Establishment zu mächtig geworden war und »verschwinden« mußte, oder ob die UNIA ihren Ruin in vollem Maße selbst verschuldet hatte. Garvey jedenfalls wurde nach Verbüßung seiner Gefängnisstrafe nach Jamaika deportiert, wo man seine Einreise mit dem Hinweis auf eine religiöse Gemeinschaft, die sich im Landesinneren zusammengefunden hatte und die auf die »antiweiße« Propaganda Garveys womöglich mit Unruhen reagieren würde, beinahe verhindert hätte.

In Jamaika versuchte Garvey, die alte UNIA neu zu beleben, was ihm mißlang. Das Interesse an ihm war in Jamaika gleich Null. Bereits bei seiner Rückkehr hatte ihn der »Gleaner«, die Tageszeitung der Insel, als Betrüger bezeichnet; der Prophet galt nichts im eigenen Land. Tief enttäuscht verließ Garvey 1935 Jamaika und zog nach England, wo er fünf Jahre später starb.

Jene religiöse Gemeinschaft, vor der im Zusammenhang mit Garveys Rückkehr nach Jamaika gewarnt wurde, war die Gemeinschaft der *Holy Piby*, der »Bibel des schwarzen Mannes«, die sich in St. Thomas gegründet hatte. Ihr heiliges Buch war ein Sammelsurium verschiedener mystisch-religiöser Texte, die die Vorherrschaft des schwarzen Menschen als die gottgewollte Ordnung »nachwiesen« und rechtfertigten. Sie wurde in den Jahren zwischen 1913 und 1917 zusammengestellt und 1924 in New Jersey veröffentlicht. Die afroamerikanischen Methodisten und Zionisten statteten damit ihre Missionare aus, die sie mit nach Afrika nahmen, um die Afrikaner zum christlichen Glauben zu bekehren und ihnen zugleich das Bewußtsein ihrer eigenen Rasse und Nation zu geben. Just im Erscheinungsjahr der Holy Piby veröffentlichte Reverend James Morris Webb, ein Mitarbeiter in Garveys UNIA, ein Buch mit dem Titel: *A Black Man Will Be The Coming Universal King, Proven By Biblical History*. Es beinhaltete jene Prophezeiung, die später Marcus Garvey in den Mund gelegt werden sollte – der sich selbst jedoch stets von dieser Aussage, sowie vom später entstehenden Rastafari-Kult, distanzierte.

Die Holy Piby gelangte 1925 durch die Prediger Reverend Charles F. Goodbridge und Grace Jenkins Garrison nach Jamaika, die dort jedoch auf den heftigen Widerstand der etablierten christlichen Kirchen stießen und in das Buschgebiet bei St. Thomas, im Osten der Insel, fliehen mußten. Goodbridge und Garrison vertraten die Ansicht, daß die wahre »schwarze« Bibel von weißen Theologen schlicht gefälscht worden war, um Gott und seinem heiligen Ensemble eine weiße Hautfarbe, statt der ursprünglich schwarzen, zu geben. Das Ergebnis sei die »offizielle« Bibel.

Das Buch von James Moris Webb hingegen kam über Umwegen nach Jamaika. Der Piby-Prediger Reverend Fritz Balintine Pettersburgh schrieb 1926 mittels göttlicher Eingebung eine eigene heilige Schrift, in die er die Prophezeiung von Webb aufnahm. Dieses Buch studierte Leonard P. Howell, schrieb die Webb-Prophezeiung wiederum von Pettersburgh ab, und machte die Piby-Bruderschaft in St. Thomas glauben, er habe ein uraltes Buch entdeckt, daß an der afrikanischen Goldküste entstanden war und die Krönung des Erlösergottes aller Schwarzen prophezeie.

Im November 1930 wurde in Addis Abeba der Stammesfürst Ras Tafari Makkonen zum hundertundelften Herrscher von Äthiopien gekrönt. Der Kaiser erhielt den Titel »Haile Selassie I, Negus Negesti, King Of Kings, Lord Of Lords, Conquering Lion Of Juda« (»König der Könige, Herr der Herren, siegreicher Löwe von Juda«) und führte – wie schon Jesus – seinen Herrschaftsanspruch auf seine Abstammung aus dem Hause David zurück (da sich der verschollene zwölfte Stamm Israels in Äthiopien angesiedelt haben soll). Damit schien sich die Prophezeiung der Wiederkehr des schwarzen Messias zu erfüllen, zumal Äthiopien traditionell als Synonym für ganz Afrika angesehen wurde.

Leonard Howell begann sofort, die Göttlichkeit des äthiopischen Kaisers zu predigen und die Glaubensgrundsätze der neuen Rastafari-Lehre (nach dem Namen des Kaisers benannt) zu verkünden: 1) Ras Tafari Haile Selassie I ist Gott, 2) Afrika ist die Heimat des schwarzen Volkes, 3) die verheißene Heimkehr nach Afrika wird die Erlösung aller in der Diaspora lebenden Afrikaner sein, 4) das »Babylon-System« der Weißen ist ein Unrechtssystem, das zwangsläufig untergehen wird, 5) die schwarze Rasse ist die ursprüngliche und überlegene.

Die neue Religion bekam massenhaften Zulauf, vor allem aus den unteren sozialen Schichten im Ghetto. Den Menschen, die am Rande der Gesellschaft lebten, bot Rastafari nicht nur eine Heilsversprechung, Trost und Weltdeutung, wie alle anderen Religionen auch, sondern es ermöglichte ihnen, Selbstwertgefühl und Stolz zu entwickeln, mit denen eine spirituelle Emanzipation von der Unterdrückung möglich war.

An die Ärmsten der Armen verkaufte Leonard Howell tausende kleiner Selassie-Portraits für einen Schilling pro Stück. Die Bildnisse wurden von ihnen verehrt wie heilige Reliquien – zumal Howell ihnen erzählt hatte, daß sie zugleich Paß und Visum für die bald anstehende Einreise nach Äthiopien seien.

Anfang der dreißiger Jahre berichtete die jamaikanische Tageszeitung von einem *Niyabingi*-Orden in Äthiopien und im Kongo, der angeblich von Selassie persönlich geführt und der weißen Rasse einen vernichtenden Krieg geschworen hatte. Die jamaikanischen Rastafaris um Howell begriffen sich daraufhin ebenfalls als Niyabingi-Krieger in der Armee ihres Gottes und schworen »Tod allen schwarzen und weißen Unterdrückern«. Diese neuen, militanten Töne verunsicherten wiederum die jamaikanischen Sicherheitsbehörden. Da sie ohnehin auf der Suche nach Sündenböcken für die eskalierende Gewalt in den Ghettos waren, wurden die Rastafaris ihre erklärten Feinde.

Unterdessen hatte sich Howell mit seinen Anhängern in die Berge, auf das verlassene Landgut von Pinnacle, zurückgezogen und dort ein Rasta-Camp gegründet. Man baute *Ganja* (Marihuana) an, das (illegale) »heilige Kraut« der Rastas, ernährte sich von selbst betriebener Landwirtschaft, ließ sich die Haare in langen *Dreadlocks* wachsen und weigerte sich, Steuern an das Babylon-System abzuführen – denn schließlich waren sie zwangsweise auf dieser Insel in Babylon, statt in Afrika, ihrer wahren Heimat. Howell jedoch schien sich auch auf Jamaika mit seinen dreizehn Frauen ganz gut zu amüsieren und verkündete, um sein karibisches Paradies perfekt zu machen, daß er selbst, und nicht Haile Selassie, Gott sei. Seine Anhänger waren verwirrt, und als die Polizei 1954 schließlich ihr Camp stürmte und Howell in die Irrenanstalt abführte, zogen sie zurück nach Kingston und ließen ihren verachteten Religionsstifter im Stich.

1958 lud dann ein anderer selbsternannter Rasta-Führer, Prince Emanuel, seine Brüder zu einem großen Treffen ein, das ebenfalls Niyabingi genannt wurde. Dreihundert Rastas waren dazu in Kingstons Back-O'Wall-Ghetto-Bezirk gekommen und gaben sich einundzwanzig Tage lang dem Ganja-Rauchen, Trommeln, Tanzen und der Liebe hin. Eine militante Fraktion der großen Bruderschaft versuchte schließlich den Victoria Park in Kingston zu besetzen, um von dort aus die ganze Stadt im Namen Selassies zu erobern. Als die Polizei anrückte, rief der Führer der Gruppe noch: »Berührt nicht die Auserwählten Gottes« – und lief davon. Seine Niyabingi-Krieger wurden in alle Himmelsrichtungen auseinandergetrieben und die Polizei hatte einen Grund mehr, die Rastas als kriminelle und gemeingefährliche Subjekte zur Zielscheibe ihrer Gewalt zu machen.

Ein Jahr später sollte sich die Situation zuspitzen, als ein weiterer Rasta-Prediger, Reverend Claudius Henry, der sich als »Repairer Of The Breach« (»Heiler des Bruchs«) bezeichnete, seine *African Reformed Church* in West-Kingston gründete und den definitiven Termin für die Heimkehr aller Rastas nach Afrika bekanntgab: den 5. Oktober 1959. Als Fahrkarte und Visum verkaufte er – wie Howell vor ihm – für einen Schilling ein kleines Selassie-Portrait. Tausende dieser Bildchen fanden auf der gesamten Insel Verbreitung und ihre Besitzer machten sich am 4. Oktober mit ihren Familien auf den Weg nach Kingston. Sie hatten ihre gesamte Habe in der festen Überzeugung verkauft, wenige Tage später in Afrika ein neues Leben aufbauen zu können. Im Morgengrauen des 5. Oktobers begannen sich die Straßen um Henrys Kirche mit erwartungsfrohen Rastas zu füllen. Gegen Mittag war der ganze Bezirk von Menschenmassen verstopft und auf Henrys Stirn, der in einem Zimmer seines Kirchhauses saß, bildeten sich kleine Schweißperlen. Als bis zum Abend kein Schiff der »Black Star Line« am Horizont aufgetaucht war, wurde Henry verhaftet und ließ seine nun obdachlosen Brüder im Ghetto von Kingston zurück. Die Situation im sozialen Brennpunkt Ghetto verschärfte sich dadurch dramatisch.

Ein Jahr später war Henry wieder auf freiem Fuß und wollte sich mit Waffengewalt rächen. Die Polizei fand in seiner Kirche 1300 Schuß Munition, ein Gewehr, einen Revolver, mehrere Dynamitstangen und Macheten. Daraufhin verschwand Henry für weitere sechs Jahre im Gefängnis. Sein Sohn Ronald Henry jedoch führte den Kampf weiter und bewirkte, daß die Regierung 1960 den Ausnahmezustand ausrufen mußte. Nach einer Schießerei, die drei Rastas und zwei Polizisten das Leben gekostet hatte, entdeckten die Sicherheitsbehörden ein gewaltiges Waffenlager, mit dem die Rastas um Ronald Henry zu Guerillas ausgerüstet werden sollten. Henry Junior wurde daraufhin ebenfalls festgenommen und zum Tode verurteilt.

Die Bruderschaft der Rastafaris war inzwischen stark angewachsen und der sozialistische Politiker Norman Manley erkannte in ihnen ein mächtiges Wählerpotential, das auch auf die anderen Ghettobewohner großen Einfluß ausübte. Manley gab – teils um sich bei den Rastas einzuschmeicheln, teils um seine zukünftigen Wähler und ihre Bedürfnisse besser kennenzulernen – an der Westindischen Universität in Kingston eine Untersuchung der Rastafari-Bewegung in Auftrag. Ihr Ergebnis räumte einige Vorurteile vom Tisch, da sich zeigte, daß die

Rastas keineswegs kriegerische Umstürzler und Verbrecher, sondern friedliebende und in der Regel sehr arme Menschen waren. Die Rastas forderten laut Studie u. a.: eine Regierungsmission, die nach Afrika reisen sollte, um dort die Einreise von jamaikanischen Rastas vorzubereiten, den Bau von Sozialwohnungen und die Präsenz der Rastas in den öffentlichen Medien. Die abwegige Forderung nach der Afrikamission wurde von Manley überraschender Weise als erste realisiert – denn er wußte, daß sie in einem Fiasko enden mußte. Haile Selassie in Äthiopien war durchaus bereit, Jamaikaner in seinem Land aufzunehmen, nur sollten es bitte nicht diese langhaarigen, Marihuana-rauchenden Rastas sein, die sich weigerten, Steuern zu zahlen. Ärzte, Ingenieure und andere hochqualifizierte Einwanderer waren hingegen überaus willkommen. Die Angehörigen der Mittelschicht, die diese Kriterien erfüllten, waren aber wiederum klug genug zu sehen, daß sie in Jamaika, im Vergleich zu Afrika, in einem kleinen Paradies lebten. Sie wußten auch, daß Haile Selassie ein Despot war, der in Luxus schwelgte, während sein Volk vor den Palasttoren verhungerte.

Um den Rastas wenigstens einen Trost bieten zu können, lud Norman Manley Haile Selassie nach Jamaika ein, der im April 1966 dieser Einladung nachkam. Hunderttausend Menschen drängten sich hinter den Absperrungen auf dem Flughafen von Kingston, als Selassis Flugzeug landete. Es regnete in Strömen. In dem Moment, wo die Tür der Maschine aufging und der Kaiser heraustrat, riß die Wolkendecke auf und die Sonne schien auf das Rollfeld hinunter. Die Rastas gerieten durch dieses »himmlische Zeichen« in einen Taumel der Begeisterung und waren nicht mehr zu halten. Sie rissen die Absperrungen nieder und stürmten jubelnd auf das Rollfeld. Selassie floh erschrocken zurück in die Maschine und traute sich eine halbe Stunde lang nicht die Bordluke wieder zu öffnen. Die Mitglieder des offiziellen Empfangskomitees waren zu bloßen Statisten dieses Spektakels degradiert worden, die mitansehen mußten, wie die Menschenmenge die Asche ihrer in gewaltigen Mengen konsumierten Ganja-Spliffs auf den roten Teppich rieseln ließ. Schließlich löste sich ein Mann namens Mortimer Planno, einer der führenden Rastafaris, aus der Menschenmasse, und geleitete den Kaiser sicher durch das euphorische Volk.

Während seines Besuches in Jamaika äußerte sich Selassie weder zum Rastafari-Kult noch zu seiner angeblichen Göttlichkeit (an anderer Stelle hatte er sie bereits mehrfach dementiert). Dennoch verbreitete sich bei den Rastas sehr schnell ein Gerücht, demzufolge der Kaiser einigen Rasta-Ältesten ein geheimes Kommuniqué übergeben habe, in dem er sie aufforderte, Jamaika zuerst aus den Klauen des Neokolonialismus zu befreien, bevor sie nach Afrika auswanderten: »liberation before emigration«! Dadurch wurde ein wunder – weil konkreter – Punkt in der Rasta-Religion beseitigt, denn die bisher nicht erfüllte Prophezeiung der Erlösung des schwarzen Volkes durch die Rückkehr nach Afrika wurde nun auf einen unabsehbaren Zeitpunkt vertagt. Die Glaubwürdigkeit der Rasta-Religion würde jetzt nicht mehr durch ausbleibende »Black Star«-Liner in Frage gestellt werden. Die reale Heimkehr ins gelobte Land wurde nun zusehends ersetzt durch eine spirituelle Rückkehr zu den Wurzeln schwarzer Kultur und Geschichte. Rasta öffnete sich mit dieser abstrakteren Auslegung seiner Lehren gegen Ende der sechziger Jahre in zunehmendem Maße auch für Intellektuelle und Jugendliche aus der jamaikanischen Mittelschicht, was die Akzeptanz der Rastafari-Religion in die gesamte Gesellschaft enorm beschleunigte.

Bereits 1965 hatte sich ein Vorfall ereignet, der diesen Prozeß noch verstärkte und den Rastas viel Sympathie seitens der Presse und der Öffentlichkeit einbrachte: Die Regierung glaubte, nur durch eine radikale Maßnahme der Gewalt im Ghetto, für die sie insbesondere die Rastafaris verantwortlich machte, Herr werden zu können. Sie ließ daher im Morgengrauen des 12. Juli 1965 zweihundertfünfzig bewaffnete Polizisten im Back-O'Wall-Bezirk des Ghettos, wo viele Rastas lebten, aufmarschieren und die Ghettobewohner aus ihren Wellblechhütten prügeln. Sie machten den Weg frei für eine Kolonne von Bulldozern, die Hab und Gut und Obdach der geflüchteten Rastas dem Erdboden gleich machten. Es gab weder Umsiedlungsprogramme noch Integrationsbemühungen, die Obdachlosen wurden einfach ihrem Schicksal überlassen, ganz so, als würden sich mit Niederwalzung der Behausungen auch ihre ehemaligen Bewohner auflösen. Die Öffentlichkeit reagierte mit einer Welle der Empörung auf dieses brutale Vorgehen des Staatsapparates und solidarisierte sich nachdrücklich mit den Rastas.

Die Solidarität aufgrund der Zerstörung des Back-O'Wall-Bezirks, die abstrakte Zielsetzung der »liberation before emigration«, der Besuch Haile Selassies, die Universitäts-Untersuchung und die Nähe der jamaikanischen Musikszene zu Rastafari bewirkten schließlich ein positives Bild der Rasta-Bewegung in der breiten Öffentlichkeit. Michael Manley, der Sohn von Norman, gewann 1972 die Wahlen und setzte viele soziale Forderungen der Rastas in die Tat um, leider mit dem Ergebnis, daß er der schwachen jamaikanischen Wirtschaft mit seinem »demokratischen Sozialismus« den Todesstoß versetzte und damit seine Errungenschaften unfreiwillig ins Negative verkehrte. Der Siegeszug von Rastafari wurde dadurch nur beschleunigt, denn je schlechter es den Menschen ging, desto größer war ihr Verlangen nach religiösem Trost. Aber Rasta ging – wie bereits erwähnt – weit darüber hinaus und erweiterte sich zu einer generellen Weltsicht, zur *Rasta philosophy and culture*, die durch eine selbstbewußte, »schwarze« Geistes- und Lebenshaltung gekennzeichnet war und weitreichenden kulturellen Einfluß ausübte. Rasta etablierte sich während der siebziger Jahre als die dominierende kulturelle Kraft in Jamaika; insbesondere die Reggae-Musik dieser Zeit wäre ohne die Inhalte, Rhetorik und Symbolik der Rastafaris nicht vorstellbar.

Die *Rasta philosophy and culture* ist durch einen ganz besonders ausgeprägten Individualismus gekennzeichnet, der es schwer macht, das Phänomen genau zu beschreiben. So besteht z. B. nicht einmal Einigkeit über den zentralen Gegenstand der Religion: Kaiser Ras Tafari, Haile Selassie I. Ist er Gott selbst oder nur der wiedergeborene Messias? Ist er der Befreier der schwarzen Rasse oder nur ihr Repräsentant? Und wer ist überhaupt ein Rastafari? Derjenige, der tatsächlich nach Afrika zurück möchte oder derjenige, der Afrika nur als seine geistige Heimat ansieht? Wegen der vielen möglichen verschiedenen Antworten auf diese Fragen ist es letzten Endes nur eines, das alle Rastafaris eint und eine Definition von Rasta ex negativo ermöglicht: die Ablehnung der bestehenden Verhältnisse. Rasta ist daher *im weitesten Sinne* als Gegenkultur bzw. Gegenbewegung zu beschreiben.

Sie richtet sich gegen ein System, von dem sie behauptet, es sei nicht natürlich und deshalb falsch. Die Gesellschaft, die auf Jamaika nach der Entdeckung durch die Europäer entstand, ist künstlich geschaffen: Ihre Bewohner kamen aus aller Herren Länder, die meisten wichtigen Pflanzen und Tiere wurden überwiegend aus Europa importiert und auch die soziale Organisation der Plantagenbesitzer war keineswegs eine traditionell gewachsene Ordnung. Für die Rastas lag darin der Grund allen Übels: Weil die Ordnung auf der Insel nicht natürlich, d. h. von allein und aus sich heraus entstanden ist, weil sie nicht von Gott, sondern vom Menschen geschaffen wurde, ist sie unrecht und schlecht. Nach Ausrottung der Indianer hatte sich der »weiße Mann« auf Jamaika die Rolle Gottes angemaßt und ein Babylon-System geschaffen – eine Wiederholung des unseligen Turmbaus zu Babel, bei dem der Mensch Gott zu erreichen und einzuholen suchte.

Sie selbst, die deportierten Afrikaner, sind für die Rastafaris das wahre Volk Israel, das durch die Sklavenhändler nach »Babylon« verschleppt wurde und nun auf seine Rückführung nach Zion – in das gelobte Land der Väter – wartet. Haile Selassie ist derjenige, der sie dorthin zurückführen wird, er ist Jahwe (alttestamentarische Bezeichnung für Gott; wird bei den Rastas verkürzt zu »Jah«), der Erlösung bringende Messias und Moses zugleich. Teilweise wird das eigene Schicksal in Analogie mit den biblischen Geschehen gesehen, teilweise wird aber auch behauptet, die Weißen hätten die Bibel gefälscht und weiße Protagonisten eingesetzt, um damit ihren Anspruch auf Weltherrschaft zu rechtfertigen. Gott jedoch sei schwarz und der falsche Gott der Weißen der Teufel. So wie Gott schwarz ist, so ist auch der Mensch, der nach dem Ebenbild Gottes erschaffen wurde, schwarz. Erst die Abkehr vom wahren, schwarzen Gott ließ die Haut einiger Menschen als Zeichen ihres Sündenfalls ausbleichen. Die schwarze Rasse Afrikas ist die ursprüngliche und »erste«, wie die Paläontologie beweist, und kann daraus ihren Anspruch auf eine *Black Supremacy*, die »schwarze Überlegenheit und Vorherrschaft«, herleiten. Die schwarzen Menschen müssen ihre von den Weißen übernommenen Vorurteile gegenüber der schwarzen Rasse abschütteln und statt dessen zu Selbstbewußtsein und Selbstvertrauen finden. Da dies in der Welt der Weißen nur bedingt möglich ist, ist »Repatriation a must« – die Rückkehr nach Afrika, das von Äthiopien repräsentiert wird, ist unabdingbare Voraussetzung.

Als auffälliges Zeichen ihrer »Afrikanität« und ihres Stolzes auf die eigene Rasse tragen die Rastas die sogenannten *Dreadlocks*, langes, zu dicken Strähnen verfilztes krauses Haar. Denn in der Gesellschaft der Weißen galt stets das glatte, europäische Haar als schön, das negroide, krause Haar hingegen als häßlich und minderwerig. Durch die so offensichtliche Hervorhebung des afrikanischen Haares wird das »schlechte« demonstrativ zum »guten« und »schönen« erklärt. Das Gleiche geschieht in Hinsicht auf die, dem Afrikaner verachtend zugeschriebene, Wildheit und Primitivität, die durch die »schrecklichen« Locken besonders betont und zu einer positiven Qualität konvertiert wird. In diesem Sinne erfuhr das Wort »dread« (dreadful: schrecklich, furchtbar) eine vollständige Umdeutung in »schön«, »gut«, »echt« und »natürlich«.

Ähnliche Zeichenwirkung wie die Dreadlocks haben auch die afrikanischen Farben Grün, Gelb und Rot, die im Kontext von Rastafari nahezu allgegenwärtig zu sein scheinen. Sie sind das abstrakteste Symbol für den Afrozentrismus der Rastas und schmücken viele Gebrauchsgegenstände des täglichen Lebens ebenso, wie Kult- oder Kunstgegenstände. Die symbolische Bedeutung der Farben ist nicht eindeutig, und sie scheinen nur nachträglich mit Rasta-spezifischer Bedeutung aufgeladen worden zu sein: Rot steht für das vergossene Blut und den Kampf um die Befreiung, Gelb für die Größe und Prächtigkeit Afrikas, Grün für die Heimat und die Hoffnung dorthin zurückzukehren. Schwarz, oft als Grundfarbe benutzt, symbolisiert die schwarze Rasse.

Obwohl es aufgrund des stark ausgeprägten Individualismus der Rastafaris keine organisierte Kirche der Rastas gibt, existiert doch ein Katechismus-ähnlicher Kanon von Verhaltensregeln und Ritualen, der allerdings im Vergleich zu anderen Kirchen sehr unverbindlich gehandhabt wird. So trifft man sich statt zu einem Gottesdienst zum Niyabingi, einer mehrere Tage andauernden Versammlung in der diskutiert, gesungen, getrommelt und vor allem viel *wisdom weed* (Marihuana / Ganja) geraucht wird, welches die Verständigung untereinander auf einer »höheren Ebene« erst ermöglicht. Hinzu kommt eine Anzahl von Ernährungsvorschriften: Verzicht auf Schweinefleisch, Alkohol, Schalentiere, schuppenlose Fische und Salz. Das Essen muß natürlich, rein und möglichst in Aluminiumtöpfen gekocht sein – das sogenannte *ital food*. Auch die Sprache folgt gewissen Vorgaben. So benutzt ein Rasta keine Worte der zweiten und dritten Person, wie »you«, »he« oder »she«, immer wird die erste Person »I« benutzt. Der Ausdruck »I and I« bedeutet zugleich »ich«, »wir« und »die Rasta-Gemeinschaft« – kein Rasta soll durch die grammatikalische Form zurückgestellt werden.

In diesem Sprachgebrauch artikuliert sich eine zentrale Überzeugung der Rastas, nämlich, daß das Ich selbst Gott sei. Das bedeutet jedoch weder, daß Gott *nur* innerhalb der Menschen existiere, noch beinhaltet es die babylonische Anmaßung, der Mensch sei Gott. Vielmehr existiert Gott an sich (z. B. Haile Selassie), aber jeder schwarze Mensch hat zusätzlich Anteil am göttlichen Sein, sofern er sein göttliches »I« erkannt hat. Schwarz zu sein bedeutet potentiell göttlich zu sein, was auch durch weit verbreitete Namenspräfixe wie »Jah« oder »Ras« verdeutlicht wird. Die Rastas erreichen damit die Aufhebung der von Menschen gemachten Spaltung, zwischen natürlicher und menschengemachter Ordnung. Die verlorene Einheit wird so wenigstens spirituell wieder hergestellt. Und genau in dieser Tatsache, daß jeder einzelne Rasta Göttlichkeit für sich in Anspruch nimmt, liegt der Grund für den starken Individualismus der Bewegung. Da Gott in ihm ist, wird sich jedem Rasta die Wahrheit offenbaren, sofern er seinen Visionen und Eingebungen nur aufmerksam lauscht.

Der Einfluß, den diese Vorstellungen auf die Inhalte der Reggae-Musik genommen haben, war insbesondere in den siebziger Jahren extrem ausgeprägt und hat das Bild des Reggae im Ausland bis heute bestimmt. Musikgeschichtlich jedoch liegt die Bedeutung von Rastafari zunächst vielmehr im Aufgreifen und Fortführen des Burru-Drumming, das zu einer wesentlichen Voraussetzung für die Entwicklung des Reggae geworden war.

Get Ready, Let's Do Rocksteady
Die Rocksteady-Jahre 1966/67

Der große Optimismus, der die Zeit nach der Unabhängigkeit Jamaikas geprägt hatte, erlahmte Mitte der sechziger Jahre und machte statt dessen Frustration und sozialer Depression Platz. Vor allem die jugendlichen Ghetto-Bewohner sahen ihre Erwartungen in die Unabhängigkeit enttäuscht. Sie hatten keinen Job, und es ging ihnen schlechter als zuvor.

Die Musik begann 1966 diesen Geisteswandel zu reflektieren, indem sich der treibende Ska-Rythmus verlangsamte und seine Energie sich in eine innere Spannung zu verwandeln schien. Der hüpfende Rhythmus wurde gleichmäßiger (»steady«) und schleppender, und Alton Ellis gab ihm mit seinem Stück *Rock Steady* (produziert von Duke Reid) einen Namen. Bei gleichbleibender harmonischer Struktur wurde beim Rocksteady der Takt nicht nach Vierteln, sondern nach Halben gezählt, wobei jetzt die Afterbeats auf den Zählzeiten zwei und vier lagen. Der Baß löste sich aus dem »Walking-Boogie«-Schema und spielte kurze prägnante Melodie-Linien. Die Bläsersektion wurde aus Kostengründen weitgehend durch die Rhythmusgitarre ersetzt, die jetzt die Afterbeats spielte. Die Leadgitarre hingegen wurde nun verstärkt dazu eingesetzt, die Baßstimme um eine Oktave gedoppelt parallel mitzuspielen. Der musikalischen Struktur nach war Rocksteady schon Reggae. Jackie Mittoo und Theophilius Beckford weisen beide darauf hin, daß die »Skatalites« bereits um 1964 während ihrer Live-Auftritte zeitweise den Rhythmus verlangsamten, um den Tänzern eine Erholungspause zu gönnen. Der eigentliche Wechsel zum Rocksteady fand jedoch erst zwei Jahre später mit Stücken wie *Hold Them* von Roy Shirley (für Joe Gibbs) und *Girl I've Got A Date* von Alton Ellis (für Duke Reid) statt.

Die Jugendlichen aus dem Ghetto identifizierten sich mit dieser neuen Musik, sie war das Ausdrucksmittel ihrer ablehnenden Haltung gegenüber einer Gesellschaft, von der sie sich an den Rand gedrückt fühlten. Ihre Identität fanden sie in der Selbstdefinition als Rude Boy, als Gruppe von Gesetzlosen, die sich ihren gesellschaftlichen Respekt mit der Waffe – vorzugsweise mit einem schweren, geschwungenen deutschen Klappmesser, dem »Ratchet« – verschafften. Rum trinkend und Ganja rauchend, zelebrierten sie ihre Gewaltorgien, so wie es ihnen in amerikanischen Krimis oder in den Italowestern vorgemacht wurde, und zogen wie ein anarchistisches Terrorkommando durch die Straßen des Ghettos. Zwar gab es diese kriminellen Jugendgangs schon längere Zeit in den Armenvierteln, aber 1966 lenkte eine Welle der Gewalt – geschürt durch einen extrem heißen Sommer – erneut die Aufmerksamkeit auf sie. Für viele Rocksteady-Musiker und Sänger war das »Rebellentum« der Rudies eine positive Lebenseinstellung, die sie in ihren Liedern propagierten. Bob Marley und die »Wailers« bezeichneten sich selbst als Rude Boys und glorifizierten die Rudies mit Songs wie *Jailhouse* und *Put It On*. Dandy Livingston sang *We Are Rude (because we have guns)* und die »Clarendonians« hatten einen Hit mit *Rudie Bam Bam*. Die Explosion der Gewalt auf Jamaika, die mittlerweile zu politisch motivierten Bandenkriegen geführt und viele Todesopfer gefordert hatte, rief jedoch auch Kritik hervor. Vor allem Prince Buster kritisierte, daß sich die Gewalt der Rude Boys nicht gegen die Unterdrücker richtete, sondern gegen die eigenen Leute im Ghetto. Mit seinem außerordentlich populären Stück *Judge Dread*, in dem er eine grotesk übersteigerte Gerichtsverhandlung über fünf Rude Boys musikalisch nachspielte, bezog er eindeutig Stellung. Er verurteilte in seinem Song die Delinquenten zu mehreren hundert Jahren Zuchthaus und zusätzlichen Peitschenhieben – worauf die »harten« Rude Boys in Tränen ausbrachen. Das Stück löste eine Reihe von *Answer-Versions* (Stücke anderer Sänger, die sich darauf beziehen) aus, die alle eine ähnliche Gerichtsverhandlung, allerdings unter anderen Vorzeichen, darstellten. Derrik Morgan z. B. nahm für Joe Gibbs einen Song mit dem Titel *Rudies In Court* auf, in dem er noch einmal versicherte, daß die Rudies auch nach der mehrere hundert Jahre betragenden Strafe des *Judge Dread* (Buster) immer noch »rougher than rough, tougher than tough« seien.

1967 hatten sich das Wetter und das Temperament der Jamaikaner jedoch abgekühlt, und das Rude-Boy-Thema kam außer Mode. Teilweise fanden die Rude Boys auch in der immer populärer werdenden Rasta-Religion eine neue Identifikationsmöglichkeit. Die kurze Zeit, die der Rocksteady noch dauern sollte, war dominiert von großartigen Cover-Versionen vieler US-amerikanischer Soul-Stücke, z. B. von Gruppen wie »The Impressions«, »The Drifters«, »The Tams« und anderen »Motown«- und Chicagoer Vokalformationen. Nach deren Vorbild brach auch in Jamaika die große Zeit der *Vocal-Harmony-Trios* (Gesangstrios) an, die mit samtweicher Stimme und süßesten Harmonien Soul-Liebeslieder über den gleichmäßig dahinpluckernden Rhythmus intonierten. Star-Trios wie die »The Paragons«, »The Techniques« (mit Slim Smith als Leadsinger), »Justin Hinds & The Dominoes«, »The Melodians«, »The Silvertones«, »The Jamaicans« oder »The Sensations« wurden geboren, und Solo-Sänger wie Alton Ellis, Phyllis Dillon, Ken Parker, Dobby Dobson, Pat Kelly, Ken Boothe, Stranger Cole, Delroy Wilson und Bob Andy nahmen einige ihrer schönsten Songs auf. Fast alle der genannten Bands und Sänger wurden in den Jahren 1966/67 von Duke Reid in seinem »Treasure Isle«-Studio produziert. Letztlich hatte Duke Reid es während dieser zwei kurzen Jahre geschafft, Coxsone zu schlagen. Coxsone mußte z. B. seinen Studio-Bandleader Jackie Mittoo anweisen, mit Alton Ellis die Hits, die Ellis für Duke Reid eingespielt hatte, zu covern. Ellis bekam nämlich bei Reid 20 bis 25 £ für ein Lied, das waren 5 bis 10 £ mehr, als Coxsone ihm zahlte. Reid überredete Ellis jedoch schließlich, seinen Vertrag mit Coxsone zu brechen. Für Reid entstanden daraufhin so wunderbare Stücke wie *Breaking Up*, *Willow Tree*, *Cry Tough*, *LaLa Means I Love You*.

Der Sound von Duke Reids »Treasure Isle«-Studio, das er auf dem Dachboden über dem Spirituosengeschäft seiner Frau eingerichtet hatte, ist unauflösbar mit der Ära des Rocksteady ver-

Alton Ellis 1993

knüpft. In keinem anderen Studio wummerte der Baß so tief und waren die Stimmen der Vocal-Harmony-Trios so »crisp« wie hier. Wenn im »Treasure Isle«-Studio produziert wurde – unter der Leitung des Toningenieurs Byron Smith und der Studioband von Tommy McCook – dann saß Reid unten im Geschäft und verfolgte die Session über einen kleinen Mono-Lautsprecher, der über seinem Schreibtisch angebracht war. Fiel ein schräger Ton, stürmte Reid mit gezückter Pistole hinauf ins Studio, feuerte ein paar Schüsse in die Decke und rief: »So muß der Rhythmus klingen!« Danach klang er auch so. Er benutzte seine Pistole aber nicht nur, um seinen Musikern den gewünschten Sound zu erläutern (für den sein Studio ja schließlich berühmt war), sondern setzte sie auch zu nützlichen Zwecken ein. So weiß der großartige DeeJay Dennis Alcapone, der für Reid mehrere Platten aufnahm, zu berichten, daß eines Tages der Schlagzeuger Lloyd »Tinleg« Adams und Duke Reid im Studio saßen und ein Tape hörten, als der Duke langsam die Pistole zog, sorgfältig an Adams vorbeizielte und ein paar Schüsse in die Studioecke hinter Adams Rücken abgab. Dann stand er auf und holte die Leiche einer dicken Ratte, die soeben an der Studiowand entlanggehuscht war, hervor. Adams verabschiedete sich eilig und ward nie wieder im »Treasure Isle«-Studio gesehen.

Duke Reids Triumph über Coxsone sollte nicht lange andauern, bereits Ende 1967 zeichneten sich erneute Veränderungen am musikalischen Horizont Jamaikas ab. Reid hatte mit seinem Erfolg aber vor allem eines bewiesen: Nichts führt zu mehr Erfolg als ein neuer Musikstil. Diese Lehre infizierte Jamaika und damit all die nachfolgenden Produzenten, die sich von ihren Meistern Coxsone, Reid, Buster und Leslie Kong verabschiedeten, um sich auf die Suche nach musikalischer Innovation zu machen.

Mellow Mood
Bob Marley zwischen den Stilen (1966–1968)

Es war im Oktober des Jahres 1966, als Bob Marley von seinem Aufenthalt in den USA nach Jamaika zurückkehrte. Obwohl er weniger als ein Jahr im Ausland gewesen war, hatte sich das jamaikanische Musikgeschehen in dieser Zeit entscheidend gewandelt. Der Rocksteady-Rhythmus beherrschte inzwischen die Sound-Systems und Coxsone verdiente sein Geld mit Stars wie Slim Smith, Alton Ellis, Bob Andy oder »The Clarendonians«. Auch Bunny Livingston und Peter Tosh arbeiteten wieder als die »Wailing Wailers« für Coxsone. Bobs Platz im Trio hatte Ritas Cousin Vision eingenommen, der nun die Backgroundvocals zu Bunnys Leadgesang lieferte. Bunnys Stück *Rude Boy* ist während Bobs Abwesenheit, Mitte des Jahres 1966, auf dem Höhepunkt der Rude-Boy-Krawalle, ein großer Hit gewesen. Ebenso sein Remake von *Who Feels It Knows It* und die verrückte Tanznummer *Dancing Shoes*.

Als Bob wieder in Coxsones Studio auftauchte war er zunächst sehr zurückhaltend und unsicher wegen des neuen Sounds, der dort gespielt wurde. Peter und Bunny überredeten ihn jedoch schnell, sein Notizbuch hervorzuholen und daraus ein paar Lieder vorzuspielen, die er in Amerika komponiert hatte – darunter *Bend Down Low, Mellow Mood* und *It's Alright*. Die Stücke waren nicht als direkte Reaktion auf die Vorgänge und Moden in den Ghettos bzw. den Sound-Systems entstanden, wie es bei den früheren Songs oft der Fall war, sondern sie waren persönliche und zugleich allgemeingültige Reflexionen über die Liebe und die Entbehrungen des Lebens. *Bend Down Low* wurde dann ihre erste gemeinsame Produktion nach Bobs Rückkehr, die sie zwar im »Studio One« aufnahmen, aber nicht von Dodd produzieren ließen. Statt dessen wagten sich die »Wailers« selbst an diese Aufgabe, mit dem Ergebnis, daß der Rhythmus

– orientiert am klassischen Ska – etwas veraltet klang. Ihre Eigen-
produktion wurde trotzdem ein mäßiger Erfolg, der die »Wailers« aber um so mehr motivierte, da sie ihn selbst verlegt hatten
und somit auch den ganzen Gewinn beanspruchen konnten. Damit besiegelten sie ihre endgültige Trennung von Coxsone, der
erst kurz zuvor eine so heftige Auseinandersetzung mit Peter
gehabt hatte, daß die Polizei hatte einschreiten müssen.

Die »Wailers« gründeten nun mit der Single *Bend Down Low*
(auf der Rückseite befand sich mit *Mellow Mood* ein musikalisch
erheblich besser geglücktes Stück) und dem Geld, das Bob aus
Amerika mitgebracht hatte, ihr eigenes Label, das sie »Wail'n'-
Soul Records« nannten. Zunächst schien das Label gut zu laufen,
da die »Wailers« mit dem jungen Produzenten Clancy Eccles
zusammenarbeiteten und mit ihm neben *Mellow Mood* Dance-
Hall-Hits wie *Nice Time*, *Thank You Lord*, und *Hypocrites* (dessen Riddim heute zu den meistkopierten Standards zählt) aufnahmen. Alle Stücke erschienen auf dem »Wail'n'Soul«-Label
und waren dort als reine »Wailers«-Produktionen ausgewiesen.
Nach der Trennung von Eccles ging das Geschäft mit den eigenen
Platten jedoch nur noch schleppend voran. Wegen des hohen
Bekanntheitsgrades, den die »Wailers« noch aus den Tagen des
Ska besaßen, wurden ihre Stücke zwar in den Sound-Systems,
jedoch aufgrund fehlender Beziehungen nicht im Radio gespielt,
mit der Folge, daß die hohen Charts-Plazierungen ausblieben und
die Platten sich auch nicht mehr verkauften. Gegen Ende des
Jahres 1967 ging das »Wail'n'Soul«-Label schließlich ein.

Bob war unterdessen mit Rita, deren Tochter Sharon (aus
einer früheren Beziehung) und ihrer gemeinsamen Tochter Cedella in sein Heimatdorf Nine Miles zurückgekehrt und lebte
dort mit seiner Familie in der Hütte, die Omeriah einst für seine
Mutter und ihn gebaut hatte. Omeriah war 1965 gestorben, und
da er Bob zu seinem Erben gemacht hatte, gehörten ihm jetzt
einige fruchtbare Felder, auf denen Bob Getreide für den eigenen
Lebensunterhalt sowie etwas Ganja anbaute.

Seit seiner Rückkehr aus Delaware hatte Bob sich in der Tat
– wie es seine Mutter befürchtete – immer mehr dem Rastafari-

Glauben zugewandt. Bob Marley wurde Schüler von Mortimer Planno, jenem Rasta-Gelehrten, der 1966 Haile Selassie auf dem Flugplatz von Kingston durch die euphorische Menge geleitet hatte. Zwischen ihnen entwickelte sich eine tiefe, »spirituelle« Freundschaft. Bob machte den Geistlichen zum Manager der »Wailers«, wo er sich nun statt mit der Bibel, mit Finanzen und Geschäftskontakten beschäftigen sollte – was natürlich ein völlig illusorisches Unterfangen blieb.

Die 68er-Revolution ging auch an Jamaika, Bob Marley und seinen Freunden nicht spurlos vorbei. Man sah nach Amerika, sah Harlem brennen, Malcom X und Rap Brown agitieren, die Black Panthers sich erheben und die europäischen Studenten gegen das kapitalistische System demonstrieren. Der Funke sprang auf die Universität von Kingston über, als dem Geschichtsprofessor Walter Rodney die Rückkehr nach Jamaika verweigert werden sollte, da er im Ausland an einem Kongreß linker schwarzer Autoren teilgenommen hatte. Rodney hatte durch seine politischen Aktivitäten viele Anhänger in den Ghettos, die sich nun mit den Studenten verbündeten und in Kingston einen Aufruhr herbeiführten.

Der seit jeher politisch aktive Prince Buster blühte in der Zeit des politischen Aufbegehrens förmlich auf und organisierte ebenfalls eine Demonstration in Kingston (gegen das Apartheitregime Rhodesiens), bei der Peter Tosh verhaftet wurde. Ebenso wurde Bob verhaftet, als er mit einem Freund unterwegs war, der von der Polizei gesucht wurde. Bunny mußte gar für ein ganzes Jahr ins Gefängnis, da man bei ihm mehrere Pfund Marihuana gefunden hatte. Während die »Wailers« also im Gefängnis saßen, bzw. nach ihrer Entlassung die Zeit damit verbrachten, Jimi-Hendrix-Platten zu lauschen und sich die erst seit kurzem gewachsenen, spärlichen Dreadlocks wieder abzuschneiden – um einen modischen »Afro« zu tragen –, kamen ihre musikalischen Aktivitäten nahezu vollständig zum Erliegen.

Bob Marley

Das sollte sich erst ändern, als Bob im Laufe des Jahres 1968 begann, sich einer stärker christlich ausgerichteten Rasta-Sekte mit dem Nahmen *The Twelve Tribes Of Israel* zuzuwenden. Auf einem Nyabingi-Treffen dieser Sekte lernte er nämlich einen jungen schwarzen texanischen Sänger kennen, der ihm den Weg in ein kommerzielles und international ausgerichtetes Musikgeschäft ebnen sollte. Der Name dieses jungen Mannes war Johnny Nash.

Der in Huston geborene Nash war zu dieser Zeit bereits ein Star im weißen Amerika. Im Alter von fünfzehn Jahren wurde er 1955 in Arthur Godfreys *Talent Scouts Show*, einer beliebten wöchentlichen US-Radiosendung, entdeckt und blieb ein ständiger Gast dieser Show, wodurch seine klare und kraftvolle Tenorstimme einem amerikanischen Millionenpublikum wohlvertraut wurde. Als die Show ins neue Medium Fernsehen wechselte, wurde Nash einer der ersten Afroamerikaner, der regelmäßig im »weißen« Fernsehen auftrat. In den frühen sechziger Jahren spielte er in zwei Hollywood-Filmen für ABC-Paramount und nahm fünf Alben mit amerikanischem Pop-Mainstream auf. Im Verlauf der sechziger Jahre etablierte sich das »schwarze« Selbstbewußtsein in Amerika und der Emanzipationsprozeß der Afroamerikaner geriet in Gang; Nash mußte erkennen, daß sein Publikum ausschließlich weiß war. In dieser für ihn sehr unbefriedigenden Lage lernte er einen jungen schwarzen Manager aus New York kennen, Danny Sims. Sims betrieb in den späten fünfziger Jahren einen Club in der Nähe des Broadway, der schnell zum Lieblingslokal vieler schwarzer Broadway-Musiker wie Sammy Davis Jr., Harry Belafonte, Ossie Davis und Johnny Nash wurde. Nash überredete Sims, für ihn eine Konzerttour durch die Karibik zu managen, die zu einem überwältigenden Erfolg geriet. In Folge dessen avancierte Sims junge Firma zur größten Konzertagentur für amerikanische Tourneen durch die Karibik. Sims und Nash begannen nun auch gemeinsam Platten zu produzieren – und kamen auf die Idee, die Produktionskosten dadurch zu senken, daß sie in Kingston produzierten. So zogen die beiden 1966 in die jamaikanische Hauptstadt, kauften eine Villa am Stadtrand und Sims gründete seine Plattenfirma »Cayman Music«. Nash und Sims hatten zunächst nur wenig Interesse an der für ihre Ohren »primitiv« klingenden jamaikanischen Musik des Ska und Rocksteady und ließen daher für ihre Aufnahmen im »Federal Recording Studio« die Studiomusiker aus New York einfliegen. Nash, der sich bei seinem »weißen« Publikum immer unwohler fühlte und daher auf der Suche nach einer »schwarzen« musikalischen Ausdrucksmöglichkeit war, begann langsam Interesse an der jamaikanischen Musik zu entwickeln und nahm einige Stücke auf, die ein gewisses jamaikanisches Flair besaßen. Bei der Suche nach seinen schwarzen Wurzeln hörte Nash auch von Rastafari und nahm das Angebot eines Freundes begeistert an, ihn auf ein Treffen der Rastas mitzunehmen. So gelangte Nash auf das Treffen der *Twelve Tribes*, auf dem er Bob Marley kennenlernte, der ihm einige seiner Songs vortrug. Nash war so fasziniert von diesen Liedern, daß er Bob einlud, Danny Sims vorzusingen. Bob nahm die Einladung sofort an, kam tags darauf zu Sims' Villa und spielte einige der Stücke, die er mit Rita in Nine Miles komponiert hatte: *Chances Are, Don't Rock My Boat* und *Lively Up Yourself*. Ihre Wirkung auf Sims war überwältigend, insbesondere nachdem er weitere Titel von Peter und Bunny gehört hatte. Sims engagierte die »Wailers« als Songwriter für seine Firma »Cayman Music« und zahlte ihnen ein Gehalt von fünfzig Dollar pro Woche.

Nachdem auch Bunny 1968 aus dem Gefängnis entlassen worden war, machten sich die »Wailers« daran, ihre inzwischen für Sims komponierten Stücke im »Dynamic Studio« zu Demozwecken einzuspielen. Produziert wurden sie größtenteils von Arthur Jenkins, einem Geschäftspartner von Sims, mit dem er und Nash ihre Produktionsgesellschaft »JAD Records« gründeten. Viele dieser Demostücke, z. B. *Hammer,* wurden einige Jahre später, als die »Wailers« bereits international berühmt waren und man mit ihrem Namen viel Geld verdienen konnte, von Sims nachträglich veröffentlicht – obwohl sie nicht zum Zwecke der Veröffentlichung produziert worden waren und ihnen der musikalische Feinschliff fehlte. Dennoch ist es interessant, im

nachhinein die erste auf den internationalen Mainstream ausgerichtete musikalische Phase der »Wailers« mittels dieser Stücke
nachvollziehen zu können. Die Songs waren an internationalen
Bedürfnissen orientiert und reflektierten keineswegs mehr das
Ghettoleben und das Rebellentum der Rude Boys, geschweige
denn Rastafari-Inhalte.

Auch wenn die Musik dieser Songs nicht mehr so authentisch
klang, wie man es von den Rude Boy-»Wailers« gewohnt war, so
versprühte sie dennoch die Lebendigkeit und Frische eines
neuen Stils: des jungen Reggae.

Do The Reggay
Der frühe Reggae (1968–ca. 1972)

Die Ära der großen Ska- und Rocksteady-Produzenten Coxsone
Dodd, Duke Reid, Prince Buster und Leslie Kong, neigte sich
mit den ausgehenden sechziger Jahren ihrem Ende zu, und junge
Produzenten, von denen die meisten ihr Handwerk bei den alten
Meistern gelernt hatten, eroberten das Musikgeschäft. Sie waren
es, die damit begannen, den Rhythmus erneut zu verändern.

Der Übergang vom Rocksteady zum frühen Reggae verlief fließend; es läßt sich kein bestimmter Song ausmachen, der als Initial-
funke des Reggae gelten könnte. Coxsone allerdings behauptet, er
habe den Wechsel vom Rocksteady zum Reggae mit seinem Stück
Nanny Goat (für Larry Marshall) herbeigeführt, in dem er den
Spielrhythmus von Klavier und Gitarre miteinander verwob.
Wie dem auch sei, der neue und wieder deutlich beschleunigte
Rhythmus zeichnete sich durch eine stärkere Betonung des Baß
und mehr Variationsfreiheit für das Schlagzeug aus. Der synkopierte (rhythmisch verschobene) *Backbeat*, die innere Spannung
des Beat, hatte sich verstärkt, und der Rhythmus wurde pulsie-
render. Ein Stück der »Maytals« gab dem neuen Musikstil einen
Namen: *Do The Reggay*. Wer aber wann und warum auf diese
Bezeichnung gekommen ist, bleibt eines der großen Geheim-
nisse des Reggae, um das sich eine eindrucksvolle Anzahl von
Legenden rankt. Toots Hibbert, Sänger der »Maytals«, behauptet, daß »Reggae« umgangssprachlich etwa »rauhes, alltägliches
Zeug« bedeutet. Bob Marley hingegen war der Meinung, daß das
Wort aus dem Spanischen stamme und »Musik des Königs«
heiße. Einige Afrozentristen sind überzeugt, »Reggae« stamme
von »Regga« ab, dem Namen eines Bantu sprechenden Stammes
am Tanganjika-See. Europäische Musikredakteure haben auch
schon spekuliert, daß »Reggae« die Abkürzung für »ragga-muf-
fin« sei – die Bezeichnung für einen armen Nichtsnutz (einen

»Grabschänder«) aus dem Ghetto. Weiße amerikanische Musiker meinten, »Reggae« mit »ragged« (holperig) übersetzen zu können, um so den Rhythmus zu beschreiben. Einleuchtender scheint da die These, daß »Reggay« zunächst ein anzüglicher Begriff aus dem Sex-Slang war, der später zur Bezeichnung des Musikstils geworden ist – vergleichbar mit dem afroamerikanischen »funky«, das später zum Synonym für harten Soul wurde. Am amüsantesten ist jedoch die Geschichte von Clancy Eccles, einem der neuen Reggae-Produzenten jener Zeit, der behauptet: Er, Eccles, der Produzent Niney und Lee Perry, seien eines Abends in der Dance-Hall gewesen und hätten zu dem neuen Sound getanzt, als Eccles – ein guter Tänzer und Frauenheld – einem »leichten« Mädchen (im jamaikanischen Straßenslang »streggae«) zurief: »Hey streggae, come make we ... reggae!«

Auch wenn Coxsone behauptet, den Reggae erfunden zu haben, so waren es doch tatsächlich jene tanzenden jungen Produzenten, wie z. B. Clancy Eccles und Lee Perry, aber auch Bunny Lee und King Tubby, die ins Musikgeschäft drängten und den langsamen Rocksteady-Rhythmus in den schnellen, hüpfenden frühen Reggae verwandelten. Ihre unverbrauchte Kreativität und spontane Energie brachte jene frischen Sounds des jungen Reggae hervor. Allerdings war auch die Entstehung (für Jamaika) neuer Studio- und Produktionstechnologie entscheidend für den Innovationssprung der Jahre nach 1968. So waren zu dieser Zeit endlich Mehrspur-Studios auf breiter Front erschwinglich geworden. Coxsone z. B. brachte von einer Reise nach England ein Zwei-Spur-Mischpult und eine Bandmaschine mit nach Jamaika. Dies ermöglichte ihm, Gesang und Musik getrennt aufzunehmen und immer wieder neu zu kombinieren. Das *Versioning* wurde erfunden: Die Studioband spielte auf der einen Spur den *Rhythm-Track* ein, über den dann auf der anderen Spur nacheinander im Prinzip unendlich viele Sänger oder DeeJays ihre Texte singen konnten. Das Produzieren wurde dadurch erheblich preiswerter, da der Produzent die Musiker ja nur für eine einzige Aufnahme bezahlen mußte.

Auch die Entstehung der *Dub-Music* wurde erst durch die

Bunny Lee 1993

Mehrspurtechnik möglich: Durch die Verteilung der unterschiedlichen Instrumente auf die verschiedenen Spuren konnte man die einzelnen Instrumente gesondert »mischen«, d. h. sie einzeln mit Effekten versehen, ihre Lautstärke variieren oder sie gar ganz ab- und wieder anschalten (siehe Kapitel »Revolution Dub«). Bis heute sind das übliche Produktionsmethoden geblieben, die von der afroamerikanischen Popmusik in Form der *Remix*-Praxis weitgehend übernommen wurden.

Lee Perry war einer der kreativsten Köpfe jener Zeit und hatte maßgeblichen Einfluß auf den neuen, schnellen und pulsierenden Beat des Reggae. Wie die meisten seiner Kollegen hat auch er als Teenager in Coxsone Dodds »Downbeat«-Sound-System

seine musikalische Karriere begonnen. Zunächst half er nur im Sound-System aus, später löste er Coxsone an den Plattenspielern ab und leitete gelegentlich das Probesingen, das Coxsone allwöchentlich im Garten seines Studios veranstaltete, um interessante neue Talente für Plattenaufnahmen zu entdecken. Bald wurde Lee Perry auch damit beauftragt, an Coxsones Stelle gelegentlich die Aufnahmesitzungen im »Studio One« zu leiten (beispielsweise bei den frühen Stücken von Delroy Wilson) und Stücke zu arrangieren – eine Aufgabe, die er sich mit Jackie Mittoo teilte. Ab 1963 hat Perry auch selbst verschiedene Platten als Sänger aufgenommen (hauptsächlich ging es darin um Sex und Essen), die alle auf verschiedenen Coxsone-Labels erschienen sind. 1968 kam es zum Bruch mit Coxsone, und Perry revanchierte sich mit dem ironischen Song *All The Thanks We Get* bei seinem ehemaligen Arbeitgeber für die schlechte Behandlung. Perry hatte z. B. niemals irgendwelche Credits für seine Produktionen bekommen und war natürlich wie alle Kreativen, die für Coxsone arbeiteten, unterbezahlt gewesen. Er war dann kurze Zeit mit »Lyn Taitt & The Jets« bei »WIRL-Records«, der Plattenfirma von Edward Seaga, wo er u. a. eine witzige Answer-Version auf Prince Busters Rude Boy-Lektion *Judge Dread* mit dem Titel *Set Them Free* aufnahm. In dieser Aufnahme spielte er den Verteidiger der vor Gericht stehenden Rude Boys, »Lord Defend«. Im gleichen Jahr begann Perry damit, für Joe Gibbs, einen anderen aufstrebenden Produzenten der neuen Generation, zu arbeiten. Bei ihm produzierte er unter seinem eigenen Namen Stücke wie *The Upsetter*, das er dann auf seinem eigenen neugegründeten Label herausbrachte. Für dieses »Upsetter«-Label produzierte er kurz nach der Trennung von Joe Gibbs ein Stück, das wieder auf seinen früheren Chef – jetzt war es Joe Gibbs – zielte: *People Funny Boy*. Darauf war u. a. das Weinen eines kleinen Babys zu hören, über das ein frischer, pulsierender Rhythmus hinwegpumpte. Der neue Sound war eine Sensation,

---

Lee Perry

und Perry verkaufte allein in Jamaika weit über 50 000 Singles. In London wurde die Platte zum Hit unter den Skinheads, die sich gerade in den Arbeitervierteln zu einem Äquivalent der jamaikanischen Rude Boys formiert hatten. Der simple Beat des Reggae war für sie die Antwort auf Flower-Power und Love & Peace. Mit den nachfolgenden Stücken wie *The Return Of Django* – im gleichen Rhythmus-Muster wie *People Funny Boy* gehalten – bediente Perry den Hang der Rude Boys und der Skinheads zu Trivialmythen (z. B. des Italowesterns) mit denen sie sich identifizieren konnten. Die Begeisterung der (schon damals) gewalttätigen Skinheads tat dem Image des Reggae keinen Gefallen und erschwerte es ihm, sich in Europa außerhalb der Underground-Szene zu etablieren. Lee Perrys schneller Rhythmus aus »blubbernden« Orgel-Offbeats und hüpfenden Basslines in Stücken wie *The Return Of Django*, *Cold Sweat* und *The Vampire* bestimmten den frühen Reggae um 1969/70. In dieser Zeit produzierte Perry auch die »Wailers«, die mit ihm einige ihrer besten Stücke aufnahmen.

Perry war der Taktgeber jener Jahre; seine geniale Kreativität sollte die ganzen siebziger Jahre immer wieder mit neuen Ideen und Sounds versorgen. Sein Sound-Imperium war allumfassend. Jede seiner ca. tausend Produktionen für sich selbst und unzählige der besten Sänger und DeeJays trägt unverkennbar seine Handschrift, so als wäre jedes einzelne Stück das Element eines übergreifenden Ganzen, des Lee-Perry-Sound-Komplexes. Perry war auch einer der ersten, der das *Mixing*-Talent des Dub-Erfinders King Tubby erkannte – und nutzte, um später selbst zu einem der größten Dub-Zauberer Jamaikas zu werden. 1976 dann gründete er sein eigenes »Black Ark«-Studio und begann dort einen mystisch-exzentrischen Urwald-Sound zu produzieren, der ihn auch international zur Kultfigur des Reggae werden ließ. Als er 1979 sein Studio zertrümmerte (nachdem er das gesamte Inventar und alle Instrumente mit grüner Farbe angestrichen hatte) und anschließend einige Zeit in einem Sanatorium verbrachte, schien das nur die konsequente Bestätigung seiner Musik zu sein: Lee Perry war ein »Madman«, dessen latenter

Wahnsinn eine große und innovative Bereicherung des Reggae war.

Steht Lee Perry stellvertretend für einige wenige Genies, die allein, als individuelle Persönlichkeiten, dank ihres überragenden Talentes die Entwicklung des Reggae entscheidend beeinflußt haben, so ist ein anderer wichtiger Produzent der späten sechziger und frühen siebziger Jahre sein diametrales Gegenstück, ohne dadurch in seiner Bedeutung geschmälert zu werden. Die Rede ist von Edward »Bunny« Lee, auch bekannt unter dem Namen »Striker«. Er war einer der erfolgreichsten Produzenten der siebziger Jahre, weil er die Bedürfnisse des Publikums genau erkannte und zu bedienen wußte. Er war kein Künstler, der sich in seiner Musik verwirklichte – sondern ein Beobachter des Marktes, der zur richtigen Zeit in die richtigen Musiker investierte. Gerade deshalb ist er für eine Geschichte der Reggae-Musik so wichtig, denn Bunny Lees Musik repräsentierte den jamaikanischen Publikumsgeschmack der späten sechziger und frühen siebziger Jahre und ist daher besonders aussagekräftig in Hinsicht auf eine Musik, die sich als »Volksmusik« versteht.

Dennoch ist das, was im Reggae unter »Publikumsgeschmack« zu verstehen ist, etwas anderes als in der angloamerikanischen Popmusik, denn das Publikum, um dessen Geschmack es geht, ist ein anderes. Die Jamaikaner sind gewissermaßen ein Nischen-Publikum, dessen Vorlieben man nicht zwangsläufig damit entsprechen kann, daß man ein Musikstück glatt, seicht, melodiös, harmonisch, unproblematisch etc. macht, wie es in der angloamerikanischen Popmusik oft der Fall ist. Im Gegenteil: Nachdem Bob Marley sein Album *Catch A Fire* mit Chris Blackwell von »Island Records« für den internationalen Markt abgemischt hatte, weigerte sich Marley, diese Version in Jamaika zu veröffentlichen. Er hielt es für besser, in Jamaika die unbearbeiteten, rauhen Rhythm-Tracks herauszubringen. Auch die Produktionen von Bunny Lee sind also keineswegs als »kommerziell« im negativen Sinne zu verstehen (sondern sind statt dessen wahre Klassiker!).

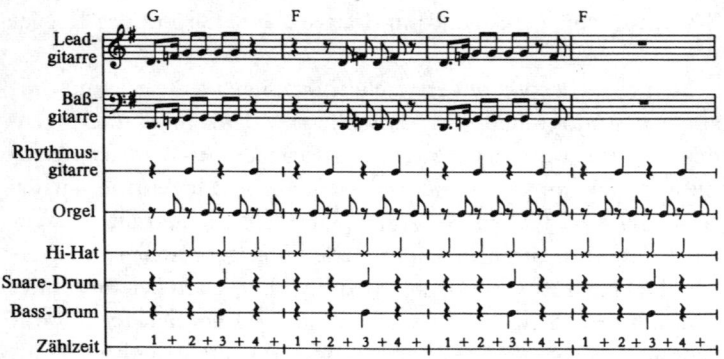

Bunny Lee startete seine Karriere ebenfalls bei einem der großen Pioniere, Duke Reid, dessen Produktionen er »promotete«. 1967 produzierte er bereits eigene Platten und war gegen Ende des Jahrzehnts als Top-Produzent nicht mehr aufzuhalten. Der kreative Output seines Labels war enorm; ist man aus Amerika und Europa gewohnt, daß eine Rockband im Durchschnitt ein Jahr an ihrem neuen Album bastelt, so produzierte Lee drei(!) Alben in einer einzigen Nacht – alle drei mit denselben Rhythm-Tracks: 1. Vocal-Fassung, 2. DeeJay-Version, 3. Dub-Mix.

In den späten Sechzigern produzierte und veröffentlichte er so hervorragende Stücke wie *Love and Devotion* von den »Uniques«, *Hold You Jack* von Derrik Morgan, *Bangarang* von Lester Sterling & Stranger Cole, und *Everybody Needs Love* sowie *My Conversation* von Slim Smith, die alle große Hits waren und deren Riddims bis heute als Grundlage für zahllose Versions dienen. Mit dem *My-Conversation*-Riddim, den er von Lee geliehen hatte, produzierte Rupie Edwards fünf Jahre später (1974) das erste *One Rhythm Album*, ein Album, auf dem alle Stücke über das gleiche Backing laufen. Ähnlich wie sein Meister Duke Reid erkannte Lee die Qualität der Vocal-Harmony-Trios und nahm mit Gruppen wie »The Sensations« oder »The Uniques« wundervolle Stücke auf, die den »Soul« des Rocksteady in das neue Zeitalter hinüberretteten. 1971 hatte Lee mit Delroy Wilsons *Better Must Come* einen Megaseller, der von der damaligen politischen Opposition Jamaikas für den Wahlkampf eingesetzt wurde, aus dem sie dann mit einem Erdrutsch-Sieg hervorging. Im gleichen Jahr produzierte er für Eric Donaldson den internationalen Hit *Cherry Oh Baby*. In Lees Studio saßen so talentierte Soundmixer – und wiederum zukünftige Top-Produzenten – wie Prince Jammy und Phillip Smart. In den frühen Siebzigern prägte Bunny Lee den Reggae mit seinem »Flying-Cymbal«-Sound, wie es Lee Perry wenige Jahre zuvor mit seinem Uptempo-Beat getan hatte. Flying-Cymbal-Sound bezeichnet sehr trocken arrangierte Rhythmen, die von dem hellen Sound des im Offbeat angeschlagenen Hi-Hats dominiert werden.

Der bereits mehrfach erwähnte Joe Gibbs war einer der ersten Produzenten, die sich daran machten, Coxsone und Reid vom Thron zu stoßen. Als Joe Gibbs 1966 in das Produktionsgeschäft einstieg, erzielte er mit Roy Shirleys *Hold Them* auf Anhieb einen großen Hit, der zudem auch noch als eines der ersten Rocksteady-Stücke in die Reggae-Geschichte einging. Sogar Coxsone sah sich gezwungen, *Hold Them* mit dem Sänger Ken Boothe unter dem Titel *Feel Good* zu covern. Zwei Jahre später verkaufte Gibbs seine Hits – für die zu dieser Zeit größtenteils Lee Perry verantwortlich war – bereits in großen Stückzahlen nach England. Ähnlich wie Bunny Lee war Joe Gibbs ebenfalls kein kreatives Genie, wußte aber, wen er sich ins Studio zu holen hatte, um für sein »Amalgamated«-Label Hits produzieren zu lassen. Nachdem Perry ihn – wie erwähnt – mit *People Funny Boy* verlassen hatte, arbeitet Winston »Niney« Holness für Gibbs. (Kurze Zeit später bereicherte auch er als eigenständiger Produzent die Reggae-Geschichte.) Mitte der siebziger Jahre engagierte Gibbs dann das Sound-Genie Errol Thompson als Toningenieur (und somit als Session-Produzenten), mit dessen Hilfe es ihm gelang, auch die restlichen Jahre des Jahrzehnts an der Spitze des Geschäftes mitzumischen.

Ein Mann jedoch darf in diesem Reigen auf keinen Fall fehlen, ein echtes Allroundtalent, das viele Qualitäten der verschiedenen Produzenten in seiner Person vereinigte und zweifellos zu den beliebtesten und respektiertesten Persönlichkeiten des Reggae zu zählen ist – auch wenn sein Ende bitter war: Clancy Eccles, der Mann, der auf so amüsante Weise den Begriff »Reggae« prägte und sich dann anschickte, das gleiche mit der Musik des Reggae zu tun. Eccles war Sänger, Songwriter, Produzent, Live-Performer und Geschäftsmann zugleich, und alles auf gleich hohem Niveau. 1959 begann er bereits damit, für Coxsone R'n'B-Stücke zu singen. Während der Ska-Zeit war er bei Leslie Kong und Sonja Pottinger unter Vertrag und hatte mit *I'm The Greatest* einen programmatischen Hit. 1967 entschloß er sich wie viele seiner kreativen Kollegen, für ein eigenes Label zu produzieren, um den vollen Gewinn an seinen Hits in die eigene Tasche fließen zu lassen. Viele Sänger wollten von den ausbeuterischen Produzenten unabhängig sein und die Kontrolle über das eigene Werk sowie natürlich die damit erwirtschafteten Gewinne behalten. Hundert Singles konnten problemlos an einem Tag verkauft werden, und bei fünfhundert verkauften Exemplaren war das Stück bereits ein Hit. Viele Kreative haben sich in dem harten Geschäftsleben allerdings allzuschnell verausgabt.

Nicht so Clancy Eccles! Sein Geschäft explodierte geradezu und wurde bald ein kleines Imperium mit guten Verträgen im Ausland, eigenen Plattenläden und großartigen Live-Revues, deren Ruhm bis ins Vereinigte Königreich reichte. Schon im Jahr der Label-Gründung begann er, auch andere Sänger, z. B. Eric »Monty« Morris mit *Say What You Are Saying*, zu produzieren, und er half auch seinem Kollegen Lee Perry bei der Produktion von dessen Super-Hit *People Funny Boy*. Später unterstützte er Perry bei der Gründung seines »Upsetter«-Labels und lieh Winston »Niney« Holness das Geld, um dessen großen Hit *Blood And Fire* pressen zu lassen. Eccles hatte aus der eigenen Ausbeutung durch Dodd & Co. gelernt und bildete selbstbewußt eine Antithese zu seinen früheren Arbeitgebern. Die Künstler, die bei ihm unter Vertrag waren und mit ihm auf Tournee gingen, wurden von Eccles mit selbstgeschneiderten Anzügen ausgestattet, die mit Röhrenhosen und schimmernden Stoffen der Topmode der sechziger Jahre entsprachen. Jimmy Cliff, Derrik Harriot, Slim Smith, »The Jamaicans« und »The Maytals«, alle glänzten sie auf der Bühne in ihren Eccles-Anzügen; es war eine der ersten Mode-Manien, die durch die Reggae-Szene fegte, und nicht zuletzt verfielen auch die britischen Rude Boys dieser »Ausstattung«.

Trotz vieler großer Hits wie *Fatty Fatty*, das im britischen Radio verboten wurde, oder *Fire Corner* für den ehemaligen Coxsone-DeeJay King Stitt, konnte Clancy Eccles sich nicht allzu lange an der Spitze des harten Geschäftes halten. Womöglich waren seine hohen Ideale von Fairness und Großzügigkeit mitverantwortlich für sein baldiges Scheitern; ab 1972 ging es mit seinem Erfolg bergab, und um 1976 lebte er nur noch von den Gagen seiner Live-Auftritte in England.

Zu Beginn des großen Angriffs auf die Monopole von Coxsone und Reid konnten sich die jungen Produzenten wie Perry, Eccles und Lee die etablierten Studiomusiker nicht leisten, die zudem meist exklusiv für »Studio One«, »Treasure Isle« oder die jamaikanischen Großfirmen »Federal-Record« von Ken Khouri oder »Lee Enterprises« von Byron Lee arbeiteten. So gaben sie neuen Musikern aus dem Ghetto eine Chance, von denen viele sich das Spielen auf primitiven Instrumenten selbst beigebracht hatten oder es von der »Granny« (der Großmutter) gelernt hatten. Sie waren hochmotiviert und voller neuer Ideen, die sie in den noch frischen Reggae-Sound einbrachten. Zu diesen Musikern zählten später berühmt gewordene Namen wie Glen Adams (Orgel), Leroy »Horsemouth« Wallace (auch ein Alpha-Schüler, Schlagzeug) und die Barrett-Brüder (Baß und Schlagzeug).

Der frische Wind aus Jamaika wehte um die Welt. 1968 landete Desmond Dekker mit dem Song *Israelites*, von »Veteran« Leslie Kong produziert, den ersten internationalen Reggae-Hit. In den britischen Charts eroberte er den ersten Platz, und in Amerika, einem Land, dessen Musikgeschäft sich bis dahin kaum für die jamaikanische Musik interessiert hatte, belegte er im Frühling 1969 immerhin den neunten Platz der Hitliste. Zu Zeiten des *Psychedelic Rock*, hörte die Welt zum ersten Mal von Reggae – und sie war erstaunt!

1968 wurde in England vom »Island-Records«-Inhaber Chris Blackwell und seinem Partner Lee Gopthal eine neue Plattenfirma gegründet, um diese neue Trend-Musik auch bei einer weißen Klientel zu vermarkten: »Trojan Records«. Kurze Zeit später gründeten die Palmer-Brüder ihren Plattenvertrieb mit dem gleichen Ziel. Alle hofften, mit dem neuen Sound schnelles Geld zu machen, was auch gelang. Chips Richards, der Inhaber eines kleinen britischen Vertriebes, rechnete einem Vertreter des *Majors* Ariola den möglichen Gewinn an einer durchschnittlichen Reggae-Veröffentlichung vor: jede halbwegs erfolgreiche Single läßt sich 10 000mal verkaufen. Ein Album hat etwa zehn Stücke, von denen sich jedes als Single herausbringen läßt, bevor man das Album anbietet, von dem sich wiederum 10 000 Exemplare absetzen lassen. Schließlich werden die Rhythm-Tracks des Albums als Dub abgemischt und ein weiteres Mal in einer Stückzahl von etwa 7000 verkauft. Daraufhin läßt man über diese Dubs einen DeeJay seine Sprüche »toasten«, um von dieser Aufnahme erneut 3000 Exemplare zu verkaufen. Da der *Record-Store* pro Single £ 1.20 bezahlt und pro Album £ 2.40 (die Preise stammen aus den frühen Siebzigern), errechnet sich daraus ein Gesamtgewinn von £ 150 000 nur für Großbritannien. Hinzu kommt der seit jeher für Reggae außerordentlich lukrative afrikanische Markt. Seit den Tagen des Calypso hat sich in Afrika die gesamte karibische Musik, und vor allem der Reggae, in enormen Mengen verkauft. Die afrikanischen Importe liefen fast alle über Europa, und »Virgin-Records« berichtete, daß sich die von ihnen vertriebene Jimmy Cliff-Single *A Hard Road To Travel* in Afrika an die 500 000mal verkauft hatte. Allein 1975, als die Firma »Virgin« sich aus dem in Europa nicht mehr lukrativen Reggae-Geschäft zurückgezogen hatte, verkaufte sie in Afrika Platten im Wert von mehreren hunderttausend Pfund.

Auf der Höhe des internationalen Erfolgs der Reggae-Musik entstand 1972 der Film *The Harder They Come*, in dem Jimmy Cliff einen Rude Boy spielt, der sowohl als Reggae-Star wie auch als Gangster Karriere macht. Bleibt der von dem weißen Jamaikaner Perry Henzel produzierte Film auch künstlerisch auf dem

»Niney« the Observer

niedrigen Niveau gängiger Hollywood-Unterhaltung, so ermöglichte er doch dem weißen Publikum in Europa und Amerika einige authentische Einblicke in die lebendige Reggae-Szene der Jahre 1970/71. Jimmy Cliff wurde durch seine Rolle sowie seinen Anteil am Soundtrack des Films einer der ersten internationalen Reggae-Stars.

Jamaika spürte die große Aufbruchstimmung. Alben wie *Funky Kingston* von »Toots and the Maytals« eroberten weltweit die Charts, und Bob Marley setzte zum großen Sprung ins internationale Musikgeschäft an. Lee Perry sorgte unterdessen dafür, daß der Reggae-Rythmus wieder langsamer wurde und stieß damit die Tür in eine neue Ära auf...

Small Axe
Bob Marley meets Lee Perry (1969–1971)

Bob Marley und Lee Perry – jeder dieser beiden Namen steht für ein musikalisches Genie des Reggae, zusammen stehen sie für einige der brilliantesten Schöpfungen, die der Reggae zu bieten hat. Doch bevor sich das Kompositionsgenie Marley mit dem Produktionsgenie Perry zu kongenialer Zusammenarbeit verbinden sollte, bemühten sich die »Wailers« Anfang 1969 noch um einen anderen Top-Produzenten, der Bob Marley immer noch Geld für seine erste Aufnahme *Judge Not* schuldete: Leslie Kong. Obwohl Kong der Ska-Generation von Coxsone und Duke Reid angehörte, stellte er sich sehr schnell auf den neuen Reggae-Beat um und erzielte mit Desmond Dekkers *Israelites* einen gewaltigen internationalen Hit, der die Aufmerksamkeit der Pop-Welt erstmals wieder, nach Blackwells Erfolg mit *My Boy Lollipop* (für Millie Small), auf das musikalische Geschehen der kleinen Karibikinsel lenkte. Die »Wailers« befanden sich in einer mißlichen Lage, da sie nunmehr lediglich als Songwriter für Danny Sims im Hintergrund agierten und ihre jamaikanischen Fans sich Reggae-Stars wie Desmond Dekker, Jimmy Cliff, Bob Andy, »The Maytals« und »The Pioneers« zuwandten. Sie waren deshalb zunächst sehr glücklich, vom Top-Produzenten Leslie Kong eine Chance für ein Comeback zu bekommen. Kongs *Riddims* waren zwar relativ schlicht und keineswegs außergewöhnlich, aber sein frischer, energiereicher Sound, die perfekt ausbalancierten Arrangements und die klare Struktur seiner Aufnahmen machten ihn zu einem der erfolgreichsten Produzenten der noch jungen Reggae-Musik. Kongs unwiderstehlichen energiepulsierenden Sounds entsprechend, spielten die »Wailers« für ihn nahezu ausschließlich mitreißende Tanzstücke ein wie *Soul Shakedown Party, Stop That Train, Caution* oder Liebes- bzw. Sexstücke wie *Back Out* und *Do It Twice*. Der Einfluß von

James Browns Funk-Attitüde auf die Texte von Bob Marley ist hier nicht zu überhören.

Kong hatte zehn Stücke mit den »Wailers« produziert – die sich allesamt nur sehr schlecht verkauften –, als er ankündigte, gerade mit diesen Stücken ein Album zu veröffentlichen, das den Titel *The Best Of The Wailers* tragen sollte. Bunny Livingston war empört und sagte zu Kong, daß »das Beste der ›Wailers‹« ganz sicher noch ausstünde und er das Album auf keinen Fall so betiteln dürfe – ansonsten würde er, Bunny, mittels seiner Obeah-Kräfte dafür sorgen, daß Kong nicht mehr lange lebe. Das konnte den Chinesen Kong nur wenig beeindrucken und er veröffentlichte wie geplant das Album in Jamaika. Ein Jahr später, als er den Soundtrack zum Film *The Harder They Come* gerade abgemischt hatte, erlitt er einen plötzlichen Herzinfarkt und starb an seinem Mischpult.

Bunny sollte aber auch bezüglich seiner ersten Aussage recht behalten, denn das Beste der »Wailers« war gerade erst im Begriff zu entstehen – und zwar in der Zusammenarbeit mit einem Mann, den sie noch gut aus ihren »Studio One«-Tagen kannten: Lee Perry. Perry war mittlerweile zum innovativsten Produzenten Jamaikas avanciert und hatte den Sound des frühen Reggae maßgeblich mitbestimmt. Nun, mit Beginn der neuen Dekade, war er im Begriff, den Reggae-Rhythmus erneut umzukrempeln – unter anderem mit einigen revolutionären Produktionen für die drei jungen Männer, die Mitte 1969 zu ihm ins Studio kamen. Waren seine ersten Produktionen für die »Wailers« noch vom Uptempo-Beat des frühen Reggaes bestimmt, so wurde der Sound mit Wende des Jahrzehnts langsamer, »psychedelischer« und oft melancholischer, während zugleich das Arrangement der Songs härter und kompromißloser wurde. Perry mischte die harte Bassline deutlich in den Vordergrund, was den Stücken eine mystische Tiefe verlieh. Unterstützt wurde dies durch Bobs zähen, scharfen, klagenden Gesang und die knappen, melodietragenden und sehr eigenständigen Backgroundvocals von Bunny und Peter. Lee Perry machte die Songs der »Wailers« zu kompromißlosen, künstlerischen Produkten.

Großes Verdienst daran hatten, neben Perry, vor allem seine Studiomusiker, deren Kern die Barrett-Brüder bildeten. Aston Francis Barrett, der wegen seiner vielen Kinder auch »Family Man« genannt wurde, spielte Baß und sein Bruder Carlton Lloy Barrett Schlagzeug. Ergänzt wurden sie durch den Gitarristen Alva Lewis und den Keyboarder Glen Adams. Alle zusammen tourten als Live-Band »The Hippy Boys« durch die jamaikanischen Dance Halls, während sie in »Rany's Studio 17«, wo Lee Perry seine Stücke produzierte, als »The Upsetters« für den revolutionärsten (und härtesten!) Sound verantwortlich waren, der in jenen Tagen auf der Insel zu hören war.

Bob Marley verstand es, Perry diese hervorragende Band abspenstig und zu einem festen Bestandteil der »Wailers« zu machen, was den ohnehin schon sehr exzentrischen Perry extrem wütend – aber auch verhandlungsbereit – machte: Man einigte sich darauf, die Stücke auf dem neu gegründeten »Tuff Gong«-Label der »Wailers« zu veröffentlichen, was dann mit *Duppy Conqueror* und *Who's Mr. Brown* auch geschah. Leider ereilte diese Platten das gleiche Schicksal wie die Wail'n'Soul-Produktionen der »Wailers« zwei Jahre zuvor: Fehlende Radiopräsenz und mangelhafter Vertrieb ließen die guten Songs ungehört verhallen. So entschloß man sich, die nachfolgenden Lee Perry-Produktionen auf dessen »Upsetter«-Label zu veröffentlichen, was sofort zu einigen großen Hits führte. Aber Perry produzierte, bewarb und vertrieb diese Hits nicht nur, sondern er zeichnete auch in ganz entscheidendem Maße für die Komposition mitverantwortlich. Bis heute ist es nicht eindeutig geklärt, wer den größeren Anteil an Songs wie *Small Axe* oder *Mr. Brown* hatte. Außer Zweifel jedoch steht, daß sie deshalb so hervorragend gelungen sind, weil mindestens zwei geniale Köpfe ihre Ideen dazu beigesteuert haben.

Besonders evident erscheint diese kompositorische Zusammenarbeit bei Stücken wie *Mr. Brown*, dessen absurder und grotesker Text zu großen Teilen auf das Konto des exaltierten Lee Perry gehen muß. Ähnlich deutlich läßt sich das Stück *Small Axe* als eine gemeinsame Komposition von Marley und Perry erkennen, da ihm eine Zweideutigkeit zu eigen ist, die sowohl dem »schwarzen« Geist der »Wailers« entsprach, als auch eine rebellische Kampfansage von Lee Perry an seine Produzentenkollegen á la *Thanks We Get* und *People Funny Boy* sein mochte. *Small Axe* konnte nämlich einerseits als eine Warnung an das kolonialistische Babylon-System verstanden werden, das es nun mit der kleinen Axt des schwarzen Selbstbewußtseins via Rastafari zu fällen galt, oder als eine Herausforderung an die »big three«, die drei großen etablierten Studios in Kingston (»Federal«, »Studio One« und »Dynamic«), die Perry sich nun anschickte, mit seinem neuen Reggae-Sound in die zweite Reihe zu verweisen. Perry hatte sich nämlich über die »big t'ree« beklagt, und Peter Tosh sagte zu ihm: »If dem is the big t'ree, we name the small axe!« (»Wenn das die großen »drei« (bzw. »Bäume« – je nach Aussprache) sind, sind wir die kleine Axt!«). *Lively Up Yourself, 400 Years, Kaya, My Cup* und das psychodelisch-surreale *Sun Is Shining* sind weitere großartige Produkte dieser fruchtbaren Zusammenarbeit, an kompositorischer und produktionstechnischer Innovation kaum zu überbieten – der Anschlag auf die »big t'ree« war gelungen.

Lee Perry veröffentlichte die entstandenen »Wailers«-Stücke zusätzlich auf zwei Alben, *Soul Rebel* und *Soul Revolution*, wobei er das zweite einer atemberaubenden Remix-Prozedur unterzog und es als *Soul Revolution II* erneut herausbrachte: Er hatte es in eine magische Dub-Version verwandelt...

Revolution Dub
Die Sounds des Dub (ab 1968)

Mitte der sechziger Jahre entstand eine der faszinierendsten musikalischen Innovationen, die nicht nur für den Reggae elementar war, sondern auch die gesamte westliche Musikproduktion wesentlich beeinflussen sollte: der *Dub*.

Zu dieser Zeit veröffentlichte Coxsone Dodd auf seinem »Studio One«-Label ein Instrumentalstück, dem das übliche (und auch vorgesehene) Bläser-Solo fehlte. Der Rhythm-Track war bereits aufgenommen, und die Bläser sollten später aufgespielt (*overdubbt*) werden – wozu es aber aus Zeitnot nicht kam. So veröffentlichte Coxsone die Platte ohne das geplante Bläser-Solo – lediglich der reine Basis-Rhythmus, das »Riddim-Solo«, war zu hören. Die tanzende Menge in den Sound-Systems und Dance Halls war jedoch begeistert von dem Stück, und so wurde es bald üblich, auf die B-Seite jeder Single ein solches »Riddim-Solo« zu pressen, eine Praxis, die bis heute beibehalten wurde. Für die Produzenten bedeutete diese Entwicklung einen entscheidenden ökonomischen Vorteil, denn sie mußten jetzt pro Single nur noch *ein* Stück produzieren und konnten zudem – da die Musiker nur einmal für die Aufnahme bezahlt wurden und die Musik danach vollständiges Eigentum des Produzenten war –, so viele Versions pressen, wie es ihnen beliebte. Auch der DeeJay in der Dance-Hall profitierte von dem Instrumentaltrack, denn der fehlende Gesang bot ihm Raum, seine eigenen Sprüche über den Rhythmus zu »toasten« und so die Tanzenden anzufeuern.

Das »Riddim-Solo« war praktisch die Rohfassung eines Stükkes, die man nun mittels des Dub-Plates im Sound-System auf ihre Publikumswirksamkeit testen konnte, bevor man sich entschloß, Sänger »über« diesen Rhythmus zu produzieren. Dazu wurde im Studio eine unikale Azetat-Platte (das Dub-Plate) angefertigt die nun im Sound-System eingesetzt werden konnte. Das »Riddim-Solo« war zwar noch kein Dub im engeren Sinn, aber es war eine wesentliche Inspirationsquelle für seine Erfindung.

Ort dieser weitreichenden »Erfindung« sollte das »Hometown HiFi«-Sound-System von King Tubby werden. Bevor der Besitzer des Sound-Systems, Osbourne Ruddock (alias King Tubby), eines Abends im Jahre 1968 wieder seine turmhohen Lautsprecherboxen aufstellte, saß er in seinem Studio und hörte einige »Treasure-Isle«-Multitrack-Bänder von Duke Reid, um ihre Aufnahmequalität zu kontrollieren. Sobald in den Aufnahmen die Stimme des Sängers einsetzte, drehte er die Musikspur weg, um den Gesang deutlicher hören zu können. Nach wenigen Takten schaltete er dann spontan den Gesang aus und drehte statt dessen die Drum & Bass-Spur überlaut in den Vordergrund. Der Effekt war überwältigend! Schnell fertigte Tubby ein paar Azetat-Scheiben von den so »gemischten« Tracks und nahm sie mit in sein Sound-System. Nachdem er dort das Rocksteady-Stück *You Don't Care* von den »Techniques« gespielt hatte, legte er seinen Dub-Mix desselben Stückes auf. Langsam senkte sich die Nadel auf das knisternde Dub-Plate. Der a-cappella-Gesang setzte ein. Grell schallte die Stimme aus den Hochtönern – wurde dann plötzlich mitten im Wort abgeschnitten, während die letzte Silbe noch im Echo, das endlos zwischen linkem und rechtem Kanal hin und her zu pendeln schien, nachhallte. Die Erwartungsspannung steigerte sich zu ihrem Höhepunkt – bis schließlich mit einem gewaltigen Donner die Bassline hereinbrach und die Snaredrum detonierte. Wie durch eine magische Kraft bewegt, begann der Boden unter den Füßen der Tänzer zu vibrieren. Träge wälzte sich die schwere Bassline voran und füllte den Raum mit einer warmen, mystisch-magischen Atmosphäre. Das Publikum geriet außer Rand und Band – das Sound-System schien zu explodieren. Die ganze Nacht spielte Tubby nur die vier von ihm »gedubbten« Stücke, immer und immer wieder, und jedes Mal toastete sein DeeJay, der legendäre U-Roy, neue Sprüche über die Dubs und trieb die Tanzenden zum Wahnsinn.

Jah Shaka

Eine neue musikalische Kunstform war geboren. Mit dem Dub gab es zum ersten Mal eine Musik, in deren Zentrum nicht der Sänger, Musiker oder Produzent stand, sondern der Mann am Mischpult. Das Mixing-Board wurde zu einem universellen Musikinstrument, mit dem aus »formlosem« Rohmaterial neue, individuelle Musikstücke geschaffen werden konnten, indem die durchgängig bespielten Spuren eines Musiktracks nachträglich neu kombiniert und manipuliert wurden. Die Techniken waren und sind so simpel wie effektiv: Nach dem Intro, dem Drum-Roll, startet der Sänger a cappella für einige Takte, dann wird die Stimme mitten im Wort abgeschnitten und durch das Echo-Effektgerät gejagt, während Drum & Bass mit voller Wucht und

King Tubby am Mischpult 1976

überlaut aufgedreht werden. Das helle, dünne und spröde a-cappella-Intro steht in scharfem Kontrast zu dem voluminösen, vollen und tiefen Bass-Sound des Rhythm-Tracks. So entsteht zu Beginn des Stückes eine außerordentliche Spannung, ein Verlangen nach vollem Sound und kraftvollem Groove, das erst mit dem Einsetzen des Basses auf einen Schlag befriedigt wird. Ähnliche Spannungsmomente werden das ganze Stück über immer wieder von neuem aufgebaut, indem bestimmte Instrumente ausgeblendet werden und im Echo verhallen, um dann nach quälend langem Verzicht den Hörer aus seiner Spannung zu erlösen. So verschwindet z. B. der treibende Offbeat der Gitarren im endlosen Echo und hinterläßt in den minimalistischen Rhythm-Tracks eine klaffende Lücke, die der Zuhörer unwillkürlich als Defizit empfindet, um dann mit Spannung das erneute Einsetzen der Gitarren zu erwarten. Es ist aber auch der umgekehrte Fall möglich: Drum & Bass werden ausgeblendet und nur der harte Sound der Gitarrenriffs bleibt stehen. Für wenige Takte spielt dann nur der Offbeat – der im Kontext des vollen Rhythm-Tracks durch seine ataktische Betonung die dem Reggae eigene Spannung aufbaut. Erst der »One Drop« der Bassdrum bringt Erlösung – ist diese aber ausgeblendet, zerrt jeder weitere Riff tonnenschwer an den Nerven des Dub-Maniacs.

Neben dem Ein- und Ausblenden verschiedener Instrumente sind die Hall-, Echo- und »Phaser«-Effekte die wichtigsten Gestaltungsmittel des Dub. So kann ein Dub-Mix zunächst klingen wie eine Vokalversion, dann aber durch zunehmende Echo- und Halleffekte auf Gesang und Instrumente langsam zum Dub überblenden, bei dem jedoch schließlich nur noch der stetig treibende Drum & Bass-Riddim aus dem Echo-Inferno hervortritt. Die Wiederholungsfrequenz des Echos ist stets sehr niedrig und erzeugt in Verbindung mit dem permanenten Hall auf dem Schlagzeug und der Offbeat-Sektion einen mystischen, geheimnisvollen und »schweren« Sound, der die dunkle Atmosphäre einer tiefen Höhle oder eines undurchdringlichen Dschungels heraufbeschwört. Insbesondere Lee Perry verlieh seinen Dubs eine solch mystische Atmosphäre, indem er die Musik durch einen *Phaser* »zog«, der sie durch leichte Modifizierung der Tonhöhe im Wechsel jeweils langsam an- und wieder abschwellen ließ. Lee Perry mischte – bereits in den Sechzigern – auch witzige Sound-Effekte in die Musik, wie das Schreien eines Babys, Hundegebell, Pistolenschüsse, Polizeisirenen etc. Errol Thompson (der Toningenieur von Joe Gibbs) holte für Big Youths *Skank* sogar ein Motorrad ins Studio und ließ dessen Motor vor laufenden Mikrophonen aufheulen!

Auch »Fehler« wurden zum Gestaltungsmittel des Dub. So steigert es zusätzlich die Spannung, wenn der Drummer einen »Fehlstart« verursacht und erneut seinen Countdown zählt, oder wenn der Mixer das Band während des Intros stoppt und zurückspult, ohne den Tonkopf abzuschalten. Auch Test-Sounds des Mischpultes (Sinustöne etc.) wurden kreativ zweckentfremdet. King Tubbys »Erkennungssound« z. B. war ein eigentümlicher Piepston seines Mischpultes, den er endlos in der »Echo-Kammer« umherschwirren ließ, bevor er den Rhythmus einblendete.

Eine besonders faszinierende Eigenschaft der Dub-Music ist ihre Fähigkeit, Kopf und Bauch des Zuhörers zugleich anzusprechen. Man kann der Dramaturgie des Mixes, den Effekten und Sounds bewußt und mit großer Aufmerksamkeit folgen, ähnlich wie man gewohnt ist, klassische Musik zu analysieren. Zugleich aber entfaltet der Rhythmus eines Dubs einen unwiderstehlichen Groove, der den Zuhörer zu hypnotisieren vermag und ihn geradezu physisch anzutreiben scheint. Drum & Bass sind für die emotionale Wirkung verantwortlich, während die raffinierten Effekte den Dub »interessant« machen.

Bassline und Drumpattern bilden das Herz jedes Reggae-Dubs. Sie formen Rhythmus und Melodie des Tracks zugleich. So ersetzt die kurze, hüpfende Bass-Melodie im Dub quasi den Gesang. Daher ist es für einen guten Dub unerläßlich, einen guten Riddim zur Grundlage zu haben. Die Gesangsmelodie ist austauschbar, aber ein guter Riddim ist unsterblich. Viele »Studio One«-Riddims aus den sechziger Jahren »leben« noch heute und waren über die Jahrzehnte hinweg Basis für jede Menge

Songs und noch viel mehr Dub-Mixes. So ist der »Song« im Dub unwesentlich, sein Zentrum ist statt dessen der Riddim. Dub ist daher das zwangsläufige Ergebnis einer Suche nach der kleinsten kreativen Einheit der Musik, eines Auslotens der Kraft des puren Sounds.

Um so erstaunlicher ist der Zeitpunkt der Erfindung und Etablierung des Dub: die frühen siebziger Jahre, die für die westliche Musik Inbegriff der totalen Überproduktion und musikalischer Einfallslosigkeit sind. Hier scheint sich eine Regel zu bestätigen, die auch für die afroamerikanische Musikentwicklung in den Achtzigern und Neunzigern von entscheidender Bedeutung war: Not ist die Mutter der Innovation. Das Leben im Ghetto lehrt Ökonomie, der Mangel an Produktionsmitteln lenkt die Innovation auf elementare Strukturen. Nur in Veränderung dieser Strukturen – und nicht in eklektizistischem Manierismus – besteht die Möglichkeit, wirklich neue Popmusik zu entdecken.

Nicht zuletzt deshalb beeinflußte der Dub die westliche Popmusik so entscheidend. Zuerst waren es die New Yorker Disco-Pioniere der frühen achtziger Jahre, die das Innovationspotential des Dub außerhalb des Reggae-Universums für sich nutzbar machten. Sie kreierten Dub-Mixes ihrer Disco- (und später House-) Tracks, in denen sie exakt das kreative Repertoire einsetzten, daß sie von King Tubby gelernt hatten. Über HipHop und *Freestyle* führte der Weg des Dub weiter zum *House* und letztlich zum *Techno* und seiner Ableger wie *Trance*, *Ambient* und neuerdings *Jungle*.

King Tubby aber war und blieb der Meister dieser Kunst, und viele Produzenten wie Errol Thompson, Lee Perry, Augustus Pablo und Glen Brown erkannten sein Talent und ließen bereits um 1971 ihre Aufnahmen bei Tubby »dubben«. Keine drei Jahre zuvor hatte Tubby noch für Duke Reid in dessen »Treasure Isle«-Studio gearbeitet. Nun hatte er seinen Meister überflügelt, und Tubbys »Hometown-HiFi«-Sound-System gewann jeden Sound-Clash. Sein Sound-System war schon vor der Erfindung des Dub bekannt für spezielle Live-Sound-Effekte, wie z.B.

Echo und Hall, die der DeeJay – ein gewisser Edward Beckford, der durch Tubbys Erfindung unter dem Namen U-Roy weltberühmt werden sollte – über die Platten oder seine eigenen Zwischenrufe legte.

1972 begannen die Dubs aus Tubbys kleinem Vier-Spur-Studio, in dem keine Musik eingespielt, sondern Aufnahmen nur gemixt und besungen werden konnten, Jamaika zu überschwemmen. Grund dafür war der marktbeherrschende Produzent Bunny Lee, dem es keine Schwierigkeiten bereitete, in einer Nacht dreißig Stücke zu produzieren. Er wurde Stammkunde bei Tubby und ließ dort nicht nur Dubs mixen, sondern holte auch die angesagtesten Sänger und DeeJays in Tubbys Studio, um mit ihnen seine Rhythm-Tracks, die er meistens im »Treasure Isle«-Studio, oder bei »Randy's« aufgenommen hatte, mit Gesang oder Toasting (Rap) zu versehen. Um 1974 führte Bunny Lee mit seinem »Flying Cymbal«-Sound die Hitparaden an, und Tubby mixte daraus einige seiner faszinierendsten Dubs. Die Rhythm-Tracks des »Flying Cymbal«-Sounds wurden alle von den »Aggrovators« eingespielt, die zu dieser Zeit Lees Studioband waren. Bunny Lee, King Tubby und die »Aggrovators« waren eine unschlagbare Kombination, die erst 1975/76 durch den *Rockers-Style* der »Revolutionaries« – die von Sly & Robby geführte Studioband des neu entstandenen »Channel One«-Studios – bezwungen werden konnte. Auf dem Höhepunkt des Erfolges von Lee und Tubby erschien in England bei »Trojan-Records« ihr erstes gemeinsames Dub-Album (eines der ersten überhaupt) mit dem Titel *Dub From The Roots* – ein absoluter Klassiker.

King Tubby arbeitete die ganzen siebziger Jahre hindurch mit vielen verschiedenen Produzenten zusammen, jedoch wurde sein Dub-Monopol durch talentierte Mixer, die alle von ihm gelernt hatten, schon bald gebrochen. Allen voran erschloß Lee Perry dem Dub neue Klangsphären, die sich in den späten Siebzigern von seinem »Black Ark«-Studio aus über die Insel und schließlich die ganze Welt ausbreiteten. Perry hatte keineswegs bessere technische Möglichkeiten, denn auch er arbeitete lediglich mit vier Spuren. Er hatte auch nicht so gute Riddims wie Coxsone Dodd, aber er schuf einen unglaublich dichten, mystisch-magischen, geradezu metaphysisch anmutenden Sound, der schon fast ohne den aktiven Dub-Mix, als bloßer »schwingender« Klangraum, Dub-Qualitäten besitzt. Perry hat mit seinen unorthodoxen Produktionen und experimentellen Dub-Sounds dem Reggae eine phantastische Sound-Welt eröffnet, deren Ursprung vollkommen irrational und nur im Genius ihres Schöpfers zu finden ist. Perry wurde in den Kultstatus eines »Magiers des Mischpultes« erhoben, und die Sammler seiner Platten bezahlen mittlerweile Unsummen, um einige der verschollenen jamaikanischen Original-Veröffentlichungen zu bekommen. Bis Perry gegen Ende der siebziger Jahre sein Studio zertrümmerte, floß aus dem legendären »Black Ark«-Studio ein Strom purer Innovation und Exzentrik. Lee Perry brach mit allen Konventionen: Als erster benutzte er im Reggae Drum-Machines; auch nahm er die Sample-Technik unserer Tage mit seinen Sound-Einspielungen, z. B. einer Fernsehshow, dem Geplapper seines fünfjährigen Sohnes oder Babygeschrei etc. vorweg. Er zog *alle* Instrumente über einen Phaser (so daß ihre Frequenzen in rhythmischen Wellen regelmäßig an- und abschwollen); er legte soviel Hall und Echo auf die Musik, daß sie zu dem diffusen, sphärischen Sound eines Urwaldes zu verschwimmen schien, und um die vier Spuren seines Studios um zwei Spuren zu erweitern, machte er auch vor den Stereo-Kanälen des Masterbandes nicht halt, indem er teilweise den rechten, teilweise den linken Kanal einfach abschaltete. Mit seiner Studio-Band, »The Upsetters«, produzierte er Namen wie »The Heptones«, Max Romeo, Junior Murvin, George Faith und Prince Jazzbo, um nur einige zu nennen – vor allem aber produzierte sich der »Madman« selbst. (Interview mit Lee Perry im Anhang.)

Ein ausgesprochener Dub-*Produzent*, wenn er auch selbst nicht gemixt hat, war der Melodika-Instrumentalist Augustus Pablo. Ab 1969 betrieb er ein eigenes Label »Rockers International«, das Mitte der siebziger Jahre richtig aufblühte. Zuvor hatte er hauptsächlich mit King Tubby zusammengearbeitet, der seine

Instrumentalstücke mit den nötigen Dub-Effekten zu mächtigen Hits aufpeppte.

Prince Jammy, der auch zunächst als Tubbys Assistent gearbeitet hatte, bestimmte in den späten Siebzigern den Weg der Dub-Music, wurde aber bereits kurz darauf von einem anderen Schüler King Tubbys abgelöst: »Scientist«, der in den frühen achtziger Jahren im »Channel One«-Studio die Regler bediente. Er bleibt eine obskure Gestalt, denn so unvermittelt er auftauchte, so plötzlich verschwand er wenige Jahre später wieder, nachdem er einige der wuchtigsten Dub-Alben der Reggae-Geschichte unter seinem Namen veröffentlicht hatte. 1980 warf er mit dem Album *Big Showdown* Prince Jammy aus dem Rennen (der auf dem Cover des nächsten Scientist-Albums von Sanitätern aus dem Boxring getragen wird), um dann sechs weitere Alben mit dem legendär tiefen »Channel One«-Baßsound zu mischen. Er verzerrte die Tonhöhe ganzer Stücke, hob den Baß um mehrere Oktaven an, bis dieser nur noch ein metallisches Knarren war, durchsetzte seine Mixes mit endlos scheinenden Pausen und sampelte Computer-Sounds aus »Space-Invader«-Spielen. Mit Scientists Abtreten gegen Mitte der achtziger Jahre endet auch vorerst die Geschichte des Dubs, denn die ab 1985 vorherrschenden Computer-Rhythmen des Reggae waren viel zu minimalistisch, als daß man mit ihnen aufregende Dubs mischen konnte. Erst in den neunziger Jahren entwickelte sich in England ein Dub-Revival. Viele Sound-Tüftler der Disco- und House-Szene besinnen sich nun auf die Reggae-Roots des Dub, und so schleicht sich heutzutage der Reggae-Groove durch die Hintertür aufs House-Tanzparkett. Aber auch die eingefleischte (britische) Reggae-Community lechzt nach einem Chill-Out von den schnellen Hardcore-Ragga-Tunes und dem perkussiven Bogle-Fieber – die Dub-Renaissance ist en vogue.

Nach den vielen Metamorphosen des Dub in den Dance-Floor-Stilen und seinem weitgehenden Verschwinden aus der Welt des Computerized-Reggae ist dieser Dub heute nicht mehr so experimentell, wie er es einmal war. Sein Sound ist dafür noch schwerer geworden, die Atmosphäre dichter – die Effekte hingegen sporadischer. Reine Dub-Bands wie »Alpha & Omega«, »Zion Train«, »Revolutionary Dub Warriors«, »The Deciples« oder die »Ambient«-inspirierten »Original Rockers« tragen das Erbe des Dubs mit ihren hypnotisch-meditativen Klängen in die nächste Generation. Ihr großes Vorbild ist der britische Dub-Veteran Jah Shaka, der bereits seit den siebziger Jahren ein Sound-System in London betreibt, das aufgrund seiner spirituellen, nahezu physisch spürbaren Atmosphäre aus purem, »dickem« Baß-Sound Kultstatus erlangte. Shaka legte den Grundstein für den neuen, britischen Dub-Stil. Er spielte die zähesten Riddims, die sich je von den Saiten eines Basses lösten, und er bewegte die Knöpfchen am Mischpult so wenig, wie es kein anderer Dub-Mixer mit seinem Berufsethos hätte vereinbaren können. Für ihn war nur der hypnotische Sound wichtig, der aus den meterhohen Lautsprechern seines Sound-Systems quoll.

Ebenfalls in England lebt ein anderer Dub-Produzent, der die düsteren Klänge mit einer ausgeprägten Experimentierlust kombiniert und durch seine beständigen Ausflüge in die Dance-Floor-Musik entscheidenden Anteil an der Neuentdeckung der Dub-Music im House-Kontext hat: Adrian Sherwood. »Für einen guten Dub braucht es einen guten *Rhythm* und einen guten *Sound*«, bestätigt Sherwood, »ich verwende daher hauptsächlich Moll-Harmonien für meine Dubs, um sie mystischer und spiritueller klingen zu lassen. Für mich ist Dub ein warmer, erhebender Sound für den Bauch, aus dem einige verrückte untergesampelte Geräusche hervorblitzen, die in den Kopf eindringen.« Er ist zweifellos Lee Perrys kongenialer Erbe – mit dem er 1987 auch ein hervorragendes Album produzierte.

Wollte man die britische Dub-Szene einer Skala zuordnen, die von monoton-hypnotischen Sounds einerseits, zu effektüberladenen Mixes andererseits reicht, dann dürfte Jah Shaka wohl für ersteres Extrem stehen, Adrian Sherwood müßte sich in der Mitte befinden und das andere Ende würde ganz eindeutig von einem Verrückten besetzt sein: Mad Professor (alias Neil Fraser). Er begann 1979 mit einem Vierspur-Mischpult in seinem Wohnzimmer die ersten Dubs zu mixen. Mit seiner *Dub-Me-*

Crazy-Albenreihe schuf er sich bald eine Reputation als exzentrischer Dub-Mixer, der keinen Effekt ausläßt, um seine harten Roots-Rhythmen in ein anarchisches Inferno verschiedenster Sounds zu verwandeln. Diese »Mad-Prof.-Mixes« und der Klang seines 1982 gegründeten »Ariwa-Studios« waren einzigartig und unverwechselbar. Neil Frasers Leidenschaft galt aber nicht nur dem Dub, sondern auch den sanften Liebesliedern des britischen Lovers-Rock (siehe Kapitel »Dancehall«). Vor allem in diesem (lukrativen) Genre etablierte er sich schnell und besaß schließlich gegen Ende der achtziger Jahre das größte und am besten ausgestattete »schwarze« Musikstudio Englands. Hier produzierte er mit dem Vierundzwanzig-Spur-Equipment einige seiner atemberaubendsten Dubs. Aber neben Dub und Lovers-Rock setzte der Mad Professor noch auf ein weiteres Pferd, das sich schließlich als Goldesel entpuppen sollte: Macka B – einen DeeJay...

Wake The Town An' Tell The People…

Die jamaikanischen DeeJays

Ohne die Sound-Systems wäre der Reggae nicht denkbar. Das Sound-System ist Ursprung und Herz des Reggae zugleich; es schlägt im Zentrum der jamaikanischen Musik. Hier wird die Musik zur Kommunikation, hier fließen alle kreativen Kräfte zusammen, hier werden neue Ideen und »Styles« entwickelt und Stars gemacht. Das Sound-System war und ist die treibende Kraft in der Entwicklung des Reggae. Schaut man nun hinter die riesigen Lautsprechertürme ins Innere eines Sound-Systems, so erkennt man, daß sich auch dort alles Geschehen auf einen Punkt konzentriert: Ein Mann beherrscht die Szene – der *DeeJay*. Er »reitet« mit seinem Sprechgesang auf den Rhythm-Tracks, die sein *Selector* auflegt, und treibt die tanzende, kreischende, pfeifende und schwitzende Menge zur Ekstase. Der DeeJay ist »the master of the ceremony« (kurz: MC), der Zeremonienmeister eines energiebrodelnden Dance-Festes, das mit dem simplen Abspielen von Musikkonserven nichts mehr gemein hat. Die Musik wird durch den DeeJay zu einem wahrhaft kollektiven und vor allem *interaktiven* Erlebnis. Der DeeJay – im HipHop würde man »Rapper« sagen – spricht »über« die Rhythm-Tracks seinen *Toast*, er *toastet* zum Rhythmus.

Bereits in den sechziger Jahren wurde in Amerika der Begriff »Toast« für ein erzählendes Gedicht benutzt, das von schwarzen Jugendlichen theatralisch vorgetragen wurde und der Selbstbehauptung im Freundeskreis diente. Oft waren die Inhalte der gereimten Wortspiele obszön und beleidigend, immer aber waren sie Ausdruck eines spezifisch schwarzen Sprachtalentes. Die Toast-Rituale waren in der Karibik auch als *giving rag* oder *making mock* bekannt, wo diese wortreiche, verbale Virtuosität auch im Talent, Geschichten zu erzählen verankert ist – ein Erbe aus Afrika und der Sklavenzeit, das in Jamaika sehr geschätzt wird.

Als Coxsone Mitte der fünfziger Jahre in die USA reiste, um dort neue Rhythm-and-Blues-Platten zu kaufen, hörte er die afroamerikanischen Radio-Disc-Jockeys wie Clarence »Poppa Stoppa« Hayman, Gene Nobles, Professor Bob oder Satelite Papa, die den Zuhörern ihre R'n'B-Platten mit wortgewaltigen Toasts ankündigten. Coxsone erkannte die Kraft, die solche Sprüche im Sound-System entfalten könnten und erzählte seinem damaligen Disc-Jockey Winston »Count« Matchuki davon. Matchuki wurde daraufhin der erste jamaikanische DeeJay, der seine gereimten Sprüche live am Mikrophon über die R'n'B-Platten toastete. Dabei handelte es sich in der Regel um Ankündigungen der Platte oder um kurze, gereimte Zwischenrufe wie »live the life you love / and love the life you live«. Sie dienten dazu, einem Musikstück Farbe und Lebendigkeit zu verleihen und die Tänzer anzufeuern. Das live *gesprochene* Wort des Dee-Jays hat eine viel direktere Wirkung auf das Publikum, als eine aufgenommene Gesangsstrophe. Der DeeJay beginnt gewissermaßen eine Unterhaltung mit dem Publikum, und das Publikum reagiert auf seine Zurufe; die Energie und Lebendigkeit des Dee-Jays überträgt sich auf die Tanzenden. So sind für den Fan eines bestimmten Sound-Systems nicht nur die Lautstärke, der Sound und die (exklusiven) Platten wichtige Kriterien seiner Treue, sondern vor allem die Qualität des DeeJays.

Viele andere DeeJays lernten von Count Matchuki, wie z. B. King Stitt, der von 1957 bis 1969 für Coxsone arbeitete. Stitt war sehr groß und hatte zwei enorm lange Schneidezähne, die angeblich ein Zeichen seines Genius waren. Stitts Wortspiele – gereimte Sprüche und absurdes »Scatting« – brachten Coxsones »Downbeat«-Sound-System viel Zulauf, so daß Coxsone mit King Stitt schließlich auch ins Studio ging, um ihn auf Vinyl zu verewigen. Leider sind diese Aufnahmen nie veröffentlicht worden und wir kennen Stitts Talent nur von seinen Aufnahmen aus dem Jahre 1969, in dem er für Clancy Eccles den Hit »Fire Corner« aufgenommen hat.

Coxsones Erfolg mit seinen DeeJays Matchuki und Stitt wurde bereits in den späten fünfziger Jahren von den anderen Sound-Systems kopiert. Duke Reid hatte einen DeeJay namens Cuttins, King Edwards Sound-System beschäftigte Red Hopeton, und Prince Buster begann selbst zu toasten. Zur Zeit des Ska entstanden viele neue Sound-Systems, z. B. »Highlights«, in dem der DeeJay Count Prince Miller mit dem Sänger Jimmy Cliff zusammenarbeitete oder »El Toro HiFi« mit DeeJay King Cry Cry, der später als Prince Far I Karriere machte. Im »Sir George The Atomic« arbeiteten drei DeeJays: Prince Ruff, Sir Mike The Thunderstorm und Buttercup, der sich später U-Roy nennen würde.

Mit Ausnahme von U-Roy sind nur wenige dieser frühen DeeJays in Plattenaufnahmen verewigt, aber man kann einen Eindruck ihrer Kunst bekommen, wenn man z. B. Sir Lord Comics Intros oder Zwischenrufe in den Stücken *Ska-ing West* oder *The Great Wuga Wuga* hört, die 1966 aufgenommen wurden: »Now we'll give you the scene, you got to be real keen. And me no jelly bean. Sir Lord Comic answer his spinning wheel appeal, from the record machine. Stick around, be no clown. See what the boss is putting down!« (»Nun werden wir es Euch zeigen, ihr müßt gut aufpassen. Ich bin kein Frosch. Sir Lord Comic gibt dem drehenden Plattenteller, was er braucht. Bleib hier, sei kein Narr. Sieh, was der Boss auflegt!«)

Erst drei Jahre später, 1969, wurde der entscheidende Schritt zur Erfindung einer neuen musikalischen Kunstform getan; ein kleiner Schritt für einen DeeJay, ein großer Schritt für die Popmusik weltweit: U-Roy erfand den *Talk-Over-Style* – Urahn der mittlerweile allgegenwärtigen Rap-Musik.

U-Roy (ehemals Buttercup) hatte das »Sir George The Atomic«-Sound-System verlassen und war mittlerweile als DeeJay bei King Tubbys »Hometown HiFi«-Sound gelandet, als dieser 1969 die Dub-Technik entdeckte. Das weitgehende Fehlen des Gesangs in den Dub-Mixes und die langen, polyrhythmischen Echoeffekte gaben U-Roy die Möglichkeit, die kurzen Toasts, die lediglich das Publikum anheizen sollten, zu zusammenhängenden Geschichten auszuweiten. Vor allem änderte U-Roy die rhythmische Struktur des Sprechgesangs; die Dub-Mixes gaben ihm Zeit, im Rhythmus der Musik zu sprechen – »auf dem Riddim zu reiten«. Seine Texte waren, anders als die kurzen Zwischenrufe der DeeJay-Pioniere, fließend in die Musik eingebettet. Betonte Wörter oder Silben wurden von U-Roy gezielt auf die betonten Taktteile des Rhythmus gesetzt, so daß eine Art »schaukelnder« Sprechrhythmus entstand, der sich in die polyrhythmische Struktur der Musik eingliederte. Im Gegensatz zu einem gesungenen Reggae-Stück, in dem die allein aus Rhythmen bestehende Musik mit der Melodie des Gesanges kombiniert wird, bleibt das DeeJay-Stück purer Rhythmus. Letztlich bedeutet dies die weitere Verstärkung der Tanzbarkeit einer Aufnahme – ein Effekt, der sich in der Dance Hall schnell durchsetzen konnte.

U-Roys DeeJay-Revolution begann an einem heißen Nachmittag in King Tubbys Studio, als Tubby vorschlug: »make we cut two dub«. Während der Rhythm-Track lief und Tubby daraus einen Dub mixte, sprang U-Roy plötzlich auf und fing an, zur Musik zu toasten. Tubby war erstaunt, gab ihm ein Mikrophon in die Hand und nahm ihn über den Rhythm-Track auf. Als sie sich hinterher das Band anhörten, klang es so interessant, daß die beiden damit zu Duke Reid gingen, um bei ihm einige »Treasure-Isle«-Rhythm-Tracks mit U-Roys *DeeJaying* zu versehen. Duke Reid gefiel sehr gut, was er hörte, und er nahm mit U-Roy die drei legendären Stücke *Wake The Town*, *Rule The Nation* und *Wear You To The Ball* auf, die auf Anhieb die vordersten drei Plätze der Charts stürmten und sie mehrere Monate lang okkupierten. Begeisterte Fans, die im Sound-System die Dub-Plates dieser Titel gehört hatten, standen vor Duke Reids Studio Schlange und warteten darauf, daß die Platten aus der Presse kamen. U-Roy war eine Sensation – und blieb natürlich nicht lange allein. Viele DeeJays folgten seinem Beispiel und modifizierten das DeeJaying fortwährend durch ihren eigenen Stil (z. B. einen besonderen Sprechrhythmus, eine extrem hohe, tiefe oder rauhe Stimme oder durch eigenwillige Scat-Phrasen. Mei-

U-Roy

stens diente (und dient) den DeeJays die Instrumentalversion auf der B-Seite einer Single – auf der die Strophen des Gesangs ausgeblendet sind, während der Refrain oftmals hörbar bleibt – als Backing für seine Toasts. Der DeeJay kann sich so mit seinen Reimen auf die Gesangsversion beziehen oder den Refrain des Sängers kommentieren (wodurch ein Stück z. B. auch ironisch umgedeutet werden kann). Er kann auch ganz unabhängig seinen Text toasten, dem »Selfpromoting« (Angeben) und »Boasting (Eigenlob und »Großsprechen«) frönen, oder er verkündet explizite Details seines Sexuallebens (»Slackness«). Übrigens lassen sich Boasting und Slackness ganz hervorragend kombinieren! Den Gegenpol dazu bilden die »cultural«-DeeJays, deren

Texte im wesentlichen die Lehre der Rastafaris zum Inhalt haben. Grundsätzlich aber besteht der Reiz der DeeJay-Texte in ihrer Reflexion alltäglicher und lokaler Geschehnisse. Der DeeJay ist (früher mehr als heute) so etwas wie eine »Talking Drum«, ein Medium für Klatsch, Tratsch und Alltagsneuigkeiten. So berichtete z.B. die jamaikanische Tageszeitung »The Gleaner« 1982 von zwei lesbischen Frauen, die sich angeblich so miteinander »verhakt« hatten, daß sie im Krankenhaus voneinander getrennt werden mußten. Was für ein Thema für die DeeJays! Monatelang reimten sie ihre Kommentare über diesen Vorfall und stachelten sich gegenseitig zu immer absurderen »Versions« an. Andere Themen waren z.B. die Benzinknappheit Mitte der achtziger Jahre oder der Wirbelsturm Gilbert, der 1990 über Jamaika hinwegfegte (und den Preis für ein *gekühltes* Bier auf zehn Dollar steigen ließ). Monatelang wurde auch darüber gestritten, ob Leggins oder HotPants mehr Sexappeal haben, braune oder schwarze Mädchen usw. Sehr beliebt waren (und sind) auch verbale Schlachten zwischen zwei DeeJays, die sich auf ihren jeweiligen Platten gegenseitig beschimpfen, lächerlich machen oder Morddrohungen an den Kopf werfen. In jedem Falle sind DeeJay-Texte etwas für »Insider«, die entweder in Jamaika leben und die DeeJays so sehr schätzen wie die Klatschspalte im »Gleaner«. Oder es sind Fans im Ausland, denen die DeeJay-Texte zu beweisen scheinen, daß sie einer kleinen, ausgewählten Gruppe von »Wissenden« angehören.

Die Sänger, deren Hits in den Pioniertagen für eine DeeJay-Version herhalten mußten, befürchteten zunächst Verkaufsverluste für ihre Platten und bezeichneten die DeeJays als Imitatoren. Dieser Vorwurf traf halbwegs zu, solange die DeeJays den Songs durch ihre Zwischenrufe lediglich mehr Farbe und Lebendigkeit verliehen, war aber spätestens nach dem Auftreten U-Roys nicht mehr zu rechtfertigen. Mit U-Roy entwickelte sich ein vollkommen eigenständiges Genre, das bald die gleiche Wichtigkeit und Präsenz im Reggae hatte wie die gesungenen Stücke. Seit Beginn der achtziger Jahre hat das getoastete DeeJaying mit Protagonisten wie Yellowman oder – in jüngster Vergangenheit – Shabba Ranks sogar die Oberhand gegenüber allen anderen Spielweisen des Reggae gewonnen.

Aber zurück in die frühen siebziger Jahre. Zu dieser Zeit war es zweifellos U-Roy, der den Ton angab – er war unschlagbar, obwohl es starke Konkurrenten gab. Da war z. B. Dennis Alcapone (alias Dennis Smith), der ein immens populäres Sound-System namens »El Paso« betrieb. Er ließ sich von U-Roy inspirieren, griff selbst zum Mikrophon und entwickelte einen vollkommen eigenen Stil, der wie eine Mischung aus dem Toasting der Ska-Zeit und U-Roys neuem DeeJaying klang und von schrillen »Eieiei«-Ausrufen – dem Markenzeichen Alcapones – durchsetzt war. Sein witziger und sehr prägnanter Stil wurde bald vom Produzenten Keith Hudson entdeckt, der zuvor Sänger wie Ken Boothe, John Holt und Delroy Wilson produziert hatte und sich nun dem neuen, faszinierenden DeeJay-Phänomen zuwandte. Er war es, der Alcapones hohe Stimme zum ersten Mal auf Vinyl bannte und viele Hits (z. B. *Spanish Omega*) mit ihm produzierte. Zuvor hatte Hudson mit dem großen U-Roy die Platte *Dynamic Fashon Way* aufgenommen, die heute als die erste »moderne« DeeJay-Platte gilt. Er war für diesen Song angeblich mit U-Roy im Studio noch bevor Tubby ihn zu Duke Reid brachte! Auch war es Hudson, der U-Roys Nachfolger Big Youth mit dem Megaseller *Skank* (Hudson war Motorrad-Enthusiast) ins Rennen schickte.

Doch bevor das geschah, sprang ein weiterer junger Sänger auf den DeeJay-Zug auf: David Scott wurde Scotty und stellte mit seinen witzigen Texten die Dance Hall auf den Kopf. 1970 landete er mit dem Stück *Sesame Street*, in dem er seinen Zuhörern im Stil der bekannten amerikanischen Vorschul-Kindersendung das Buchstabieren beibringt und ihnen anschaulich erklärt, was »nah« und was »fern« bedeutet, auf Platz drei der Charts. Mit seinem Produzenten Derrik Harriot zauberte er in der Folge viele sehr amüsante »Unbelievable Sounds« (Plattentitel), die U-Roy und Alcapone das Fürchten lehrten.

Die größte Herausforderung aber war Big Youth, der DeeJay beim »Tippertone«-Sound-System war und zunächst seinem

Dennis Alcapone 1992

Vorbild U-Roy zum Verwechseln ähnlich klang. Doch schon nach wenigen Monaten im Geschäft sprudelte aus seinem mit gravierten Goldzähnen bestückten Mund ein DeeJay-»Style«, der schließlich U-Roy, den Meister selbst, vom Thron stürzte. Big Youth (alias Manley Buchanan) gehörte zu einer neuen Kategorie von DeeJays, den cultural-DeeJays, die sich nicht nur als Entertainer, sondern vor allem auch als »Lehrer« verstanden. Big Youth war die Stimme aus dem Ghetto, die sich gegen das Babylon-System erhob. Zunächst startete er mit *Fun-Lyrics* über Motorräder (*Skank*) oder Boxkämpfer, bezeichnete sich aber bald schon als »Screaming Target«, als menschliche Zielscheibe, wie sie jeder Ghetto-Bewohner für das Babylon-System darstelle.

Für seine »Brüder aus dem Ghetto« – größtenteils Analphabeten – war er ein »human Gleaner«, eine sprechende Zeitung, Zentrum ihres kommunikativen Austausches. Stücke wie *House Of Dreadlocks* und *Natty Cultural Dread* etablierten ihn als Rasta, der den unbekümmerten Spaß der Dance Hall mit der tiefen Religiösität und dem Rebellentum des Rastafari-Glaubens zu verschmelzen verstand. Sein Erfolg damit war beträchtlich: 1973 stammten fünf Platten der jamaikanischen Top-Ten von Big Youth. Bob Marley attestierte ihm zwei Jahre später, sein Lieblings-DeeJay zu sein.

Zeitgleich mit Big Youth schlugen sich zwei weitere DeeJays via Platte um die Gunst des Publikums. I-Roy verhöhnte Prince Jazzbo: »Jazzbo, if you were a jukebox, I wouldn't put a dime into your slot!« Jazzbo antwortete: »I-Roy, you are a boy, move out de way, cause you imitate the great U-Roy!« Die Kontroverse setzte sich über mehrere Singles fort, an denen sowohl I-Roy, als auch Jazzbo recht gut verdienten.

I-Roy war ein Mann, der die Auseinandersetzung liebte und sich gelegentlich auch mit Altmeister U-Roy anlegte. Ansonsten zog er es vor, über Sex zu toasten oder gab – ganz im Gegensatz dazu – politisch engagierte Lyrics zum Besten. Interessanterweise benutzte er als einziger DeeJay Standard-Englisch und korrekte Grammatik statt des sonst üblichen schweren Patois-Dialektes.

Prince Jazzbo hingegen definierte sich durch seine eigentümlich zähe und voluminöse Vortragsweise, die dem immer langsamer werdenden Beat des Roots-Reggae sehr gut entsprach. Seine hypnotisch-träge Stimme verkörperte die »Coolness« der jungen Generation, die sich dem »Rat-Race« Babylons durch Nichtstun zu entziehen wußte. Mit seinem großen Hit *Step Forward Youth* schürte er die rebellische Gesinnung seiner Zuhörer. Das Stück wurde (unfreiwillig?) zum Wahlaufruf für die sozialistische Partei Jamaikas (PNP) – was in den Zeiten politischer Unruhen in Jamaika ein gewagtes Bekenntnis war.

Der jamaikanische Talk-Over-Style begann im internationalen Musikgeschäft Fuß zu fassen. Im Zuge von Bob Marleys internationalen Erfolgen erlebte der Reggae nach 1969 seine zweite Popularitätswelle. Europa und Amerika entdeckten daher zumindest in Ansätzen auch das DeeJay-Phänomen, das sich, parallel zu Marleys Karriere, in Jamaika zur stärksten musikalischen Kraft entwickelt hatte. Über den jamaikanischen – aber in New York lebenden – Sound-System-Betreiber DJ Kool Herc, hielt das jamaikanische DeeJaying seinen Einzug in die Bronx und initiierte die Entstehung des Rap und HipHop maßgeblich. Da die New Yorker Afroamerikaner keinen Reggae mochten, war Kool Herc gezwungen Funk- und Latin-Platten aufzulegen und zu ihnen zu toasten. So wurde er der erste Rapper der Bronx!

Dillinger eroberte derweil von Jamaika aus die europäischen Hitparaden. Er hatte mit *CB 200* (einer Hymne auf ein Honda-Motorrad, das Statussymbol aller Rude-Boys) und *Cocain In My Brain* zwei internationale Hits, von denen letzterer 1978 die Nummer Eins in den holländischen(!) Charts wurde. Dillinger bekam einen Plattenvertrag mit »Island-Records« in England, die seine Platten international vertrieben.

Tapper Zukie, ein weiterer DeeJay dieser Zeit, erntete Ruhm, als er 1976 als »Special Guest« mit Patti Smith durch England tourte. Sein (in England aufgenommener) Hit *M.P.L.A.* schien ein Solidaritätsplädoyer für die schwarzen Guerilla-Brüder in Angola zu sein (was ihm das Lob der britischen Musikpresse einbrachte), handelte aber ausschließlich (wenn überhaupt) von der verheißenen Rückkehr der Rastas in ihre afrikanische Heimat: »MPLA/Natty goin' on a holiday«. Auch Zukie kam in den Genuß eines Plattenvertrages mit einem Major (»Virgin-Records«) und wurde international vermarktet.

Aber auch ernste, engagierte und durchdachte politische Statements wurden etwa zur gleichen Zeit per Sprechgesang über die Reggae-Musik transportiert: Linton Kwesi Johnson, der in London lebende politische Dichter, begann damit, seine bereits in Buchform erschienenen Gedichte zur Dub-Musik vorzutragen. 1978 nahm er seine Debut-LP mit dem Titel *Dread Beat An' Blood* auf. Seine Idee war zweifellos von der Vortragsweise eines U-Roy, I-Roy oder Big Youth inspiriert, aber sein Stil war nicht vergleichbar. Mit monotoner – aber um so eindringlicherer – Stimme sprach er seine politischen Poeme über einen tiefen, suggestiven Dub-Beat, der seine Aussage nachdrücklich pointierte. Seine im Patois-Dialekt vorgetragenen Gedichte sind »orale Poeme«, die er angeblich »mit einer Bassline im Kopf« geschrieben hatte. Politisch wie künstlerisch ist Linton Kwesi Johnson eine komplexe Persönlichkeit; er selbst versteht sich mehr als politischer Aktivist, denn als Reggae-Musiker. Als Mitglied eines politischen Kollektivs gab er das marxistisch orientierte »Race Today«-Magazin heraus und setzte sich für die Gründung schwarzer Gewerkschaften ein. In seinen Dub-Poems prangerte er die polizeiliche Willkür gegenüber den schwarzen Briten und deren soziale Diskriminierung an. Den unpolitischen Rastas hielt er entgegen, daß Religion ein Betäubungsmittel sei, eine Flucht vor der Wirklichkeit. Anstatt auf die Erlösung durch Jah zu warten, forderte er politischen Aktivismus.

Linton Kwesi Johnsons Dub-Poetry beeinflußte einige jamaikanische Dichter so stark, daß sie ebenfalls begannen, ihre Texte zu Dub-Musik vorzutragen. Oku Onuora, Michael Smith und Mutabaruka sind hier zu nennen, die gewissermaßen eine intellektualisierte Form der Rasta-Philosophie vertraten. Zu Beginn der achtziger Jahre wurde noch viel Hoffnung in die Dub-Poetry gesetzt, aber leider blieb sie doch nur eine Randerscheinung, der es nicht gelang, sich als eine beständige Reggae-Stilrichtung zu etablieren.

Etwa zur gleichen Zeit – Ende der siebziger Jahre – wurde Coxsone Dodd in Jamaika noch ein letztes Mal aktiv und bereicherte das DeeJaying um eine interessante Variante; er reaktivierte seine alten »Studio One«-Rhythm-Tracks und ließ das DeeJay-Duo »Papa Michigan & General Smiley« darüber toasten. Die rhythmischen und tonalen Möglichkeiten einer DeeJay-Performance verdoppelten sich dadurch: »Michigan & Smiley« wechselten sich beim Reimen in jeder Zeile ab und schienen so eine Konversation zu führen. Ihr DeeJaying hatte gegenüber der Solodarbietung mehr Dynamik und Abwechslung und bot auch inhaltlich mehr Variationsmöglichkeiten.

Yellowman

Es ist unmöglich, alle DeeJays der siebziger und frühen achtziger Jahre aufzuzählen. Zu schnellebig war (und ist) das Geschäft, zu schnell entstanden neue Moden, neue Styles und mit ihnen neue Namen. Besondere Beachtung verdient jedoch der Albino Yellowman, der in den frühen achtziger Jahren den Dance-Hall-Reggae mit seinen Slackness-Lyrics anführte. Yellowmans Plattenumsätze sind bis heute ungeschlagen. Er verkaufte weltweit mehr Platten als jeder andere DeeJay-Star vor ihm und galt als »der zweite U-Roy« des Reggae. Aber mit ihm war das DeeJay-Phänomen noch lange nicht an sein Ende gelangt. Zehn Jahre später sollte Shabba Ranks den Grammy gewinnen, doch das steht in einem anderen Kapitel...

Catch A Fire

Bob Marleys internationaler Durchbruch
(1970–1973)

Mit Beginn der neuen Dekade nahm auch für Bob Marley und die »Wailers« eine Entwicklung ihren Anfang, in deren Verlauf sich ihre zunehmend kommerzieller arrangierte Musik im lukrativen, internationalen Rock-Markt etablieren sollte. Ihr Weg führte nach ganz weit oben...

Geebnet wurde dieser Weg zunächst durch die ohnehin in kommerziellen Gefilden bewanderte JAD-Produktionsgesellschaft von Johnny Nash und Danny Sims, bei denen die »Wailers« immer noch als Songschreiber unter Vertrag waren.

Nash und Sims lösten Anfang 1970 den jamaikanischen Sitz ihrer Gesellschaft auf und flogen nach Schweden, wo Nash die Hauptrolle in einem Musikfilm spielen sollte. Sims lud Bob ein, ebenfalls nach Schweden zu kommen, um dort am Soundtrack des Films mitzuarbeiten – ein interessantes Angebot, das Bob sofort annahm. Während Bobs Abwesenheit blieben die »Wailers« – die inzwischen durch die Barrett-Brüder verstärkt worden waren – in Kingston zurück und produzierten für Peter »Touch« (Tosh) einiges unbedeutendes Material mit Lee Perry. Rita und ihre Kinder Sharon, Cedella und der inzwischen geborene Ziggy lebten indessen bei Bobs Mutter in Delaware.

Im kalten schwedischen Winter arbeitete Bob mit dem Keyboardspieler von Nash, John »Rabbit« Bundrick, an neuen Songs sowohl für den Film als auch für ein geplantes Album für Nash, das Sims in London an die große Plattenfirma CBS zu verkaufen beabsichtigte. Nachdem ihm dies gelungen war, verließen Nash, Sims, Rabbit und Bob Schweden, ohne den Film fertiggestellt zu haben, und gingen nach London, wo sie sich mit dem Rest der »Wailers« trafen und im CBS-Studio ihre Stücke *Stir It Up*, *Guava Jelly* und *Comma Comma* für das Nash-Album einspielten. Da die Stücke für ein internationales Soul-Publikum produziert wurden, arrangierte Rabbit sie seicht, glatt und geschmäcklerisch (später fügte er gar noch Streicher und Synthesizer-Sequenzen hinzu). Danny Sims hoffte jedoch, auch Bob Marley und die »Wailers« mit ihrem authentischen Reggae-Sound bei CBS unter Vertrag zu bringen, weshalb er mit ihnen den Marley-Song *Reggae On Broadway* in London aufnahm. Bevor jedoch das geplante »Wailers«-Album in Angriff genommen werden sollte, trieben Nash, Sims und Rabbit die Nachbearbeitung der Nash-LP voran und Bob Marley kehrte mit den unter Heimweh leidenden »Wailers« im Frühling des Jahres 1971 wieder ins warme Jamaika zurück, wo ihre Kreativität spontan zu explodieren schien. Voller Ideen und unter der Leitung ihres neuen Managers, Alan »Skill« Cole (ein Fußballstar und enger Freund von Bob), nahmen sie im »Dynamic«-Studio und im neugegründeten Studio von Harry Johnson dutzende neuer Stücke auf, die u. a. für das geplante CBS-Album vorgesehen waren. Bereits zwei Monate nach ihrer Rückkehr veröffentlichten sie das Stück *Trench Town Rock*, mit dem sie den unterprivilegierten Ghettobewohnern eine selbstbewußte Stimme verliehen und mit Stolz von ihrer armen Herkunft sprachen. *Trench Town Rock* war keine unverbindliche Solidaritätserklärung mit den Menschen der Armenviertel Kingstons, sondern ein stolzes Selbstbekenntnis der »Wailers« – und zugleich ein provokanter Verweis auf die anstehende Revolution der »Sufferers«, die dann im *Roots-Reggae* zentrales Thema werden sollte. Mit diesem Song, der fünf Monate die Nummer Eins der Charts belegte, etablierten sich die »Wailers« als die »rebellische Stimme« des Ghettos und knüpften indirekt an ihre Rude-Boy-Attitüde vergangener Tage an. Das Stück bedeutete für sie den entscheidenden Durchbruch, der ihnen seit den Tagen des Ska versagt geblieben war. Für die armen Bewohner Kingstons wurden die »Wailers« zu Nationalhelden.

Endlich war es Bob Marley gelungen, einen großen Hit in eigener Verantwortung zu produzieren und dessen Gewinne auch tatsächlich in die eigene Tasche fließen zu lassen. Das Geld reichte nun endlich, um den lang gehegten Traum vom eigenen

Label zu verwirklichen. Bob und Rita gaben ihren winzigen Plattenladen auf, und bauten ihr Label »Tuff Gong Records« auf, das zwar formal schon länger existierte, aber aufgrund mangelnder Mittel für Promotion und Vertrieb brachlag.

Mit dem eigenen Label im Rücken begannen die »Wailers« nun weitere Songs für sich zu produzieren, z. B. *Lick Samba, Midnight Ravers, Craven Choke Puppy, Satisfy My Soul, Redder Than Red, Hurting Inside* und das großartige *Mr. Chatterbox*, das sie für den Produzenten Bunny Lee einspielten. Mit Blick auf das geplante CBS-Album der »Wailers« entstanden in den Jahren 1971/72 unter der Regie von Lee Perry eine Reihe schöner Songs wie *Screwface, Natural Mystic, Concrete Jungle, Satisfy My Soul* oder *Long Long Winter* sowie das großartige Stück *Rainbow Country* (das in diesen Jahren nur als Dub-Plate kursierte und das erste Reggae-Stück war, auf dem eine Drum-Machine benutzt wurde). Perrys Sound war psychedelischer und mystischer denn je, und viele Songs enthielten eine Vorahnung dessen, was später im »Black Ark«-Studio entstehen würde.

Die meisten dieser Stücke erschienen unter dem Banner des neuen »Tuff Gong«-Labels und es war deutlich zu spüren, daß sich eine große Veränderung anbahnen würde, die den internationalen Durchbruch und damit das ganz große Geschäft für die »Wailers« bedeuten könnte. Natürlich blieben so kurz vor dem Ziel Spannungen innerhalb der Gruppe nicht aus, bei denen es immer wieder um Macht, Geld, Neid und künstlerische Differenzen ging. Für alle Mitglieder der »Wailers« war klar, daß der Reggae im Begriff war, die Welt zu erobern – und daß sie ein großes Stück des Kuchens für sich selbst abschneiden wollten. Perry Henzells Film *The Harder They Come* mit Jimmy Cliff, der gerade für den internationalen Markt gedreht wurde, war nur die Spitze einer zu diesem Zeitpunkt stattfindenden – und allen jamaikanischen Musikern bewußten – Entwicklung, in deren Zuge die Reggae-Musik von der durch Langeweile und Inspirationslosigkeit gelähmten westlichen Pop-Welt entdeckt wurde.

Bob Marley

Zur gleichen Zeit bahnte sich ein mehr oder weniger stark ausgeprägtes Bündnis zwischen den »Wailers« – insbesondere Bob – und dem Ministerpräsidentschaftskandidaten der PNP, Norman Manley, an, der seine Wähler verstärkt unter den Rastas und im Ghetto suchte. Einige Wochen lang begleitete Bob die Wahlkampfumzüge der PNP und spielte seine Lieder auf deren Veranstaltungen. Da viele Reggae-Musiker mit Manley sympathisierten und Songs zu seinen Gunsten komponierten, beschloß die amtierende Regierung, die Platten dieser Sänger aus dem Radio zu verbannen. Für Bob Marley bedeutete dieser Boykott fehlende Charts-Plazierungen und niedrige Verkaufszahlen, so daß er sich entschloß, im Wahljahr keine einzige Single zu veröffentlichen.

Inzwischen war Johnny Nashs Album *I Can See Clearly Now* in England veröffentlicht worden und begann unaufhaltsam die Charts nach oben zu klettern. Danny Sims hoffte, die »Wailers« im Windschatten dieses Albums ebenfalls zum Erfolg zu führen und drängte CBS, die »Wailers«-Single *Reggae On Broadway* zu veröffentlichen. Als dies Ende 1971 endlich geschah, flogen die »Wailers« wieder nach London. Bob erwartete, daß seine internationale Karriere nun in Gang käme – aber er hatte sich geirrt. CBS steckte alle Energien in die Promotion der Nash-LP und vergaß darüber die ordentliche Vermarktung der Marley-Single; es verkauften sich gerade einmal dreitausend Exemplare. Die »Wailers« waren frustriert, und die Spannungen in der Gruppe erreichten schließlich ihren Höhepunkt, als Bob, Bunny, Peter und die Barrett-Brüder sich eines Morgens von Sims und Nash verlassen, ohne einen Pfennig Geld und ohne Rückflugtickets nach Jamaika in ihrem billigen Hotelzimmer wiederfanden. Nash und Sims waren bei Nacht und Nebel nach New York abgereist, um auch dort ihr Album *I Can See Clearly Now* zum Erfolg zu führen.

Doch diese niederschmetternde Situation der »Wailers« entpuppte sich zugleich als ihr größtes Glück, denn an diesem Punkt sollte die atemberaubende internationale Karriere der »Wailers« ihren Anfang nehmen. Der Promoter Brent Clarke, der ihre Single *Reggae On Broadway* für CBS betreute, nahm sich ihrer an. Durch ihn kam der Kontakt zum Chef einer anderen Plattenfirma zustande, der in den sechziger Jahren bereits erfolgreich Reggae in England vermarktet hatte und nun sein Geld im großen Rock-Business verdiente: Chris Blackwell.

Blackwell war zwar in London geboren, hatte seine Kindheit aber im großen Herrenhaus seiner reichen Eltern auf Jamaika verbracht und war recht früh mit der jamaikanischen Musikszene in Berührung gekommen. Er war einer der ersten Produzenten, der seine Aufmerksamkeit dem lokalen R'n'B geschenkt und mit einheimischen Sängern in Jamaika gearbeitet hatte. Seinen ersten großen Hit hatte Blackwell 1961 mit *Little Sheila* von Laurel Aitken. Als die Konkurrenz in Jamaika mit Entstehung des Ska zuzunehmen begann, entdeckte er den britischen Markt für diese Musik und gründete 1962 seine Firma »Island Records« in London. Viele jamaikanische Produzenten schlossen mit ihm Verträge und ließen ihre Platten durch »Island -Records« in England vertreiben (einer jener jamaikanischen Produzenten mit denen Blackwell zusammenarbeitete war Leslie Kong, der ihm u.a. Bob Marleys erste Platte *Judge Not* angeboten hatte). »Islands« großer Durchbruch kam 1964 mit dem Ska-Hit *My Boy Lollipop* von Millie Small, der sich weltweit sechs Millionen Mal verkaufte. Nach einer Tour nahm Blackwell die »Spencer Davis Group«, die als Vorgruppe für Millie spielte, ebenfalls für »Island« unter Vertrag. Damit war der erste Schritt in den Rock-Markt getan, den Blackwell mit Stars wie John Martyn, Cat Stevens, »Jethro Tull«, »Traffic«, »Emerson, Lake and Palmer« schließlich eroberte. Als ihm 1971 die »Wailers« (erneut) vorgestellt wurden, war er bereits Rock-Millionär – und hatte schon vor Jahren die Vermarktung jamaikanischer Musik eingestellt. Dennoch war er mit den Erfolgen der »Wailers« vertraut und sah in ihnen die Chance, den Reggae außerhalb der westindischen »Community« im internationalen Rock-Geschäft zu etablieren. So vertraute er Marley und seinen Freunden einen Vorschuß von viertausend Pfund an und beauftragte sie, in Jamaika ein Album für »Island Records« aufzunehmen. Die »Wailers« standen vor *der* Chance ihres Lebens, konnten sie doch selbständig und nach eigenem Gusto ein Album produzieren, das nicht, wie sonst im Reggae üblich, eine Sammlung der vorher erschienenen Singles darstellte, sondern auf eine gestalterische Einheit hin konzipiert war. Damit steigerten sich die kreativen Möglichkeiten um ein vielfaches.

Die Aufnahmen für das Album fanden Anfang 1972 in drei verschiedenen Studios statt: »Dynamic Sound«, »Randy's« und vor allem »Harry J's«, in das sich Chris Blackwell eingekauft hatte, weshalb sich die »Wailers« hier nicht um Studiozeiten zu kümmern brauchten. Bob, Peter, Bunny und die Barrett-Brüder spielten mit Hilfe einiger Gastmusiker wie Tyronne Downie (Keyboards), Franseeco (Percussion) und Robbie Shakespeare (Baß auf *Concrete Jungle*) mehrere alte Stücke neu ein und mischten diese mit den neuen Songs *Catch A Fire, Kinky Reggae, No More Trouble* und *Baby We've Got A Date*. Nachdem ein Teil der Produktion fertiggestellt war, kam Chris Blackwell nach Jamaika – wohlwissend, daß sein Vorschuß von viertausend Pfund sich durchaus in Ganjawolken aufgelöst haben konnte. Er war begeistert, als er feststellte, daß jede Pfundnote, die er gezahlt hatte, in eine Reggae-Note verwandelt worden war, und zahlte weitere viertausend Pfund, damit die Produktion zu Ende geführt werden konnte. Als die »Wailers« ihre Backings und den Gesang fertig aufgenommen hatten, flog Bob mit den Masterbändern nach London, um sie dort mit Blackwell abzumischen und um einige Musikspuren zu ergänzen. Was nun geschah sollte bezeichnend werden für die »Wailers«-Musik der folgenden Jahre: Die originären Reggae-Sounds wurden zu einem kommerziellen Rock-Crossover-Produkt umgeformt. So spielte der Rock-Gitarrist Wayne Perkins zwei kreischende Rocksoli über die Stücke *Concrete Jungle* und *Stir It Up*, Rabbit Bundrick legte Orgel- und Synthesizerharmonien darüber, weitere Percussions wurden hinzugefügt, und zu guter Letzt beschleunigte Blackwell die schleppenden Reggae-Rhythmen um einen Taktschlag, um sie den Hörgewohnheiten des

Rock-Publikums anzupassen. Anschließend wurden alle Stücke in einer mittleren Tonlage, unter Verlust der tiefen, schweren Bass-Sounds des Reggae, abgemischt und für die Pressung vorbereitet. Bevor die Masterbänder jedoch ihren Weg in das Preßwerk finden konnten, galt es ein entscheidendes Problem zu lösen: Bob Marley und die »Wailers« waren immer noch als Songschreiber bei Danny Sims unter Vertrag, der somit die Veröffentlichungsrechte an den aufgenommenen Stücken besaß und zudem der Meinung war, die »Wailers« seien durch ihn der CBS verpflichtet. Also flog Bob nach New York, um dort mit Sims über die Entlassung aus dem Vertrag zu verhandeln. Sims, der nach seinen Erfahrungen mit *Reggae On Broadway* ohnehin nicht mehr recht an einen Erfolg der »Wailers« glaubte, diktierte seine Forderungen: fünftausend Pfund, ein neuer Songwriter-Vertrag mit Bob und zudem zwei Prozent Gewinnbeteiligung an den ersten sechs Alben der »Wailers« für »Island Records«. Blackwell war einverstanden und zahlte, Sims kassierte und hatte die wertvollen Verlagsrechte an den künftigen »Wailers«-Songs. Bob Marley war nun frei und startete in eine vielversprechende Zukunft.

Im Dezember 1972 wurde das Album unter dem Titel *Catch A Fire* mit einem aufwendigen, als aufklappbares Feuerzeug gestaltetem Plattencover in England und Europa veröffentlicht; einen Monat später dann in den USA. Obwohl es sich nicht auf Anhieb in den erwarteten Stückzahlen verkaufte, waren die Kritiken in den einschlägigen »weißen« Musikmagazinen euphorisch – wenn auch etwas unbeholfen. Am treffendsten charakterisierte der Dub-Poet Linton Kwesi Johnson die Musik von *Catch A Fire*: »Es ist ein ganz neuer Stil jamaikanischer Musik entstanden. Er besitzt einen anderen Charakter und einen anderen Sound [...], den ich nur als ›International Reggae‹ bezeichnen kann. Er bezieht Elemente der internationalen Popmusik ein: Rock und Soul, Blues und Funk. Diese Elemente erleichterten den Durchbruch auf dem internationalen Markt [...]. Anstatt sich ausschließlich auf den tief-schweren Sound mit der Betonung auf dem Schlagzeug und dem Baß zu konzentrieren, hat man auf diesem Album einen ›höheren‹, leichteren Mix. Die Betonung liegt mehr auf der Gitarre und den anderen Füllinstrumenten. Auf keiner anderen jamaikanischen Aufnahme wurde bisher ein so deutlicher Versuch unternommen, sich die modernen, elektronischen Sounds der Metropolen-Musik einzuverleiben«.

War Ina Babylon

Der Roots-Reggae (ca. 1972 – ca. 1979)

Die frühen siebziger Jahre waren im Reggae von einem erneuten Tempowechsel gekennzeichnet. Unter maßgeblichem Einfluß von Lee Perry begann der Reggae-Rhythmus wieder deutlich langsamer zu werden. Ähnlich wie einige Jahre zuvor der Rocksteady, reflektierte auch dieser zähe, drückende und in Moll-Tonart gespielte Beat die soziale Depression und Unzufriedenheit der Ghettobevölkerung Jamaikas. Die optimistische Stimmung der fünfziger und frühen sechziger Jahre, die aufgrund des wirtschaftlichen Aufschwungs dieser Zeit und der Erlangung der Unabhängigkeit von England 1962 in Jamaika geherrscht hatte, war mit dem Ausbleiben sozialer Verbesserungen gegen Mitte der sechziger Jahre erlahmt und 1966 schließlich in pure Frustration umgeschlagen. Unter dem Einfluß der politischen Opposition, die den Unwillen der Menschen für sich nutzen wollte, stürzte Jamaika schließlich in einen Strudel der Gewalt, der die ganzen siebziger Jahre beherrschen sollte und die Bevölkerung in ständiger Angst leben ließ.

Das Erstarken der Rastafari-Bewegung und der an Marcus Garvey orientierten, nationalistischen Tendenzen in den frühen Siebzigern ist nur in direktem Zusammenhang mit der desolaten wirtschaftlichen und sozialen Lage der ansonsten so idyllischen Karibikinsel zu verstehen. Die neokolonialistisch geprägte wirtschaftliche Situation legte den Rastas überzeugende Beweise für die ausbeuterische Gewalt des Babylon-Systems vor: Drei Viertel der Industrie, zwei Drittel aller Finanzinstitute, Banken und Transportunternehmen, fünfzig Prozent der Touristikbranche sowie vierzig Prozent der Zuckerindustrie wurden von auswärtigen Investoren kontrolliert. Die Bauxit-Industrie (Abbau des Aluminium-Rohstoffes – Jamaikas größter Industriezweig) war gar zu hundert Prozent in den Händen der Engländer, Kanadier und US-Amerikaner. Die erwirtschafteten Gewinne flossen ins Ausland – und Jamaika dörrte finanziell aus. Der Regierung fehlte Geld für Hilfsprogramme und soziale Reformen; die Folge waren Arbeitslosigkeit, Armut und Unterernährung.

Die Ghettos begannen zu wachsen und die Rastafari-Religion fand unter den Slumbewohnern immer mehr Anhänger. Die sozialistische People's National Party (PNP) hatte dieses immer größer werdende Wählerpotential im Auge, als sie 1972 Delroy Wilsons Lied *Better Must Come* – das das Leid der Ghetto-Bewohner thematisierte – zu ihrem Wahlkampfslogan machte. Außerdem glaubten die Politiker, die Rastas von der göttlichen Bestimmung ihrer Politik überzeugen zu können, indem sie ihnen einen »Rod Of Correction« (Stab der Besserung) präsentierten, den Haile Selassie ihrem Ministerpräsidentschaftskandidaten Michael Manley überreicht hatte. Manley sollte als neuer »Josua« das Volk ins verheißene Land führen. Die regierende Jamaican Labour Party (JLP) behauptete daraufhin, selbst den wahren Stab zu besitzen, worauf in einem großen Medienspektakel der Besitzer des richtigen Stabes ermittelt wurde (die PNP). Die Farce endete mit einem erdrutschartigen Wahlsieg für die PNP, und Manley machte sich daran, die immensen sozialen Unterschiede zwischen Arm und Reich auszugleichen und die Wirtschaft in Schwung zu bringen. Sein Programm beinhaltete soziale Reformen wie die Verordnung von Mindestlöhnen, sozialen Wohnungsbau, Landreform und hohe Abgaben für die Bauxitindustrie. Manley scheiterte aber fast zwangsläufig am Unwillen ausländischer Investoren, sich in Jamaika unter diesen für sie ungünstigen Bedingungen zu engagieren. Manleys »demokratischer Sozialismus« führte somit zu einem Exodus vieler in Jamaika ansässiger Großunternehmer und weiter Teile der gebildeten Mittelklasse.

Mit den immer größer werdenden finanziellen Problemen der Regierung – die zudem von einem Boykott jamaikanischer Waren durch die USA geschürt wurden – wuchs auch die politisch motivierte Spannung innerhalb der Bevölkerung, die Mitte der siebziger Jahre in nahezu bürgerkriegsähnliche Zustände eskalierte. Die Geschichte des Roots-Reggae ist nicht zu lösen von diesem Hintergrund extremer politischer Gewalt. *War Ina Babylon*, der Titel eines Songs von Max Romeo (produziert von Lee Perry), charakterisiert die Situation Mitte der siebziger Jahre. Politische Gangs – von den Parteien finanzierte Terrorkommandos – lieferten sich blutige Schlachten um die territoriale Hegemonie in West-Kingston, dem Ghetto. »Gunmen« überfielen politische Veranstaltungen und feuerten wahllos in die Menge. Die Regierung verhängte den nationalen Notstand, und der »Gleaner« titelte: »Trench Town brennt«! Nach den Wahlen 1976 wurden die Toten gezählt: es waren zweihundert. (1980 waren es über fünfhundert.)

Viele Sound-Systems überstanden die Zeit des Terrors nicht, da sich das Publikum abends nicht mehr auf die Straße wagte. Auch die Regierung hatte wenig Interesse daran, daß sich in West-Kingston die unzufriedenen Ghettobewohner versammelten und den satirischen Kommentaren der DeeJays zuhörten. Reggae-Stars, die ihre politische Gesinnung auf Platte preßten, mußten in ständiger Todesangst leben. Die Reggae-Szene flüchtete sich entweder in die Traumwelt der Liebeslieder oder in ein allgemeines Klagen und die Beschwörung einer baldigen Heimkehr ins gelobte Land, nach Afrika. Was in Europa und Amerika als *Rebel Music* rezipiert worden ist, erweist sich bei genauem Hinsehen als Flucht aus einer unerträglich gewordenen Wirklichkeit. Rastafari, das Leiden im Ghetto sowie die politische Gewalt sind nicht voneinander zu trennen.

Die Ohnmacht der Ghettobewohner angesichts der wirtschaftlichen Ausbeutung Jamaikas und der unerträglichen politischen Gewalt, die hauptsächlich im Ghetto wütete, ließ sie Trost in der Heilserwartung der Rastafari-Religion suchen, die sich u. a. in der bewußten Abgrenzung vom westlichen Wirtschaftssystem (Rat-Race). Im Rasta-Glauben drückte sich ein kollektiver Eskapismus der Ghettobevölkerung aus, die hier ihre Ohnmacht in das Gefühl einer »höheren« Überlegenheit umwandeln konnte.

Der Reggae als eine Musik, die ihr Publikum überwiegend im

Ghetto fand und auch selbst dort entstanden war, begann diese Prozesse zu reflektieren: Es war die Geburt des Roots-Reggae.

Waren in den sechziger Jahren die an Rastafari orientierten Inhalte bei Ska und Rocksteady noch ausgesprochen selten (und von den Produzenten auch weitgehend unerwünscht), so wurde der Reggae der siebziger Jahre von ihnen beherrscht. Reggae begann, sich von seiner reinen Unterhaltungsfunktion zu lösen und einen Bewußtwerdungsprozeß der schwarzen Bevölkerung Jamaikas einzuleiten. Er schuf eine neue, auf Afrika ausgerichtete, kulturelle Identität, die ihrerseits wiederum die afroamerikanische Musikszene zu beeinflußen begann. Reggae war damit nicht länger reine Unterhaltung, sondern existenzieller Hoffnungsträger. Im Ghetto war er lebensnotwendig, als kollektiver Ausdruck der Sorgen und des Leids sowie als tröstende Heilsversprechung; er begann eine soziale Funktion zu übernehmen, die zuletzt der religiös-kultischen Musik der Sklaven zu eigen war.

So entfernte sich der Reggae von seinem Ursprung, der Dance Hall, und startete im Gefolge von Bob Marley in eine internationale Karriere, bei der er weitgehend die europäischen und amerikanischen Klischee-Vorstellungen von der sozialkritischen Botschaft einer Dritte-Welt-Musik bestätigte. Insbesondere die Love & Peace-Ideologie der Rastas wurde vom Westen der siebziger Jahre mit Wohlgefallen goutiert. Die vollständige Unvereinbarkeit der zentralen Aussagen der Rastafari-Religion (z. B. Rückkehr nach Afrika) mit den Lebensrealitäten europäischer und nordamerikanischer Reggae-Konsumenten wurde schlicht ignoriert. Für die uninspirierte und vor Überproduktion unter ihrem eigenen Gewicht zusammenbrechende angloamerikanische Popmusik (z. B. Glitter-Rock) verkörperte der unkomplizierte Sound des Reggae die Rückkehr zu einem von Neoromantismen geprägten Mythos der Ursprünglichkeit. Reggae und Rasta wurden im Westen zum esoterischen Gegenentwurf der eigenen, scheinbar sinnentleerten Welt. Die mythische Kraft der Rasta-Religion – gepaart mit den suggestiven Rhythmen des Reggae – bot somit erstaunlicherweise auch dem Westen die Vision einer »besseren« Welt – wenn diese auch, verglichen dem originären Bedeutungsgehalt der Roots-Inhalte, völlig neu interpretiert wurde. Die nahezu vollständige Vereinnahmung der Reggae-Musik durch die Rastafari-Inhalte führte vor allem im Europa und Amerika (aber auch in Afrika) zu einem weitgehend synonymen Verständnis beider Elemente. Reggae wurde als »Rasta-Musik« verstanden.

In Jamaika wuchs unterdessen aufgrund der katalysatorischen Wirkung des Reggae die Popularität der Rasta-Philosophie in rasanter Geschwindigkeit. Ihre zentrale Aussage, die schwarze Rasse sei die »superior race«, auf deren Wurzeln (Roots) es sich wieder zu besinnen gelte, ermöglichte es den Ärmsten der Armen, eigene Wertachtung und Stolz zu entwickeln. Rasta verkörperte auf einen Schlag die Erfüllung vieler Defizite der Ghettobevölkerung und entwickelte sich deshalb in Jamaika zur wichtigsten gesellschaftlichen und kulturellen Kraft, die vor allem – aber nicht nur – über die Reggae-Musik ihren Ausdruck fand.

Die neuen Inhalte des Reggae wirkten auch auf die Struktur der Musik: Depression, Spiritualität, Mystik und afrikanisches Bewußtsein fanden in dem sehr tiefen und immer langsamer werdenden Beat der Musik ihren Ausdruck. Der Rhythmus klang schwer und schleppend, während sich die immanente Spannung enorm verstärkte. Diese innere Spannung der im 4/4-Takt und in Moll-Tonart gespielten Stücke war Ergebnis einer polyrhytmischen Verschiebung eines an sich durchgängigen Grundmusters. Die verschiedenen Instrumente setzten unterschiedliche Betonungsschwerpunkte, die gegeneinander verschoben wurden. Die stark akzentuierte synkopische Struktur des Reggae unterscheidet ihn ohrenfällig von der Rock-Musik. Anders als im Rock betont der Reggae nicht die Zählzeiten 1 und 3, sondern akzentuiert durchgängig 2 und 4, die Afterbeats, die das auffälligste Stilmittel der Reggae-Musik sind. Schlagzeug und Offbeat-Sektion (Gitarre und Keyboard) werden synkopiert: im Rock spielt das Schlagzeug auf den Zählzeiten 1 und 3, im Reggae wird hingegen auf 1 (oft) eine Lücke gelassen, während auf 3 der von Bass-Drum und Snare-Drum gespielte »One Drop«

fällt. Dagegen »verschoben« klingen die Afterbeats der Offbeat-Sektion auf den (im Rock unbetonten) Zählzeiten 2 und 4. Der Rhythmus des Keyboards wird oft selbst wiederum durch die Orgel synkopiert, die in Achtel-Afterbeats auf den »und«-Zählzeiten einen verhältnismäßig tief gestimmten, pumpenden Rhythmus spielt, den »Bubbler«.

Eine besondere Rolle fällt im Reggae dem Baß zu, der im Laufe der siebziger Jahre immer stärker betont wird. Er spielt eine Bassline (»Riddim«), eine kleine zwei oder dreitaktige Tonfolge, die sowohl melodiöse als auch rhythmische Funktion besitzt. In sich durch einen Wechsel von »Space« (Pausen) und »Matter« (Ton) ausbalanciert, bildet diese kleine »Melodie« zu den anderen Instrumenten eine prägnante Gegenstimme und verleiht einem Rhythm-Track seine Identifizierbarkeit. Die Melodie-Linie des Basses wiederholt sich während eines Rhythm-Tracks beständig in Form einer Endlosschleife und wird oftmals mittels einer parallelen Gitarrenstimme eine Oktave höher gedoppelt. Die Bedeutung des Riddims ist im Reggae zentral; der Riddim definiert den Rhythm-Track und ist zugleich die wesentliche Konstante der Reggae-Tradition. So sind viele »Studio One«-Riddims aus den späten sechziger Jahren (oft komponiert von Leroy Sibbles und Jackie Mittoo) immer wieder Grundlage für neu aufgenommene Rhythm-Tracks, die unterschiedlichen Sängern oder DeeJays als Backing für ihre Lieder dienen. Insofern führt die Musik im Reggae eine von der Gesangsmelodie unabhängige Existenz. Dennoch bekommt ein Riddim seinen Namen meist von dem Lied, das zuerst zu ihm gesungen wurde, wie z. B. der *A Love I Can Feel*-»Riddim« oder der *Never Let Go*-»Riddim«.

Diese mögliche Trennung von stark rhythmisierter Musik und melodiösem Gesang führte im Zuge der Verbreitung von Mehrspur-Studios in Jamaika zwangsläufig zu der bereits erwähnten und für den Reggae spezifischen Produktionsmethode, die die Produzenten in den siebziger Jahren extensiv zu nutzen begannen: Die Rhythm-Tracks werden vom Produzenten und den Studiomusikern vorproduziert (oft werden alte Riddims neu arrangiert und eingespielt) und dann im Laufe der Zeit für Aufnahmen mit verschiedenen Sängern und DeeJays verwendet, die alle über diese gleichen Rhythm-Tracks singen oder toasten.

Einer der wichtigsten Produzenten der frühen siebziger Jahre, der (neben Lee Perry) diese Techniken und die neuen, »schweren« Sounds effektiv einzusetzen wußte, war ein Mann namens Winston Holness, legendär geworden unter dem Namen »Niney, The Observer«. In den sechziger Jahren arbeitete er mit Bunny Lee und (unter Joe Gibbs) mit Lee Perry zusammen. 1970 gründete er dann sein eigenes Label, auf dem er sogleich einen gigantischen Hit landete, der den neuen Beat des Reggae festigen sollte: *Blood And Fire*. Die Platte hatte ihn in der Tat einiges an Blut gekostet, denn Niney hatte das Stück gerade aufgenommen und als Dub-Plate gepreßt, als es ihm von Glen Adams, der als Studiomusiker für Lee Perry arbeitete, schon wieder gestohlen wurde: Adams kam in den Plattenladen von Bunny Lee – wo Niney sein neues Stück gerade stolz präsentierte –, riß die Acetatplatte vom Plattenteller und verschwand mit ihr in Richtung des Plattenladens der »Wailers«. (Später wurden die »Wailers« dann beschuldigt, ihr ähnlich klingendes Stück *Burning* von Niney »geklaut« zu haben). Um sein Dub-Plate wiederzuholen, ging Niney zu den »Wailers«, wo ihn Adams allerdings schon mit gezücktem Messer erwartete. Es folgte eine heftige Messerstecherei, bei der Niney an der Schulter schwer verletzt wurde. Blutüberströmt erreichte er schließlich mit dem zurückeroberten Dub-Plate das Plattenpreßwerk und konnte mit dem Geld, das ihm Produzenten-Kollege Clancy Eccles geliehen hatte lächerliche zweihundert Singles pressen lassen. Die Auflage war innerhalb weniger Stunden verkauft und Niney besaß nun das Geld, um das Stück nachpressen zu lassen. Ende 1971 hatte er über dreißigtausend Singles verkauft und die Platte wurde zur *Record Of The Year* gekürt. Niney kostete den hart erkämpften Erfolg aus, indem er gleich drei weitere Versionen des Stückes aufnahm.

Nineys Produktionen waren von kompromißloser Einfachheit und gewaltiger Kraft zugleich. Der Baß in seinem Stück *Ital*

Dennis Brown

Correction (ein Kommentar zum Zwist um den Rod Of Correction) war der wuchtigste, der bis dahin je in Vinyl gepreßt worden war. Niney hatte ein Gespür für harte, dichte, kraftvolle Rhythmen und avancierte zum Top-Produzenten der siebziger Jahre. Auf vielen seiner Produktionen sang er selbst; er arbeitete aber auch mit Spitzenleuten wie Big Youth, Max Romeo, Ken Boothe, Delroy Wilson und anderen. Vor allem seine Kooperation mit einem jungen aufstrebenden Sänger, der gerade einen großen Hit für Joe Gibbs in den Hitparaden hatte, sollte legendär werden. Es war der zukünftige »Kronprinz des Reggae«: Dennis Brown. Bereits als Dreizehnjähriger hatte er für Coxsone Dodd eine Reihe von Hits geliefert (*No Man Is An Island*, *If I*

Gregory Isaacs

Follow My Heart) und danach mit Produzenten wie Randy's, Lloyd Daley und Derrik Harriott zusammengearbeitet. 1973 sang Dennis Brown für den Produzenten Joe Gibbs seinen legendären Hit *Money In My Pocket*, zu einer Zeit, als Niney noch Hausproduzent für Gibbs war. Das war der Beginn einer außerordentlich fruchtbaren Zusammenarbeit zwischen Niney und Dennis Brown, die prompt drei große Hits in Folge hervorbrachte (*Westbound Train*, *Cassandra*, *I Am The Conqueror*). Im Laufe der nächsten drei Jahre sollten noch eine Reihe anderer folgen (z. B. *No More Will I Roam*, *Some Like It Hot*, *Wolfs and Leopards*). Niney ließ einige Stücke von King Tubby zu Dub-Versions mixen und veröffentlichte damit in England eines der ersten Dub-Alben überhaupt. Die harten Dubs knallten mit einer so enormen Wucht aus den Lautsprechern, daß der Fußboden zu vibrieren begann und die Studiobesitzer Angst um ihre technischen Geräte bekamen. In den Gesangsversionen betonte Niney die Gitarrenriffs von Earl »Chinna« Smith, dem Leadgitarristen der »Soul Syndicates«-Band, die als Studioband von

Sly & Robbie

Joe Gibbs fungierten; in den Dubs hingegen mixte King Tubby den »Flying-Cymbal«-Sound in den Vordergrund – ein Sound, für den Bunny Lee und seine Studioband, die »Aggrovators«, bekannt waren und der von allen anderen Studios kopiert wurde.

Mitte der siebziger Jahre, als der Roots seinen Höhepunkt erreichte, mußte auch dieser erfolgreiche Sound abdanken. Der Reggae-Rhythmus begann sich erneut zu wandeln, und der zischende Klang des halboffen geschlagenen Hi-Hats, der für den »Flying-Cymbal«-Sound charakteristisch war, mußte dem »revolutionären« Beat einer neuen Band weichen, die sich dementsprechend »Revolutionaries« nannten. Hier saß der innovative Schlagzeuger Sly Dunbar an den Drums und spielte einen militärisch anmutenden Beat, der als *Rockers*-Sound in die Reggae-Historie einging: Die Bass-Drum »marschierte« mit einem Schlag auf jeder Zählzeit durch den Rhythmus, während das Hi-Hat einen schnellen, treibenden Rhythmus spielte und die Snare auf der dritten Zählzeit im »Rim-Shot« (d. h. Fell und Schlagzeugrand gleichzeitig) angeschlagen wurde. Sly zur Seite stand ein ebenso revolutionärer Bassist: Robbie Shakespeare. Er spielte klare, inspirierte und kraftvolle Basslines, die Slys Rockers-Drumming kongenial ergänzten.

Sly & Robbie, die »Rhythm Twins«, trafen in den frühen siebziger Jahren zum ersten Mal aufeinander, als Sly mit den »Youth Professionals« in einem Club namens »Tit For Tat« spielte und Robbie Bassist bei den »Hippie Boys« war, die genau gegenüber im »Evil-People«-Club auftraten. In den Pausen gingen sie jeweils hinüber in den anderen Club um sich gegenseitig zuzuhören. Sly Dunbar hatte bereits 1969 auf dem Ansell Collins-Stück *Double Barrell* gespielt, war jedoch als Musiker noch unbekannt geblieben. Robbie hingegen hatte Aston »Family Man« Barrett zum Mentor, von dem er auch mittels einer alten Gitarre das Baßspielen gelernt hatte. Beide standen noch am Beginn ihrer Karriere, als sie sich 1975 im »Channel One«-Studio der Hoo-Kim-Brüder wiederfanden. Von hier starteten Sly & Robbie die Rockers-Revolution des Reggae – paradoxerweise mit Neuaufnahmen alter »Studio One«-Riddims aus den sechziger Jahren.

Aber nicht nur die neue Spielweise der »Revolutionaries« machte das Studio berühmt, sondern auch sein einzigartiger Sound. Nur hier, im »Channel One«-Studio, war der Sound so dicht, so trocken und so schwer, daß in der Dance Hall die Wände vibrierten. Dieser Sound war großartig! Die Produzenten standen Schlange vor der Studiotür; Sly & Robbie spielten gelegentlich bis zu zwanzig Rhythm-Tracks an einem Tag ein.

Die beiden chinesischen Brüder JoJo und Ernest HooKim bauten ihr »Channel One«-Studio schon 1971, nachdem sie zuvor mit Glücksspielautomaten ihr Geld verdient hatten. Da sie beide keine Ahnung vom Musikgeschäft hatten, ließen sie sich einen Sound-Fachmann aus Kanada kommen, der ihnen nach einem Rundgang durch alle Studios der Insel riet, vor allem ein gutes Mischpult der Marke API zu kaufen und auf den überflüssigen Rest zu verzichten. Also installierten die Musikenthusiasten ihr eigens in Miami besorgtes API-Mischpult und setzten Sid Bucknor dahinter, der ja durch seine Zusammenarbeit mit Coxsone einige Erfahrung mit »Studio One«-Riddims vorweisen konnte. Erfahrung mit einem API-Mischpult – das auch nur vier Spuren besaß – hatte er allerdings nicht, so daß sich der versprochene Sound nicht einstellen wollte. Die HooKim-Brüder mußten nun trotz ihrer völligen Unkenntnis selbst zu den Reglern greifen. Nachts experimentierten sie in ihrem neuen Studio und morgens präsentierten sie, was sie gemixt hatten. Es war hervorragend! Ihr erstes Stück war *It's A Shame* von Delroy Wilson – ein Hit. Es folgten *Woman Is Like A Shadow* von den »Meditations« und *I Need A Roof* von den »Mighty Diamonds« – wieder Bestseller. Es schien bald, daß jede Platte, die das »Channel One«-Studio verließ, zum Hit wurde. »Recorded at Channel One« war Mitte der 70er eine Qualitätsgarantie ersten Ranges.

Unterdessen hatten Sly & Robbie ihr eigenes Label gegründet und ihre erste Platte aufgenommen: *Soon Forward* von Gregory Isaacs. Ihre Wahl fiel zu Recht auf einen der faszinierendsten Sänger, den der Reggae bis heute hervorgebracht hat. Seine sanft klagende Stimme und die subtilen Melodien, die aus feinsten Variationen dieser Stimme entstehen sowie nicht zuletzt seine unübertroffene, sinnliche Coolness haben ihm zu Recht den Titel des »Cool Ruler« eingebracht.

Er begann seine Karriere 1973 mit dem Produzenten Rupie Edwards, wechselte dann zu Prince Buster, um schließlich 1974 mit Errol Dunkley sein eigenes »African Museum«-Label zu gründen, auf dem u. a. Big Youth sein Debüt gab. Im gleichen Jahr hatte er selbst mit *Love Overdue* einen großen internationalen Hit. In der Folgezeit arbeitete der Cool Ruler mit fast allen wichtigen Produzenten der Insel (außer mit Coxsone) und erzielte mit *Mr. Know It All* für Ossie Hibbert seinen bis dahin größten Hit. 1976/77 jedoch mehrte sich sein Ruhm nochmals, als er begann, seine Stücke selbst zu produzieren – und dabei überragende Reggae-Klassiker schuf. Ab diesem Zeitpunkt schien Gregorys Kreativität geradezu zu explodieren: noch im gleichen Jahr veröffentlichte er mit *Cool Ruler* und *Soon Forward* zwei großartige Alben, die bis heute nichts von ihrer Frische und Schönheit verloren haben. Ebenso *My Number One*, eine Produktion von Alvin »GG« Ranglin, die zu Gregorys Hymne wurde und ihn als König des jamaikanischen *Lovers Rock* und als coolen Herzensbrecher etablierte. Er blieb diesem Image mit seinem folgenden Album *Lonely Lover* (neben »Cool Ruler« sein zweiter Ehrentitel) treu und schmeichelte sich dann 1982 mit *Night Nurse*, einer samtweich geflüsterten Bitte um besondere »nachtschwesterliche« Behandlung, international in die Herzen der Frauen. In der Folgezeit wurde es immer schwieriger, mit dem rasanten Veröffentlichungstempo des Cool Rulers Schritt zu halten; zwei Alben pro Monat waren keine Seltenheit – von den zeitgleich erscheinenden Singles ganz zu schweigen. Einige der schönsten Produktionen dieser Zeit entstanden während der Zusammenarbeit mit Gussie Clarke (z. B. *Private Beach Party*), die 1988 in dem gewaltigen Raggamuffin-Hit *Rumors* gipfelte und Gregory mit Macht in die Ära des harten Ragga-Sounds katapultierte – wo sich sein Output nochmals vervielfachte, diesmal aber leider auf Kosten der Qualität. Inzwischen ist Gregorys Liste an (teilweise recht obskuren) Veröffentlichungen nicht mehr zu überblicken und täglich kommen neue Singles hinzu. Seine Stimme hat gegenüber früher deutlich an Klarheit verloren – was nicht zuletzt daran liegt, daß er mittlerweile kaum noch Zähne im Mund hat –, seine Dreadlocks fielen kürzlich der Schere zum Opfer und seine Nase ist vom Aufsaugen der Kokain-Spuren gezeichnet. Und dennoch: Gregorys Songwriterqualitäten stehen denen von Bob Marley in nichts nach, und hätte der »Cool Ruler« nicht mit solcher Kompromißlosigkeit am originären Reggae-Sound festgehalten, so würde seine Popularität heute womöglich sogar die des »King Of Reggae« übertreffen.

Redemption Songs

Bob Marley wird Superstar (1973–1981)

Das Jahrzehnt des Roots-Reggae ist zugleich das Jahrzehnt von Bob Marley, der diese Musik in internationale Gefilde hinausgetragen hat. Aus diesem Grunde gilt der »Botschafter des Reggae« in Europa und Amerika auch als Inbegriff des Roots, ja geradezu als Synonym für »echten« Reggae – obwohl Marley keineswegs mit dem authentischen Sound des Reggae, sondern vielmehr mit einer Reggae-Rock-Hybride vor allem ein »weißes« Rockpublikum außerhalb Jamaikas erobert hat. Da aber genau dieses Publikum die »offizielle« Musikgeschichte schreibt, ist seine Wahrnehmung der Reggae-Musik und ihrer Protagonisten letztlich maßgeblich.

Die folgenden Jahre der Karriere Bob Marleys waren somit von einer merkwürdigen Ambivalenz geprägt: Zu einer Musik, die weitgehend auf europäische und angloamerikanische Hörgewohnheiten ausgerichtet war, vermittelte Marley in seinen Texten eine zutiefst religiöse und mystische Weltsicht, die in keiner Weise mit der Lebensrealität seines weißen Publikums vereinbar war, aber zugleich aufgrund ihrer Unverständlichkeit für dieses Publikum genügend Interpretationsspielraum bot, um die eigenen Wunschvorstellungen in sie hineinzuprojezieren. Der Mythos »Marley« begann zu wachsen …

Nur kurze Zeit nach Veröffentlichung ihres *Catch A Fire*-Albums, standen die »Wailers« 1973 schon wieder im »Harry J«-Studio und spielten neue Stücke für ein weiteres »Island«-Album ein, mit dem das wachsende internationale Interesse am Reggae, das u. a. durch den gerade in Amerika gestarteten Film *The Harder They Come* geweckt worden war, bedient werden sollte. Das bewährte Konzept, Neueinspielungen alten »Wailer«-Materials mit neuen Songs zu kombinieren und Rock-kompatibel zu arrangieren, wurde fortgeführt und mündete im Oktober des Jahres in dem von der Musikpresse bejubelten Album *Burnin'*. Viele potentielle europäische und amerikanische Fans, die das *Catch A Fire*-Album verschlafen hatten, sollten nun durch eine England- und Nordamerikatournee der »Wailers«, die einen Fernsehauftritt in der BBC und Auftritte in amerikanischen Radioshows einschloß, auf *Burnin'* vorbereitet werden – während damit zugleich auch *Catch A Fire* erneut beworben wurde.

Die Englandtour führte die »Wailers« durch dubiose schwarze Clubs, Kinosäle in London und winzige Pubs in der britischen Provinz, die sie mit einem kleinen Lieferwagen bereisten. Die Tour war erfolgreich genug, um das neue Album in die Hitparaden zu heben, doch sie hat sehr an der Freundschaft innerhalb der »Wailers« gezehrt. Zudem entwickelte der eher introvertierte Bunny Livingston eine tief empfundene Abscheu gegen das hektische Tourleben, das kalte Klima Europas und sogar gegen das Fliegen, so daß er nach der Rückkehr ins geliebte Jamaika beschloß, nie wieder mit den »Wailers« zu touren. Da jedoch noch die Nordamerikatournee ausstand, engagierten die verbleibenden »Wailers« ihren ehemaligen Gesangslehrer Joe Higgs als Ersatz für Bunny und starteten in den zweiten Teil ihrer Reise, bei dem sie überrascht feststellen mußten, daß sie vor einem zu fünfundneunzig Prozent »weißen« Publikum spielten – eine Tatsache, die auch den weiteren Verlauf der Karriere von Bob Marley und den »Wailers« prägen sollte.

Durch ihre Auftritte in Rock-Radioshows und als Vorgruppe von Stars wie Bruce Springsteen oder »Sly And The Family Stone« (Sly feuerte sie, weil sie das Publikum mehr begeisterten als er selbst) erlangten die »Wailers« schnell große Bekanntheit auf dem nordamerikanischen Kontinent und wurden von der Musikpresse gefeiert. Insbesondere Stücke mit reißerischen Titeln wie *Burning And Looting* und *I Shot The Sheriff* hatten es der Presse angetan, die mit Marley und den »Wailers« sogleich das Rebellentum identifizierten, das sich in der angloamerikanischen Pop- und Rockmusik im Zuge ihrer ausufernden Vermarktung bereits vor Jahren verflüchtigt hatte.

Während die »Wailers« in Amerika tourten, hatte Chris Blackwell das neue Album *Burnin'* und die Single *Get Up Stand Up* veröffentlicht (B-Seite: *Slave Driver*) und damit die »Wailers« erneut für eine kleine Promotion-Tour durch England verpflichtet. Entnervt, frustriert, zerstritten und erkältet kehrten Bob Marley, Peter Tosh und die Musiker im November vorzeitig von ihrem Tournee-Marathon nach Jamaika zurück und sagten die noch geplanten zehn Auftritte, darunter einen wichtigen Londoner Gig, ab. Peter Tosh war verärgert. Vor allem der Umstand, daß für die »Wailers«-Alben nahezu ausschließlich Kompositionen von Bob verwendet wurden, ließ ihn glauben, Chris Blackwell bevorzuge Bob Marley und baue ihn auf Kosten der anderen Bandmitglieder zum Star auf. Bunny Livingston hingegen litt nicht unter Profilierungssucht, sondern eher unter dem Gegenteil: Dem überzeugten Rasta ging das aggressive Rebellentum seiner Freunde zu weit; während Bob von »Revolution« und »Burning and Looting« sang, träumte er vom mystischen »Rasta-Dreamland« und von »Love & Peace«.

Die Konsequenz aus diesen Differenzen war offensichtlich: Das Ende der »alten« »Wailers« war unwiderruflich gekommen. Peter Tosh ging zu CBS und kam später beim »Rolling Stone«-Label unter Vertrag, während Bunny Wailer – wie er sich nun nannte – sein Soloalbum *Blackheart Man* bei »Island Records« veröffentlichte, bevor er sich ganz dem *Dancehall*-Sound verschrieb und für sein eigenes »Solomonic«-Label produzierte. Bob hingegen übernahm den Bandnahmen und die verbliebenen Musiker, den Vertrag mit »Island Records« und ein Haus, das Chris Blackwell ihm zum »Geschenk« machte...

Blackwells wiedererwachtes Engagement im Reggae-Geschäft hatte ihn nämlich veranlaßt, einen jamaikanischen Sitz seiner Firma »Island Records« aufzubauen, wozu er ein altes, zweistöckiges Herrenhaus an der Hope Road 56 »uptown« gekauft hatte, zu dem mehrere Morgen Land gehörten. Er hatte seine

Bob Marley

neue Adresse *Island House* getauft und lud Bob ein, dort zu leben und in einem kleinen Probenstudio neue Songs für ein weiteres »Island«-Album zu entwickeln. Bob gefiel das Island House gut, und er zog mit seinem Gefolge ein – Familie, Freunde, Glaubensbrüder, Musiker, die Rechtsanwältin Diane Jobson und einige schöne Freundinnen, zu denen er wechselweise ein Verhältnis hatte. Nach wenigen Wochen glich das Leben an der Hope Road dem einer religiösen Hippie-Kommune: Musik, Marihuana und freie Liebe gab es im Überfluß. Bob hatte ein kleines Zimmer im Obergeschoß, in dem er jeweils mit einer seiner Freundinnen die Nächte verbrachte (während Rita in einem anderen Raum schlief). Er hatte eine besondere Vorliebe für hellhäutige Fotomodells wie Ester Anderson oder Cindy Breakspeare, die später zur »Miss World« gekrönt wurde. Insgesamt zeugte Bob Marley weltweit zehn Kinder mit verschiedenen Frauen und machte vor seinen empörten Rasta-Brüdern (die seine Vorliebe für *weiße* Frauen nicht verstehen konnten – wenn sie auch sonst mit Promiskuität keinerlei Probleme hatten) und vor Rita Marley keinen Hehl aus seinen Liebschaften. Rita degradierte er derweil zu seiner Dienstmagd, die er brutal verprügelte, als er sie einmal mit einem anderen Mann überraschte.

Bob Marleys Tagesablauf begann vor Sonnenaufgang mit einem ersten Spliff. Nach dem Frühstück fuhren er und sein Freund Alan Cole, der Fußballspieler, regelmäßig zum Strand, um dort zu joggen und anschließend die Zutaten für das mittägliche »ital food« einzukaufen. Danach kehrte man in die Stadt zurück und schaute nach den Geschäften im hauseigenen »Tuff Gong«-Plattenladen, der die »Wailers«-Produkte exklusiv in Jamaika vermarktete (die Vertriebsrechte für den karibischen Markt hatten sich die »Wailers« in ihrem Vertrag mit Blackwell vorbehalten, um hinsichtlich des täglichen Bedarfs an Kleingeld nicht von den »Island«-Tantiemen abhängig zu sein). Vor der Rückkehr zum Island House machte Bob mit seinem neuen silberfarbenen BMW einen Abstecher ins Armenghetto, zu seinem »Herb«-Lieferanten, um sich dort mit dem Tagesbedarf für den Hope-Road-Clan einzudecken. Anschließend ging er mit Alan mehrere Stunden Fußball spielen, bis er sich schließlich gegen vier Uhr im Probenstudio hinter dem Haus mit der Band traf und dort bis spät in die Nacht neue Stücke einübte, arrangierte und komponierte.

Das Gelände des Hauses und das Island House selbst waren ein nahezu öffentlicher Treffpunkt für ein buntes und teilweise recht suspektes Volk, das von der Popularität Marleys – und seinem Geld – unwiderstehlich angelockt wurde: Schräge Gestalten aus dem Ghetto, die sich durchfüttern ließen, Rasta-Brüder, die hofften, einen Zug von der ewig kreisenden Ganjapfeife erhaschen zu können, »Groupies« der jamaikanischen Hip-Szene, verkannte Musiker, weiße Journalisten und Fotografen, aber auch Gangster, Gunmen und Drogendealer sowie der Ehrengast Michael Manley, der (fast) nebenan wohnte. Über dem Eingang des Hauses hing ein Schild dessen Aufschrift für sich sprach: »Willkommen! Bitte Schuhe ausziehen oder Füße abtreten.«

Die meiste Zeit des folgenden Jahres 1974 verbrachte Bob Marley damit, neue Songs für das dritte geplante »Island«-Album *Natty Dread* zu komponieren und aufzunehmen. Die Backing-Vocals von Bunny und Peter wurden nun ersetzt durch drei der besten (Solo-)Sängerinnen Jamaikas: Rita Marley, Judy Mowatt und Marcia Griffith, die *I-Threes*. Die Auflösung des alten »Wailers«-Trios war jedoch noch nicht offiziell und das jamaikanische Publikum hatte weder davon, noch von dem neuen Rock-Sound der »Wailers« bisher gehört, da die beiden »Island«-Alben in Jamaika ohne den Rock-Mix und die Gitarren-Overdubbs veröffentlicht worden waren. Zudem hatten die »Wailers« bereits seit über zwei Jahren keine Live-Konzerte in ihrem Heimatland mehr gegeben. Somit war ihr Auftritt in neuer Gestalt, als Vorgruppe von Marvin Gaye im *Carib Theatre* von Kingston ein spektakuläres Ereignis. Der Reggae-Rock der »Wailers« war für die Ohren der Einwohner Kingstons völlig neu und begeisterte vor allem die Jugendlichen des Mittelstandes, die von einer geheimen Liebe für den amerikanischen Hippie-Rock beseelt waren.

Der erfolgreiche Auftritt ermutigte Bob, den sehr rockigen

Song *Road Block* zu veröffentlichen, in dem er davon erzählt, wie er bei einer Straßensperre der Polizei sein Ganja fortwerfen muß. Die Platte wurde ein großer Erfolg in den Sound-Systems und den Plattenläden, wurde aber wegen seines subversiven Themas aus dem Radioprogramm von JBC und RJR verbannt. Bob und seine Freunde jedoch kannten ein altes Mittel dagegen, daß sie bereits als Rude Boys gelernt hatten. Bewaffnet mit Baseball-Schlägern und Springmessern machten sich Bob, Alan Cole und ein Gangster mit dem bezeichnenden Namen *Take Live* auf zu den Büros der Radiodiscjockeys und »überzeugten« diese davon, *Road Block* in ihre Playlist aufzunehmen, damit der Song Nummer Eins in den Charts werden könne – was er anschließend auch ohne weitere Verzögerungen tat.

Bob Marley konzentrierte sich nun wieder auf die Einspielung seiner neuen Stücke für das anstehende Album *Natty Dread* und flog im August 1974 mit den Masterbändern im Gepäck nach London zu Chris Blackwell, um die unbearbeiteten Tracks dort der üblichen Remix- und Overdubb-Prozedur zu unterziehen. Blackwell hatte mit Al Anderson einen geeigneten Blues-Gitarristen zur Hand, der die Stücke mit dem nötigen »Rock-Feeling« versah. Bob war so angetan von den Blues-Riffs Andersons, daß er ihn und seine Musik fortan zu einem festen Bestandteil der »Wailers« und ihres Rock-Sounds machte.

Natty Dread wurde schließlich im Februar 1975 veröffentlicht und festigte Marleys Ruf als Rebell. Stücke wie *Talking Blues*, in dem Marley davon singt, eine Kirche in die Luft zu sprengen, oder *Revolution,* in dem er behauptet, nur eine Revolution könne die Lösung bringen, waren Balsam in den Ohren der ausgehungerten amerikanischen Musikjournalisten, die geflissentlich darüber hinwegsahen, daß Marleys »Revolution« eine *Rasta*-Revolution und sein Anschlag auf die Kirche nur durch die Verehrung Haile Selassies motiviert war. Für sie war *Natty Dread* ein spektakuläres Manifest, ein offener Aufruf zur Rebellion, und der charismatische Bob Marley war das »Gewissen der Nation«.

Inzwischen waren auch die ersten Cover-Versions einiger

Marley-Songs in der amerikanischen Pop- und Rockszene aufgetaucht: Taj Mahal »coverte« *Slave Driver*, Barbara Streisand
Guava Jelly und Eric Clapton *I Shot The Sheriff*. Letztlich war
es Claptons Status als Rock-Gott, der Bob Marley die vorbehalt-
und restlose Anerkennung durch das Rock-Publikum einbrachte – rechtzeitig zum Start der *Natty-Dread*-Tournee.

Bob Marleys neuer Manager Don Taylor, den Bob auf dem
Marvin Gaye-Konzert in Kingston kennengelernt hatte, als dieser noch den Soul-Star managete, übernahm die Planung und
Koordination der bisher größten Tour der »Wailers«. Die Tour
startete im Juni 1975 in Florida und führte durch mittelgroße
Hallen (circa vierhundert Plätze) in ganz Kanada und Amerika.
Wieder bestand das Publikum der »Wailers« nahezu vollständig
aus weißen Jugendlichen, die Marleys Erscheinen auf der Bühne
mit »JAH-Rastafari«-Rufen begrüßten.

Auch die Musikjournalisten bekamen in ihren Interviews mit
Bob Marley im wesentlichen ausschweifende Rasta-Esoterik
und einige Bibelzitate zu hören. Marley verstand seine Medien-
popularität als eine zusätzliche Chance, die Botschaft Rastafaris
der Welt zu verkünden, erreichte mit seinen Interview-Predigten
aber statt seiner schwarzen »Brüder« und »Schwestern« wieder
hauptsächlich weiße Jugendliche.

Ein entsprechender Verkündungsgestus charakterisierte Bob
Marleys Bühnenpräsenz: Mit geschlossenen Augen stand er re-
gungslos vor dem Mikrophon, eine Hand an den Kopf gelegt,
während sich die andere mit erhobenem Zeigefinger dem Publikum entgegenreckte. Plötzlich schien dann die Spannung in seinem Körper zu explodieren, die Arme begannen zu rudern, die
Knie flogen in die Luft und mit der Energie eines Orkans wir-
belte er über die Bühne. Der Rhythmus detonierte und die Gitarren kreischten; die Show war perfekt! Marleys unermüdlicher
Perfektionismus, seine präzisen Arrangements und seine charismatische Ausstrahlung ließen jede Show zu einem Spektakel
werden, das Fans und Presse gleichermaßen begeisterte. Chris
Blackwell erkannte die außerordentliche Qualität und Stimmung der Live-Konzerte, und ebenso schnell erkannte er auch

deren kommerzielles Potential: Er nahm ein Live-Album auf, das nach der Tour unter dem Titel *Bob Marley And The Wailers Live!* erschien.

Während in Europa und Amerika dieses Live-Album als sensationelles Ereignis gefeiert wurde, erschütterte die Rasta-Gemeinde in Jamaika am 27. August 1975 ein ganz anderes Ereignis: Haile Selassie, den die Rastas für unsterblich hielten, war gestorben. Die Aufregung war groß, und auch in der Hope Road begann man die Göttlichkeit Selassies in Zweifel zu ziehen. Bob aber setzte sich ins Studio und improvisierte eine Rasta-Hymne, die alle Zweifel beseitigte: *Jah Lives*!

Ein anderes, keinesfalls unwichtigeres Ereignis fand Ende November in Jamaika statt. Stevie Wonder gab mit den originalbesetzten »Wailers« in Kingston ein Benefiz-Konzert für die jamaikanische Blindenschule. Wie in alten Tagen standen Bob, Bunny und Peter auf der Bühne und sangen *Rude Boy*. Es war ihr letztes gemeinsames Konzert.

Das folgende Jahr 1976 wurde in Jamaika beherrscht von bürgerkriegsähnlichen Zuständen auf den Straßen Kingstons; »burning and looting«, wie Marley es prophezeit hatte, war nun Realität geworden, allerdings in Form eines sinnlosen Mordens, anstatt durch eine konstruktive Rasta-Revolution, wie sie Marley vorgeschwebt hatte. Der anstehende Wahlkampf war im Begriff, zu einem Blutbad zu pervertieren, in dem jede Wahlaussage von Manley oder Seaga quasi ein Aufruf zum Mord wurde.

Bob Marley und sein Hope-Road-Clan spürten in ihrer Uptown-Residenz nicht allzuviel vom »War ina Babylon« und verbrachten die ersten Monate des neuen Jahres weitgehend im Studio, wo sie die Songs für ihr neues *Rastaman Vibration*-Album einspielten. Das aktuelle Album, *Natty Dread*, war zu einem weltweiten Erfolg geworden, der nun mit *Rastaman Vibration* noch überboten werden sollte. In England und Nordamerika galt Marley bereits als Kult-Star und das Musikmagazin *The Rolling Stone* wählte die »Wailers« zur »Band des Jahres«. Scharen von Musikjournalisten kamen nach Jamaika und bemühten sich um eine Audienz beim König des Reggae, die dieser ihnen auch stets gewährte. So entstanden unzählige Interviews, die immer um die gleichen Themen kreisten: die Schlechtheit des »Systems«, die Erlösung der Schwarzen durch Rastafari, die Kraft des Marihuanas, die Wahrheiten der Bibel. Marley übte eine magische Faszination auf seine weißen Interviewer aus, die ihm meist bei seinen esoterischen Diskursen nicht folgen konnten, dafür aber um so mehr aufhorchten, wenn Worte wie »Revolution« und »Kill the system« etc. fielen. Eine der unmißverständlichsten Antworten gab Marley einem Interviewer auf die Frage, ob seine Musik »antiweiß« sei: »Meine Musik kämpft für Rechtschaffenheit. Wenn du schwarz bist, und du tust Unrecht, dann ist das Unrecht. Wenn du weiß bist, und du tust Unrecht, dann ist das ebenfalls Unrecht. Es umfaßt alle! Ich bin nicht gegen weiße Menschen. Meine Musik kämpft gegen das System, und ich werde dies solange tun, bis ich zufrieden bin, weil ich sehe, daß die Menschen die Botschaft verstanden haben: Rastafari ist der Allmächtige, und wir schwarzen Menschen werden erlöst sein, wie alle anderen auch«.

Zurück in Amerika und Europa, saßen die Journalisten wieder vor ihren Schreibmaschinen und begannen damit, die Worte Marleys zu deuten und den »Mythos Marley« zu konstruieren; ihre Stories rankten sich um den »edlen Wilden«, der das nie eingelöste Versprechen der Rockmusik erfüllen und die Revolution herbeiführen würde. Manche Artikel bezeichneten Marley gar als »modernen Propheten«, als »rechtschaffenen Werber für Wahrheit und Gerechtigkeit« oder als »Che Guevara des Reggae«.

Das neue Marley-Album *Rastaman Vibration* sollte diesen Mythos scheinbar Lügen strafen: verschwunden war die aggressive Revolutionsrhetorik und die kriegerische Rude-Boy-Attitüde. Statt wie bisher in seiner Sturm und Drang-Mentalität einen Rundumschlag gegen das »System« schlechthin (was immer das auch sein mochte) zu führen, wurden Marleys Aussagen jetzt differenzierter, zugleich aber auch deutlich zurückhaltender. Ihr religiöser Charakter wurde jedoch so augenfällig wie nie zuvor; *Rastaman Vibration* wirkte dadurch beinahe etwas formelhaft und »rezitiert«, was unter anderem an den häufigen Bibelzitaten, aber auch am Stück *War* lag. In diesem Lied intonierte Marley den Wortlaut einer Rede Haile Selassies, in der er vom Befreiungskampf der afrikanischen Nationen gegen die rassistischen Regime in Mosambik, Angola, Rhodesien und Südafrika gesprochen hatte. Zum ersten Mal bezog Marley damit eindeutig Stellung: Er engagierte sich für den afrikanischen Befreiungskampf.

Obwohl die europäischen und amerikanischen »Wailers«-Fans durch diesen »Rückzieher«, als der sich das neue Album für sie darstellte, enttäuscht waren, eroberten poppige Stücke wie *Roots, Rock, Reggae* und der wie gewohnt sehr rockige Sound die Herzen einer neuen Generation von »Wailers«-Enthusiasten, die *Rastaman Vibration* zu Marleys größtem Verkaufserfolg (zu Lebzeiten) werden ließ. Um die Kompositionstantiemen dieses Megasellers nicht an Danny Sims abführen zu müssen, bei dem Bob immer noch als Songwriter unter Vertrag stand, war Bob Marley nur für drei Stücke des Albums offiziell als Autor aufgeführt, die restlichen Stücke wurden u. a. Vincent Ford zugeschrieben (obwohl sie ganz eindeutig aus Marleys Feder stammten), jenem Freund aus Trench-Town-Zeiten, mit dem der obdachlose Marley nachts eine Ecke des Yard zum Schlafen geteilt hatte. Wie gewohnt schloß sich der Veröffentlichung eine ausgedehnte Tournee durch Amerika und Europa an, die Marley auch zum ersten Mal in die Bundesrepublik Deutschland führte – wo er dann auch prompt wegen Besitzes von Marihuana verhaftet wurde.

Als Bob Marley und die »Wailers« im September nach Jamaika zurückkehrten, hatte sich die politische Lage in ihrem Heimatland deutlich verschlechtert. Jamaika schien ein Bürgerkrieg unmittelbar bevorzustehen; Michael Manley hatte den Ausnahmezustand ausgerufen. Zur Bekämpfung der eskalierenden Gewalt in Kingston wurde der bedrohliche »Gun Court« eingerichtet, ein Schnellgericht zur Aburteilung von Personen, in deren Besitz Schußwaffen entdeckt worden waren. Pistolen, Maschinenge-

Rita, Bob und die Kinder, etwa 1973

wehre und Handgranaten beherrschten das Straßenbild Kingstons. Da Manley den Besitz von US-Währung verboten hatte, ließen sich die Marihuana-Dealer von ihren amerikanischen »Importeuren« mit Schußwaffen bezahlen, die sie dann mit zusätzlichem Gewinn an die Gunmen und Rude Boys weiterverkauften. Diese erschossen sich dann gegenseitig, stellvertretend für ihre Auftraggeber: die politischen Parteien Jamaikas, PNP und JLP.

Aus dieser dramatischen Situation heraus wurde die Idee geboren, ein großes kostenloses »Friedenskonzert« unter dem Titel »Smile Jamaica« mit den »Wailers«, Peter Tosh, Bunny Wailer und Burning Spear im *Kingston's National Heroes Park* zu veranstalten. Das Datum sollte der 5. Dezember 1976 sein. Kurz nach Bekanntgabe dieses Termins kündigte Ministerpräsident Michael Manley die Regierungswahlen für den zwanzigsten Dezember an, also zwei Wochen nach dem Konzert. Ihm war damit ein schlauer Schachzug gegen seinen Feind Edward Seaga gelungen, denn nun schien es so, als würde Bob Marley mit diesem Konzert Manley unterstützen, ähnlich wie er es bei den Wahlen vier Jahre zuvor, 1972, getan hatte. Marley reagierte zunächst bestürzt auf Manleys Absichten, wollte das Konzert aber dennoch nicht absagen, weil es eine günstige Gelegenheit bot, seine Songs *War*, *Rat Race* und *Who The Cap Fit* in Jamaika zu promoten, da sie allesamt nicht im heimischen Radio gespielt wurden.

Zwei Tage vor dem Konzert schien die Lage jedoch brenzlig zu werden, als im Island House die ersten anonymen Warnungen eintrafen, die nahelegten, das Konzert zu »canceln«. Einige Bandmitglieder weigerten sich daraufhin, als mögliche menschliche Zielscheiben auf der Bühne zu stehen. Dennoch begann man in dem kleinen Studio hinter dem Haus mit den Proben. Kurz vor acht Uhr ordnete Bob Marley eine kurze Pause an und ging in die Küche um sich eine Grapefruit zu schälen. Die schwangere Judy Mowatt verließ den Probenraum und bestieg Bobs BMW, um nach Hause zu fahren. An der Ausfahrt des Geländes traf sie auf Don Taylor, der zu Bob wollte, um mit ihm einige Dinge bezüglich des anstehenden Friedenskonzertes zu besprechen. Taylor fand Bob und den Gitarristen Don Kinsey in der Küche. Bob hielt ihm einladend eine Grapefruit entgegen. Taylor streckte den Arm aus und wollte gerade zugreifen, als Schüsse durch die Luft pfiffen und seinen Arm durchbohrten.

Plötzlich waren Schüsse und Maschinengewehrsalven von überall her zu hören, Glas splitterte, Türen wurden krachend aufgetreten, und Querschläger zischten unkontrolliert durch die Luft. Im Garten wurde Rita von einer Kugel am Kopf getroffen und fiel ohnmächtig zu Boden. Die Freundin von Don Kinsey sah einen etwa 16jährigen Gunman mit einem gezückten Revolver in den Raum stürzen und mit zugekniffenen Augen – sich um die eigene Achse drehend – seine Trommel ziellos in den Raum hinein leerschoß. In der Küche feuerte inzwischen ein maskierter Gunman auf Marley und Kinsey, die in eine Ecke gesprungen waren. Taylor stand in der Schußlinie, die Hand immer noch nach der Grapefruit ausgestreckt und wurde mehrfach in den Rücken und die Beine getroffen. Zwei Schüsse gingen an Taylor vorbei und trafen Bob in Schulter und Arm. Dann war Ruhe. Draußen hörte man Reifen quietschen; die beiden Datsuns mit den Gunmen verschwanden in der Nacht. Der blutende Taylor stand auf und begann wie in Trance auf- und abzugehen, bis er aufgrund des Blutverlustes zusammenbrach. Jetzt erst brach Panik aus, und die Anwesenden fingen an, schreiend durcheinander zu laufen und nach Verwundeten zu suchen. Außer Taylor, Bob und Rita wurde noch ein Freund der Band schwer verletzt – Tote gab es wie durch ein Wunder nicht.

Vier Stunden nach dem Attentat war Bob, nach einer kurzen Behandlung im Krankenhaus, bereits auf dem Weg zu einem Versteck in den Bergen. Chris Blackwell hatte ihm dort eine Hütte gekauft, als einen geheimen Ort, um sich zurückziehen und erholen zu können. Don Taylor wurde unterdessen nach Miami gebracht, wo Spezialisten ihm eine Kugel herausoperieren sollten, die in seiner Wirbelsäule steckte. Alan Cole hingegen, der einige Wochen zuvor ein krummes Wettgeschäft inszeniert hatte und befürchtete, daß die betrogenen Gunmen sich seinetwegen an Marley gerächt hatten, verschwand in Windeseile ins Ausland, wo er mehrere Jahre blieb. Wahrscheinlicher jedoch war ein politischer Hintergrund des Attentats, ein Verdacht, der sich später noch erhärtete.

Noch immer war das »Smile Jamaica«-Konzert nicht abgesagt

worden, und Michael Manley, der um den geheimen Höhepunkt seiner Wahlkampagne fürchtete, versuchte, Bob davon zu überzeugen aufzutreten.

Am Morgen des 5. Dezembers, dem Tag, an dem das Konzert stattfinden sollte, stand immer noch nicht fest, ob Marley am Abend auftreten würde. Als sich gegen Abend schon die ersten tausend Besucher vor der Bühne im *Kingston's National Heroes Park* versammelt hatten und von den anderen angekündigten Stars, Peter Tosh, Bunny Wailer und Burning Spear, niemand gekommen war, beschloß man, daß Jacob Millers Band »Third World« das Konzert eröffnen und die Atmosphäre beurteilen sollte. Im Falle »positiver Vibes« würden die »Wailers« verständigt, um dann doch einen kurzen Auftritt zu geben. Inzwischen hatten sich circa fünfzigtausend Menschen im Park versammelt und »Third World« betraten die Bühne. Bob konnte die Menge durch ein Walkie-Talkie jubeln hören. Die Stimmung war ausgezeichnet und entspannt, Gunmen waren nicht gesehen worden, und der »Third World«-Auftritt verlief ohne Zwischenfälle. Bob entschloß sich aufzutreten. Die anderen Mitglieder der »Wailers« wurden von der Polizei aus ihren Verstecken bei Freunden und Verwandten geholt, Rita wurde, noch in ihrem Krankenhausnachthemd, aus der Klinik abgeholt, Bob fuhr hinab ins Tal.

Achtzigtausend Menschen jubelten, als Jacob Miller die »Wailers« ankündigte, Bob Marley die Bühne betrat und mit Bedacht sein erstes Stück, *War,* anstimmte, gefolgt von einem Statement, in dem er die unpolitische Gesinnung des Konzertes beteuerte. Neunzig Minuten später beendete er das Konzert mit einer dramatischen Geste: Er zog sein T-Shirt aus und präsentierte dem Publikum seine Wunden, während er das Attentat pantomimisch in Wild-West-Manier nachspielte. Danach kehrte er seiner gefährlichen Heimat für mehr als ein Jahr den Rücken.

Das Exil der »Wailers« war London. Hier bahnte sich eine höchst subversive Allianz an zwischen den jamaikanischen Roots-Rebellen, die sich selbstbewußt zu Feinden des Babylon-Systems erklärt hatten, und jenen weißen Rockfans, die sich mittels grün gefärbter Haare, Sicherheitsnadel-durchbohrter Wangen und zerrissener Jeans mindestens ebenso radikal vom Establishment distanzierten. Es waren die *Punks*, die nun den Reggae für sich entdeckten, wie es einige Jahre zuvor ihre Todfeinde, die Skinheads, getan hatten. Wieder tanzte man zu den Rhythmen von Lee Perry, die mittlerweile düster und bedrohlich klangen. Die Punkrockgruppe »The Clash« coverte auf grauenerregende Weise (es war halt Punk) die Lee-Perry-Produktion *Police And Thieves*. Perry lief es zwar kalt den Rücken hinunter als er den Song hörte, dennoch mußte er sich eine gewisse Faszination eingestehen. So kam er nach England und produzierte mit Marley und der britischen Reggae-Formation »Aswad« ein Stück mit dem Titel *Punky Reggae Party*, das die anarchistische Allianz von schwarz und weiß feierte. Die Punks jedoch mochten Bob Marley nicht sonderlich; sie warfen ihm vor, er würde mit seiner kommerziellen Orientierung den authentischen Roots-Reggae verraten. Lee Perry hingegen wurde von ihnen vergöttert, und so wurde die *Punky Reggae Party* trotzdem zu einem Hit.

Während die Punks noch feierten, machten sich die »Wailers« im Januar 1977 daran, ein neues Album mit dem Titel *Exodus* im Londoner »Island«-Studio einzuspielen. Bis zum Frühling desselben Jahres hatten sie dort zwanzig neue Songs aufgenommen, von denen die zehn kraftvolleren für das neue Album verwendet wurden. Die verbleibenden zehn ruhigeren, eher introvertierten Stücke sollten dann zu einem weiteren Album zusammengefaßt werden, für das der Titel *Kaya* vorgesehen war. Die *Exodus*- und *Kaya*-Sessions markierten einen erneuten Richtungswechsel in der Botschaft Bob Marleys, der sich auf dem *Rastaman-Vibration*-Album schon angedeutet hatte. Marleys Aussagen wurden immer spiritueller und persönlicher, bis hin zu tief empfundenen Liebesbekundungen. Die Musik der »Wailers« hingegen wurde schneller und orientierte sich teilweise am Rockers Style, den Sly Dunbar inzwischen in Jamaika populär gemacht hatte.

Einen Monat nach Erscheinen der *Exodus*-LP starteten die »Wailers« zur obligatorischen Tournee, die sie erneut durch ganz Europa und Nordamerika führen sollte. *Exodus* verkaufte sich auf Anhieb außerordentlich gut, und Chris Blackwell hoffte, die Platte mittels optimaler Werbung durch die Tour zu Bob Marleys erster internationaler Nummer Eins zu machen. Aber gleich zu Beginn passierte ein Mißgeschick, das unter Umständen alle Pläne zunichte machen konnte. Bei einem Fußballspiel gegen eine Mannschaft französischer Journalisten wurde Bob »gefoult« und humpelte vom Spielfeld. Der Fußnagel seines rechten Zehs war vollständig herausgebrochen. Bereits zwei Jahre zuvor hatte Bob sich am selben Zeh verletzt, als er, ebenfalls bei einem Fußballspiel, in einen rostigen Nagel getreten war. Nun aber wollte die neue Verletzung nicht abheilen, so daß Bob, nachdem er den britischen Teil seiner Tournee absolviert hatte (*Exodus* hatte inzwischen in England und Deutschland die Nummer Eins der Charts erreicht), einen Arzt aufsuchen mußte, um die Wunde erneut behandeln zu lassen. Der Arzt hatte eine schlechte Nachricht für ihn: Krebs. Seine Empfehlung war, den Zeh zusammen mit einem Teil des Fußes zu amputieren, die Alternative wäre die Entfernung nur eines Teils des Zehs und die Zerstörung der verbleibenden Krebszellen mittels einer langwierigen Therapie. Die Empfehlung des Arztes wurde von Chris Blackwell präferiert, denn die Heilung würde schnell erfolgen, und die geplante Amerikatournee, die »Island Records« über eine Million verkaufter *Exodus*-Exemplare bescheren würde, könnte stattfinden. Bob geriet angesichts einer Amputation in Konflikt mit seinem Rasta-Glauben, der das Abtrennen von Körperteilen (und sei es nur der Haare) untersagte. So entschloß er sich, zu einem schwarzen Arzt seines Vertrauens nach Miami zu fliegen, der versprach, ihn ohne Amputation zu heilen. Die Amerikatour wurde somit abgesagt, Bob unterzog sich einer kleinen Operation und verbrachte die nächsten Monate zur Genesung in Miami, wo er ein großes Haus gekauft hatte.

Trotz der ausgefallenen Amerikatournee wurde *Exodus* auch in den USA ein großer Erfolg, und Bob freute sich besonders, daß die schwarzen Radiostationen seine Musik zu entdecken begannen. Stark gegenläufig war hingegen seine Akzeptanz in Jamaika. Hier warf man Marleys »internationalem Stil« den Ausverkauf der kulturellen Identität des Reggae vor. Nach der

Veröffentlichung seines zweiten Londoner Albums *Kaya* im März 1978, das im wesentlichen eine Sammlung von Liebes- und seichten Tanzliedern enthielt, erhob sich ein Sturm der Entrüstung auf beiden Seiten: Marley sei weichgeworden, verrate seine eigenen Ideale, verkaufe sich wegen rein kommerzieller Interessen etc.

Was da so gefällig und kommerziell wirkte, war zunächst nichts anderes als die Verarbeitung der Erfahrung des Attentats, das Marleys kriegerisches Temperament gedämpft und statt dessen in ihm ein Bedürfnis nach Harmonie, Ruhe und Liebe geweckt hatte. Zudem befand sich Bob Marley in einem Zustand der musikalischen Neuorientierung, die erst mit seinen beiden letzten Alben abgeschlossen sein würde und auf *Kaya* noch einem vorsichtigen Suchen glich.

Vielleicht war *Kaya* aber auch Ausdruck der Ohnmacht angesichts der sinnlosen Gewalt auf den Straßen Kingstons. Die Stadt hatte sich in ein alptraumhaftes Inferno aus Schießereien, Vergewaltigungen, Mord und Raub verwandelt. In dieser Situation wurde die Idee eines erneuten Friedenskonzertes geboren, jedoch kam die Initiative diesmal von Seiten der Gunmen! Zwei ihrer Anführer, Bucky Marshall (JLP) und Claudie Massop (PNP), teilten im Staatsgefängnis von Kingston die Zelle und kamen – anstatt sich gegenseitig umzubringen – auf eine konstruktive Idee: Dem blutigen »Bürgerkrieg« sollte mit einem Friedenskonzert der »Wailers«, die seit ihrem Auftritt beim »Smile Jamaica«-Konzert vor über einem Jahr die Insel nicht wieder betreten hatten, Einhalt geboten werden. Nach ihrer Entlassung trugen die beiden ihre Idee den Rasta-Führern der Twelve-Tribes-Sekte, der auch Bob angehörte, vor, mit der Bitte, ihren Vorschlag den »Wailers« zu unterbreiten. Nach kurzen Vorverhandlungen erklärte Bob sich bereit, die »Kriegsherren« auf neutralem Boden in London zu treffen. Die Verhandlungen dauerten eine Woche und endeten mit einer Sicherheitsgarantie für Bob Marley und die »Wailers« und mit der Festsetzung eines Termins für das Friedenskonzert: 22. April 1978.

Noch im März des selben Jahres kehrte Bob unter großem Beifall nach Jamaika zurück und bereitete sich auf den Höhepunkt seiner Karriere vor. Er würde mit seinem Konzert das gewaltige Nationalstadion Jamaikas bis auf den letzten Platz füllen und einen legendären Auftritt absolvieren. Bereits am Morgen des 22. strömten die Menschen in das Stadion und erwarteten mit Spannung das größte Musikspektakel des Jahres, denn neben den »Wailers« waren noch angekündigt: Peter Tosh (mit Sly & Robby), Dennis Brown, »Culture«, »The Meditations«, Dillinger, Leroy Smart, »Trinity«, »The Mighty Diamonds«, Junior Tucker, Big Youth und Beresford Hammond. Das Staraufgebot war imposant und garantierte eine perfekte Show. Und so war die Stimmung auf dem Siedepunkt, als Peter Tosh die Bühne betrat und lauthals begann, die Polizei und die anwesenden Politiker zu beschimpfen. Seine Tirade endete damit, daß er sich, im Angesicht der aufmarschierten Polizei und unter dem Jubel des Publikums, einen riesigen Spliff ansteckte und seinen Hit *Legalize It* schmetterte. Anschließend folgte der Auftritt Bob Marleys, der ihn mit einer explosiven Version von *Trench Town Rock* einleitete. Das Stadion schien zu beben! Nach *Natural Mystic, War* und *Exodus* kam der unübertreffbare Höhepunkt, als Bob zur Hymne *One Love* ansetzte und die Hände der politischen Feinde Manley und Seaga, die zu ihm auf die Bühne gekommen waren, zusammenführte. Der »Mythos Marley« war um eine weitere Facette reicher geworden: den Friedensstifter. Leider aber überdauerte der Frieden den kurzen emphatischen Augenblick des Händedrucks nicht, und der »Friedensstifter« wurde radikal auf seine tragische Ohnmacht verwiesen – der folgende Wahlkampf von PNP und JLP kostete mehr Menschen das Leben als jemals ein Wahljahr zuvor.

Inzwischen lebte Bob wieder in seinem Haus an der Hope Road und bereitete sich auf die größte Tournee vor, die er und die »Wailers« je absolvieren sollten. Sie würden ganze Stadien rund um den Globus füllen: in Europa, Amerika, Asien, Neuseeland und Australien. Im ausverkauften New Yorker Madison Square Garden spielten sie vor ekstatisch taumelnden weißen Fans, die das Konzert permanent mit »Rastafari! Rastafari! Rastafari!«-Rufen begleiteten. Zwei Tage zuvor wurde Marley ebenfalls in New York eine ganz andere Ehre zuteil: Er wurde von den afrikanischen Staaten der Vereinten Nationen mit der »Friedensmedaille der Dritten Welt« ausgezeichnet. Bob Marley war auf dem Zenit seiner Karriere, die Welt lag ihm zu Füßen. In Europa dokumentierte Chris Blackwell diesen Moment mit einem Mitschnitt der extrem rockigen Konzerte, die er in Form des Doppelalbums *Babylon By Bus* veröffentlichte.

Gegen Ende des Jahres ließ ein erschöpfter Bob Marley sich in den Swimmingpool seiner Villa in Miami fallen, blinzelte in die Sonne und genoß den Ruhm. Ein weiterer großer Wunsch war für ihn in Erfüllung gegangen: Der Krieg zwischen Äthiopien und Somalia wurde beendet, und Bob bekam endlich sein Visum für einen Besuch des gelobten Landes. Die »Pilgerfahrt« nach Afrika sollte seine Musik und ihre Inhalte nachhaltig verändern. Vor Ort begann er sich verstärkt mit dem afrikanischen Befreiungskampf auseinanderzusetzen und verarbeitete seine Erfahrungen in einem Song mit dem Titel *Zimbabwe*, mit dem er den Guerillakampf Joshua Nkomos und Robert Mugabes gegen das im Sturz begriffene Apartheidregime Rhodesiens unterstützte. Marley führte diese Arbeit in Jamaika mit weiteren Stücken wie *Afrika Unite* und *Ambush* fort, die er in seinem für mehrere Millionen Dollar neu eingerichteten »Tuff Gong«-Studio aufnahm. Der Sound seines Studios war trocken, dicht, unübertroffen »crisp« und leitete eine musikalische Kehrtwende der »Wailers« ein. In den Dance Halls und Sound-Systems der Insel begann sich unterdessen der träge rollende *Rub-A-Dub-Style* auszubreiten, dessen wummernder Baß auch durch die Wände des klaustrophobisch engen »Tuff Gong«-Studios drang und die Barrett-Brüder infizierte. Vergessen waren die Rockgitarren und Synthesizer-Overdubbs. Der neue, schwere Rhythmus schleppte sich statt dessen in zähen Schleifen über unendlich tiefe One Drops, während sich Marleys Stimme in trägen Melodien zwischen den sturen Afterbeats herschlängelte. Marley war zu den wahren Roots zurückgekehrt. Inhaltlich bekamen seine Songs eine neue und deutlich konkretere Perspektive, das undifferenzierte Rebellentum der früheren Songs war einem konstruktiven Engagement für die afrikanische Einheit und den »schwarzen Nationalismus« gewichen. Das pauschale »Dagegensein« hatte sich zu einem engagierten »Dafürsein« konkretisiert, wodurch Marleys Botschaft aufgrund ihrer »weisen« Aufrichtigkeit zugleich einen viel allgemeingültigeren Charakter bekam, als durch die – vordergründig ungleich allgemeinere – Forderung nach genereller »Revolution«, wie sie noch aus Stücken früherer Tage, z. B. *Burnin' And Lootin'* und *Revolution*, sprach.

Das neue Album, das zunächst *Black Survival* heißen sollte, dann aber, mit Blick auf Marleys »weiße« Fangemeinde, in *Survival* umbenannt wurde, war ein Meisterwerk geworden. Alex Sadkin, ein neuer Produzent, den Chris Blackwell statt seiner selbst für den Mix des Albums eingesetzt hatte, hatte für einen absolut perfekten und präzisen Sound gesorgt, der mithalf, das Album in die europäischen und amerikanischen Charts zu heben, wo es sich – wahrscheinlich aufgrund seiner weitgehenden Kompromißlosigkeit – jedoch nur mittelmäßig verkaufte.

Kurz nachdem *Survival* im Sommer 1979 erschienen war, schlug der Song *Zimbabwe* in Afrika wie eine Bombe ein. Die Guerillas der »Patriotischen Befreiungsfront« Rhodesiens (bzw. Simbabwes) machten ihn spontan zu ihrer Hymne, mit der sie gegen das weiße Regime ins Feld zogen – und letztlich siegten! Der Präsident von Gabun lud Bob Marley und die »Wailers« sogar nach Westafrika ein, damit sie auf seiner Geburtstagsparty spielten. Bob fühlte sich durch die Einladung geehrt und traf am 4. Januar 1980 in Gabun ein, mußte dort aber enttäuscht feststellen, daß er sein Konzert auf einem Tennisplatz für eine kleine Gruppe der jungen Elite Gabuns geben würde. Das wirklich tragische Desaster jedoch folgte erst später, als es zwischen Bob und dem gabunischen Konzertveranstalter zu einem Disput wegen Marleys sechzigtausend-Dollar-Gage kam, die der Veranstalter an Bobs Manager Don Taylor bezahlt hatte. Bob war verwirrt, denn er wußte nur von offiziell vereinbarten vierzigtausend Dollar, die ihm Taylor ausgehändigt hatte. Bobs Rechtsanwältin

Diane Jobson fiel es wie Schuppen von den Augen: Taylor hatte zwanzigtausend Dollar in die eigene Tasche »gewirtschaftet«. Und nicht nur das, er hatte über Jahre hinweg mit den Veranstaltern höhere Gagen ausgehandelt, als er Bob dann aushändigte. Die Differenz von mehreren zehntausend Dollar ging stets in Taylors eigene Tasche. Bob war außer sich und prügelte Taylor – als dieser schon am Boden lag – mit harten Tritten in Gesicht und Magengrube fast zu Tode.

Deprimiert und kränkelnd startete Bob zur obligatorischen Tournee, um *Survival* zu promoten. Das jamaikanische Friedenskonzert vom Frühling zuvor hatte nicht gefruchtet, und einer der Initiatoren, Massop, war auf der Flucht mit den Einnahmen des Konzertes erschossen worden. Die Gewalt in Kingston wütete so ungehemmt wie nie zuvor, Lee Perry hatte einen Nervenzusammenbruch erlitten und wurde in eine geschlossene Anstalt eingeliefert, Taylor entpuppte sich als Dieb, und »Island Records« versuchte weiterhin, Marley (nun) gegen seinen Willen, als Reggae-Rocker zu vermarkten. Hinzu kamen die ständige Angst vor dem Krebs und die psychischen Nebenwirkungen der hochdosierten Medikamente, die Bob nach wie vor einnahm.

In dieser Verfassung machte sich Bob Marley noch im Frühling desselben Jahres daran, neue Songs für sein letztes, vertraglich vorgesehenes Album für »Island Records« aufzunehmen. Das *Uprising* betitelte Album wurde eine sehr persönliche Arbeit, die sich mit einigen »poppig« arrangierten Songs wie *Could You Be Loved*, wieder mehr an einer internationalen Käuferschicht orientierte – die das Album dann auch prompt in die Hitparaden kaufte. Inhaltlich bot die LP reichlich Bibelzitate wie in *Forever Loving Jah*, aber auch sehr persönliche Texte wie in *Redemption Song, Bad Card*, *Pimpers Paradise* oder *We And Dem*, das die innere Auseinandersetzung mit der unheilbaren Krebskrankheit reflektierte.

Bobs andauernde depressive Stimmung schlug im März des Jahres 1980 plötzlich in ihr genaues Gegenteil um, als er eine ehrenvolle Einladung zur Unabhängigkeitsfeier des neuen Staates Simbabwe erhielt. Sie steigerte sich dann zu purer Euphorie, als er erfuhr, daß er nicht nur Gast sein, sondern auch ein Konzert geben sollte. Gerührt nahm Bob die Einladung an und verlieh der Ehre, die diese für ihn bedeutete, Ausdruck, indem er die Kosten seines Auftrittes – circa 250 000 Dollar – aus eigener Tasche bezahlte. Im Nationalstadion Simbabwes zu stehen und für seine siegreichen schwarzen Brüder zu spielen, war gewiß einer der glücklichsten Momente in Bob Marleys Leben. Er hatte mit seiner Musik die Geschichte des »schwarzen Volkes« beeinflußt und hatte zur Freiheit seiner »Brüder« einen Beitrag geleistet.

Direkt nach dem Konzert starteten die »Wailers« zu ihrer *Uprising*-Tour, die sie ein weiteres Mal um die Welt führen sollte. Allein in Europa spielten sie vor über einer Million Fans, jeweils sechs Abende pro Woche, sechs Wochen lang. Vor allem die Konzerte in Deutschland gerieten zu abendfüllenden Marathon-Shows, da Marley eine besondere Vorliebe für das deutsche Publikum hatte.

Nachdem der europäische Teil der Tournee absolviert war, wollte Bob ins wahlkampfgebeutelte Jamaika zurückkehren, um seinen Kindern und Freunden einen kurzen Besuch abzustatten. Danny Sims jedoch, der nach Taylors Rausschmiß Bobs alter / neuer Manager war, erhielt eine eindeutige Warnung: Sollte Bob Marley während des Wahlkampfes nach Jamaika zurückkehren, so würde man ihn töten. Marley sah Jamaika nie wieder.

Als die »Wailers« zur Amerikatour aufbrachen, wirkte Bob entkräftet und krank. Er hatte erheblich an Gewicht verloren, hustete stark und verbrachte seine freie Zeit im Hotelzimmer, auf dem Bett liegend. In New York brach er bei einer morgendlichen Jogging-Runde durch den Central Park zusammen und war danach für mehrere Stunden am ganzen Körper gelähmt. Dennoch wurde die Tour nicht abgebrochen, und Bob quälte sich am Abend durch sein Konzert im Madison Square Garden, das er zusammen mit den »Commodores« gab.

Am nächsten Morgen flog die Gruppe weiter nach Pittsburgh, während Bob in New York zu einem Neurologen gebracht wurde. Die Diagnose war fatal: Bob Marley hatte einen mittelgroßen Lungen- und einen großen Gehirntumor. Sie würden ihn innerhalb der nächsten drei Wochen umbringen. Trotz der schrecklichen Gewißheit des bevorstehenden Todes reiste Bob seiner Band nach Pittsburgh nach und gab am Abend sein letztes Konzert. Von seinem begeisterten Publikum verabschiedete er sich mit einer endlos erscheinenden Version des Stückes *Keep On Moving* – ganz so, als wolle er sich selbst davon überzeugen. Danach wurden alle weiteren Tourdaten abgesagt.

Man brachte Bob in eine Spezialklinik, wo er sich einer Strahlentherapie und später zusätzlich einer Chemotherapie unterziehen mußte, die ihn seine Dreadlocks kostete. Er hatte weitere fünfzehn Kilo Gewicht verloren und war von der Hüfte abwärts gelähmt. Voller Hoffnung hörte er von dem deutschen »Wunderdoktor« Issels, der sich mit selbstgebrauten Medikamenten und »ganzheitlichen« Therapieprogrammen auf hoffnungslose Krebsfälle spezialisiert hatte. Ohne lange zu zögern, brachen Bob, seine Mutter Cedella und seine Frau Rita gegen den Rat der behandelnden Ärzte, die Issels als »Quacksalber« bezeichneten, nach Deutschland zu dessen bayrischer Privatklinik auf. Bob entwickelte spontan vorbehaltloses Vertrauen zu dem 73jährigen ehemaligen SS-Offizier Issels, der ihm versprach: »Wir können es schaffen«. In der Tat ging es Bob nach wenigen Tagen schon erheblich besser, er konnte wieder laufen und sogar Gitarre spielen. Neue Zuversicht hatte ihn erfaßt, und er ließ sich unter Zureden seiner Mutter im Namen der christlichen *Äthiopischen Orthodoxen Kirche* taufen.

Im Februar 1981 kamen die Bandmitglieder der »Wailers« nach Bayern und feierten mit Bob seinen 36. Geburtstag. Im gleichen Monat verlieh die jamaikanische Regierung ihm in seiner Abwesenheit mit dem »Order Of Merrit« ihren dritthöchsten Orden, der es ihm nun erlaubte, sich »The Honorable Robert Nesta Marley« zu nennen. Zu diesem Zeitpunkt hatte Bob – dem im September des vorangegangenen Jahres eine Lebenserwartung von höchstens drei Wochen mitgeteilt worden war – bereits vier Monate überlebt. In den folgenden zwei Monaten jedoch verschlechterte sich sein Zustand zusehends. Bald war er sogar zu schwach zum Lesen und konnte nicht einmal mehr essen. Bob verlor rapide an Gewicht und litt an starken Schmerzen. Am 3. Mai 1981 untersuchte Doktor Issels ihn zum letzten Mal und mußte die Hoffnung aufgeben. Cedella und Rita flogen Bob daraufhin nach Miami, um ihn von dort aus zum Sterben in seine Heimat Jamaika zu bringen. Er sollte seine letzte Reise jedoch nicht beenden. Am 9. Mai 1981 verstarb er um 11.30 Uhr in einem Krankenhaus in Miami.

Haul An' Pull
Der Dancehall-Style (ca. 1979–1985)

Mit dem Ausklingen der siebziger Jahre erreichte der »War ina Babylon« trotz Marleys Friedenskonzert seinen Höhepunkt. Kurz vor den Wahlen von 1980 loderten die Flammen der Gewalt in Jamaika so heftig wie nie zuvor – und verwandelten sich in eine Feuersbrunst, die 514 Menschenleben forderte. Aus dem Blutbad gingen der ehemalige R'n'B- und Ska-Produzent Edward Seaga und seine Jamaican Labour Party (JLP) als neue Regierungsmehrheit hervor. Seaga förderte – im Gegensatz zu Manley und der PNP – die Freundschaft zu den USA und das freie Unternehmertum. Damit waren die kriegerischen Auseinandersetzungen um die Gunst der Wählerstimmen vorerst beendet, und man sah sich gemeinsam einem neuen Feind gegenüber: Viele lateinamerikanische Staaten, wie z. B. Kolumbien, begannen im Zuge ihrer Handelsaktivitäten mit den südlichen USA, Jamaika mit harten Drogen zu überschwemmen. Kokain und Crack waren im Begriff das »Heilige Kraut« der Rastas aus dem Ghetto zu verdrängen und dort neues kriminelles Potential zu erzeugen.

Ähnlich wie das Ganja verschwanden nun auch die orthodoxen Rastafari-Inhalte zusehens aus dem Zentrum des Geschehens. Scheinbar war die Religion an ihrer eigenen Unbeweglichkeit, ihrem Dogmatismus und ihrer unrealistischen Zielsetzung erstickt. Rasta begann sich, unter zunehmendem Verlust seiner religiösen Inhalte, zu wandeln und zu einem säkularisierten Symbol für eine selbstbewußte »schwarze« (afrozentristische) Geisteshaltung zu werden.

Das aber ebnete den Weg aus der hermetischen Spiritualität des Rasta-Glaubens zu einem zunehmend unverbindlicheren Umgang mit dessen Zeichenattributen. Den weltweit geltenden Paradigmen der achtziger Jahre folgend, verzichtete man auf den ideologischen Überbau und wandte sich einem pragmatischen und affirmativen Realismus zu. Der geistig-emanzipatorische Auszug aus dem »weißen« Babylon-System war vollzogen, das schwarze Selbstbewußtsein neu formuliert – nun forderte man selbstbewußt Teilhabe an den ehemals vorenthaltenen Gütern. Ein lange aufgestauter Materialismus brach sich Bahn und manifestierte sich in neuen Wertvorstellungen, denen mit protzigem Goldschmuck, teurer Garderobe, schnellen Autos und Sexprotzerei entsprochen wurde. Die erfolgte »schwarze« Emanzipation vom kapitalistischen Babylon-System ließ jedoch ein rein affirmatives »Mitmachen« – wie es die »black yuppies«, die *Buppies*, praktizierten – nicht zu; eine Attitüde der Überlegenheit wurde gewahrt. Sie drückte sich aus in der listigen Umgehung der Sachzwänge und dem cleveren Austricksen des steifen Systems. Daß sich dies oftmals im Bereich der Illegalität abspielen mußte war nicht nur selbstverständlich, sondern wurde geradezu zur Prestigefrage. Als pauschale Rechtfertigung für diese Einstellung diente der Verweis auf die harte Lebensrealität (im Ghetto), die selbst ein Unrechtsprodukt sei. Die Verherrlichung von Waffen im *Gun-Talk* wurde aus dieser Perspektive zur scheinbar sozialkritischen Beschreibung des Status Quo oder gar zu einem gerechtfertigten Aufbegehren der im Ghetto lebenden Rude Boys stilisiert.

Diese geistige Wende veränderte auch den Reggae, der in gleichem Maße seinen Weg wieder zurück zum Ort seines Ursprungs fand: der Dance Hall (bzw. dem Sound-System). Dieses ewige Zentrum der Reggae-Musik sollte der neuen Ära auch ihren Nahmen geben: *Dancehall*. Entscheidenden Einfluß auf diese Entwicklung hatte ein junger Sänger namens Lincoln »Sugar« Minott, der bereits Mitte der siebziger Jahre für Coxsone Dodds »Studio One« gesungen hatte. Er sang live in den Dance Halls zu Musik, die von Platte, bzw. Dub-Plate kam. Das war der DeeJay-Praxis zwar ähnlich, für einen Sänger jedoch ungewöhnlich. Zudem entwickelte Sugar Minott einen Gesangsstil und prägnant einfache Melodien, die mehr vom DeeJay-Stil, als vom klassischen Soul-Gesang abgeleitet zu sein schienen. Auch die Texte drehten sich um das Geschehen in der Dance Hall, um Tanzen, Vergnügen und Spaßhaben, oder aber sie griffen die gleichen lokalen Vorkommnisse und Anekdoten auf, über die normalerweise der DeeJay toastete.

Sugar Minott betrieb ab 1979 selbst ein Sound-System mit dem Namen »Black Roots« (später »Youth Promotion«), das junge Talente aus dem Ghetto fördern sollte. Das Besondere an diesem Sound-System waren dann auch seine Stars; sie waren jung, hochmotiviert und prägten mit dem neuen Dancehall-Stil, der sich an Sugars Vorbild orientierte, ein ganz neues Dance-Hall-Gefühl. »Youth Promotion«-Talente wie Tony Tuff, Tristan Palmer, Little John und Barry Brown bestimmten den Sound der beginnenden achtziger Jahre. Die Nähe ihres Gesangsstils zum DeeJaying brachte auch ein ganz neues Phänomen hervor: den *SingJay*, eine Mischung aus Singer und DeeJay. Ein Beispiel für einen SingJay ist Eek A Mouse, der 1980/81 in Jamaika einen großen Hit mit dem Titel *Wa Do Dem* (»Was machen die bloß?«) hatte. Er beschreibt hier, wie er zusammen mit seiner Freundin, die viel kleiner ist als er, herausgeputzt in ihrer besten Garderobe und mit Spiegelsonnenbrillen, einen Sonntagnachmittagsspaziergang durch den Park unternimmt, während die Leute sich über ihren Größenunterschied amüsieren. Die Pointe ist nahezu witzlos, und trotzdem war das Stück ein außerordentlicher Erfolg, der exemplarisch die allgemein herrschende, gelöste Stimmung in Jamaika nach der Wahl und die Lust der Jamaikaner, sich in der Dance Hall wieder zu amüsieren, widerspiegelt. Die Dance Hall war wieder der Ort, an dem man die Sorgen des Ghetto-Lebens vergessen konnte. Das Verlangen nach einer Rückkehr ins gelobte Land Afrika, wie sie die Rastas beschworen hatten, war neuer Lust am Leben auf der sonnigen Insel Jamaika gewichen.

Dieser erneute Wandel brachte auch eine Konzentration des Reggae auf lokale Inhalte mit sich. Die komplizierten interaktiven Vorgänge in der Dance Hall teilten sich außenstehenden Europäern oder Amerikanern nicht mit. Der Reggae war nicht länger vermeindliches Sprachrohr der unterdrückten Dritten Welt oder ihrer diskriminierten schwarzen Bevölkerung. Er wurde wieder die lokale »Volksmusik« Jamaikas, die der Unterhaltung und Lebenslust diente. Für Europa und Amerika bedeutete dies das nahezu vollständige Verschwinden des Reggae, der spätestens seit Bob Marleys Tod ebenfalls als tot galt.

Tatsächlich aber sprühte der Reggae in den Dance Halls vor Lebendigkeit. Die DeeJay-Performance wurde mehr denn je zu einem interaktiven, kollektiven Akt, zu einem energiegeladenen Dance-Hall-Ritual, in das das Publikum aktiv integriert wurde. Es funktionierte (und funktioniert noch heute) folgendermaßen: Der Selector spielt wie gewohnt die A-Seite einer Platte, dreht sie dann um und legt die Instrumental- (oder Dub-) Version der Rückseite auf. Nun beginnt die DeeJay-Performance. Während die Leerrille am Anfang der Platte noch knistert, widmet der DeeJay seinen Toast allen Mädchen dieser Welt (oder allen Anwesenden oder allen Rude Boys oder...). Spätestens mit dem Einsetzen der Bassline greift er dann den Takt auf und beginnt auf dem Rhythmus zu »reiten«. Sein Toasting potenziert die Kraft des Rhythmus um ein Vielfaches und bewirkt – sofern er gut ist – eine entsprechende Reaktion beim Publikum: lautes Geschrei, »Bow-Bow«-Rufe, schrille Trillerpfeifen-Stürme, Gasposaunen-Lärm und, als Ausdruck höchster Begeisterung, Pistolenschüsse in die Luft. Der DeeJay ruft dem Selector zu: »haul an' pull«, »pull up« oder »rewind«, worauf dieser die Platte – ohne die Nadel vom Vinyl zu nehmen – zurückdreht und den Rhythm-Track wieder startet; der DeeJay beginnt seine Performance von neuem. Ein guter Toaster hält dieses Spiel bis zu einer halben Stunde durch, ohne den Rhythm-Track zu wechseln.

Das ganze funktioniert natürlich auch ohne DeeJay, dann nämlich, wenn der Selector ganz besondere Platten hat, die *Specials*. Um in den Besitz dieser exklusiven Aufnahmen zu kommen, mietet das Sound-System für ein paar Stunden ein Studio der Insel, engagiert einen berühmten DeeJay oder Sänger, der möglichst einen aktuellen Hit in den Charts hat, und läßt ihn über sein Hit-Backing eine spezielle Version seines Hits singen bzw. toasten. Inhaltlich geht es dabei in der Regel um die Lob-

Sugar Minott

preisung des eigenen und die Verspottung aller anderen Sound-Systems. Diese Aufnahme wird dann im Studio live in eine Acetat-Platte (Dub Plate) geschnitten und bleibt somit ein absolutes Unikat. Gewappnet mit den exklusivsten Specials der größten Stars, die auf deren aktuellsten Hits basieren, leisten sich manchmal zwei Sound-Systems einen »Sound-Clash«. Jedes Sound-System spielt dann seine Specials, und die tanzende Menge entscheidet mittels Lautstärke des Applauses (und somit der Anzahl der »Rewinds«), wer die besten Acetat-Scheiben besitzt und als King-Champion-Sound das »Schlachtfeld« verlassen kann.

Trotz der Lebendigkeit und Energie solcher Veranstaltungen, und trotz der neuen Lebenslust, die sich nach dem spirituellen Exkurs des Roots-Reggae wieder in der Dancehall-Musik eingefunden hatte, beschleunigte sich der Rhythmus zunächst nicht wieder (das sollte erst viel später geschehen); statt dessen wurde der Baß noch stärker betont, während das Gesamtarrangement sparsamer instrumentiert wurde. Der Schlagzeugrhythmus schien sich zu verlangsamen: Sly Dunbar erreichte diesen Rhythmuswechsel, indem er den Einsatz der Bass-Drum halbierte und sie nicht mehr auf jeder Zählzeit durch den Takt marschieren ließ. Auch die Snare und das Hi-Hat spielten nicht mehr den militanten Rockers-Stil, sondern beruhigten sich merklich. Der Sound der Musik wurde im Vergleich zu den oftmals »hart« wirkenden, im Baß manchmal etwas höher gestimmten, Roots-Rhythmen noch tiefer und »runder«. Im Prinzip spielte die *Riddim-Section* (Baß und Schlagzeug) wieder den alten One Drop auf der dritten Zählzeit – trotzdem bekam der neue Sound einen eigenen Namen: *Rub-A-Dub*. Der dazu passende Tanz entwickelte sich spontan und erinnerte nicht wenig an die Zeit des Mento, dreißig Jahre zuvor: Die Tänzer ließen ihre Becken zum Rhythmus der Bassline kreisen, während sie in den ausgestellten, leicht gebeugten Knien im Rhythmus des One Drop wippten. Man tanzte auch wieder zu zweit und preßte die kreisenden Hüften eng aneinander. Offensichtlich war der langsame Beat des Rub-A-Dub nicht länger Ausdruck einer sozialen Depression wie zuvor der Rocksteady oder Roots, sondern er war pure Erotik!

Vor diesem Hintergrund brach die große Zeit der *Slackness*-DeeJays an, die in expliziten Schilderungen der Details ihres Sexuallebens schwelgten. Neben General Echo war der Albino Yellowman einer der wichtigsten Initiatoren des neuen Stils. Mit Vergnügen schilderte er den Dance-Hall-Besuchern (und vor allem den Besucherinnen), wie er es seinen hundertundzehn Freundinnen rund um den Globus – die natürlich alle »gelbe« (Albino-) Kinder von ihm hätten – besorgte. Sex sells! Yellowman war der erste DeeJay, der bei einer großen amerikanischen Plattenfirma (CBS) unter Vertrag kam und international vertrieben wurde. Als Albinobaby ausgesetzt, litt er in seiner Kindheit schwer unter der gesellschaftlichen Diskriminierung und der Armut. Nun hatte er es jedoch geschafft und zeigte es allen: Auf dem Höhepunkt seines Erfolges, in den frühen achtziger Jahren, besaß er ein eigenes Haus, fuhr einen gelben(!) BMW und schmückte sich mit dicken Goldketten und Ringen. Yellowman gab den Startschuß: Die DeeJays begannen ihre Dreadlocks gegen Goldketten einzutauschen und übernahmen die Führungsrolle im Reggae. Ab jetzt wurde die Reggae-Musik von ihnen dominiert.

Mittlerweile stand ein neuer Produzent im Zentrum des Dancehall-Geschehens: Henry »Junjo« Lawes. Er war es, der »Mister« Yellowman zum »King« Yellowman machte und seinen eigenen Namen »Junjo« der Dancehall-Ära wie ein Brandzeichen aufprägte. Seine Produktionen waren Hits – ausnahmslos. Die frühen achtziger Jahre gehörten Junjo!

Er produzierte, wie nahezu seine gesamte Konkurrenz auch, im »Channel One«-Studio der HooKim-Brüder, dessen spezifischer Sound immer trockener, klarer und baßlastiger zu werden schien. Sly & Robbie hatten inzwischen das Feld geräumt und waren in die »Compass Point«-Studios in Nassau umgezogen, wo sie viele Produktionen für ihr eigenes »Taxi«-Label einspielten. Ihre Musik wurde mittlerweile von »Island-Records« international vermarktet und für den Funk-Crossover-Markt aufbereitet. Ihr Ruhm reichte schließlich so weit, daß sie begannen, für Rock- und Disco-Stars wie Joe Cocker oder Grace Jones als be-

»Junjo« Lanes 1994

gehrte Backing-Band zu fungieren. Ihren Platz im »Channel One«-Studio hatte unterdessen eine andere Band junger Musiker eingenommen: die »Roots Radics«. Begleitet wurden sie von einem sehr jungen Toningenieur, der kurz bei King Tubby gearbeitet hatte und sich selbst nach einem Spitznamen Tubbys nannte: »Scientist«. Mit Junjo als Produzent war das »Winning Team« der frühen achtziger Jahre komplett.

Ihren ersten großen Erfolg hatte dieses Team bereits 1979 mit dem Debüt des grandiosen Sängers Barrington Levy. Die »Roots Radics« intonierten alte »Studio One«-Riddims, Scientist mixte sie in einem frischen und dichten Sound und Barrington Levys helle, klare Stimme sang wunderbar prägnante Dancehall-Melodien. Seine eigenwillige Art zu singen wurde bald als *Slurring*-Stil bekannt und katapultierte Barrington in den Star-Status. Seine zweite LP *Englishman* wurde in England von einer neuen Plattenfirma namens »Greensleeves« vertrieben. Es war der Beginn einer für beide Seiten äußerst fruchtbaren Zusammenarbeit, die »Greensleeves« zur größten Reggae-Plattenfirma der Welt aufsteigen ließ. Junjo wiederum profitierte von der wachsenden Größe und der Professionalität seines britischen Vertriebs, um international bekannt zu werden. Nach *Englishman* waren die nächsten sieben LPs, die bei »Greensleeves« erschienen, ausschließlich Junjo-Produktionen.

Viele junge Reggae-Künstler gelangten auf diese Weise mit Junjo zu Starruhm, z. B. die DeeJays General Echo und Clint Eastwood sowie der ganz hervorragende Dance-Hall-Singer Johnny Osbourne. Michael Prophet hatte mit seiner Junjo-Produktion *Gunmen* den ultimativen Reggae-Top-Seller der frühen achtziger Jahre, und Eek A Mouse feierte mit *Wa Do Dem* für Junjo einen unvergleichbaren Dance-Hall-Erfolg. *Diseases* vom DeeJay-Duo »Michigan & Smiley«, das bereits in Coxsone Dodds »Studio One« Erfolge auf sein Konto verbuchen konnte, blockierte mit seiner Beschreibung der verschiedenen Geschlechtskrankheiten mehrere Wochen weltweit die Spitzenpositionen der Reggae-Charts. Mit *Water Pumpee* von Tony Tuff, einem frühen Sangeskollegen von Sugar Minott, kreierte Junjo einen neuen Dance-Hall-Tanz, der die Bewegung beim Wasserpumpen – erotisch umgedeutet – nachahmte und zu einem der in Jamaika so beliebten Dance-Crazes wurde.

Neben Barrington Levy und Yellowman verdient es jedoch noch ein anderer junger Sänger aus den Fittichen von Junjo, eingehender erwähnt zu werden: Cocoa Tea. Calvin Scott (er wurde von seiner Mutter »Cocoa Tea« genannt, weil er als Kind stets einen Kakao – der in Jamaika »tea« genannt wurde – zum Abendessen wollte) lebte in einem weit abgelegenen Fischerdorf im Kreis Clarendon und hatte große Schwierigkeiten, mit dem Music-Business der Großstadt Kingston in Kontakt zu kommen. Tagsüber fuhr er zur See fischen, und abends sang er gele-

Cocoa Tea

gentlich in kleinen Land-Sound-Systems, wenn diese durch das Dorf zogen. Eines Abends jedoch, im Jahre 1984, war ein großes Spektakel in Clarendon angekündigt: Junjos »Volcano«-Sound-System sollte kommen. Cocoa Tea erkannte seine Chance und bat den Selector Danny Dread darum, am Abend zu einem Dub-Plate singen zu dürfen. »Sie waren von meinem Auftritt beeindruckt«, stellte Cocoa Tea später fest, als er bereits mit der »Volcano«-Crew auf dem Weg nach Kingston, direkt ins »Channel One«-Studio, war. Junjo wollte aus ihm einen neuen Barrington Levy machen und ließ ihn sogleich über das Backing von Barringtons *Looking My Love* singen. Cocoa Teas Lied hieß *Rocking Dolly* und wurde ebenso wie der Nachfolger *Sonia* zu einem der meistgespielten Stücke des Jahres 1984. Die klare, samtweiche und zugleich kraftvolle Stimme von Cocoa Tea begeisterte ganz Jamaika und seine prägnanten Melodien krochen in die Ohren, um sich dort auf Dauer einzunisten. Seit diesen ersten Hits hörte Cocoa Tea nicht auf, hervorragendes Material für verschiedene Produzenten aufzunehmen und avancierte zu einem der ganz großen Namen des Reggae, den man in einem Atemzug mit Dennis Brown oder Gregory Isaacs nennt.

Dieses Privileg gebührt noch einem anderen großartigen Sänger, dessen entscheidender Durchbruch ebenfalls mit einer Junjo-Produktion gelang: Frankie Paul. Er trägt den Ehrentitel »Jamaikas Stevie Wonder«, denn er klang zunächst wie eine Mischung aus Stevie Wonder und Dennis Brown und ist außerdem nahezu blind. Im weiteren Verlauf der achtziger Jahre jedoch profilierte er sich durch seinen eigenen stark vom Soul beeinflußten Stil, der ihn zu einem unanzweifelbaren Regenten unter den internationalen Reggae-Stars werden ließ. Frankie Paul fließt Musik statt Blut durch die Adern, er produziert Melodien aus dem Stehgreif und intoniert diese mit einer unglaublich differenzierten Stimme, die mühelos alle Stile von Soul über Dancehall bis Ragga umfaßt und virtuos in einem Song miteinander verbindet. Frankie Paul ist ein musikalisches Genie, dem kaum Grenzen gesetzt zu sein scheinen: Seit seinem ersten Hit für Junjo, *Pass The Kushung Peng* 1984, konkurriert er mit Gregory Isaacs um den größeren Produktions-Output: vier Singles pro Woche und ein Album pro Monat sind Minimum – neunzig Prozent davon haben uneingeschränktes Hit-Potential. Anfang der neunziger Jahre schließlich zollte ihm in Form eines Vertrags mit dem amerikanischen Soul-Riesen »Motown-Records« auch die Musikwelt jenseits des Reggae ihren Respekt.

Während sich in Jamaika gegen Mitte der achtziger Jahre die Dancehall-Ära ihrem Ende zuneigte, fand im Vereinigten Königreich, in den beiden Londoner Sound-Systems »Sir Coxsone Outernational« (keine Verbindung zu Coxsone Dodd) und »Saxon-Studio« eine Revolution des DeeJaying statt, die in die Zukunft weisen sollte: Der *Fast Style* wurde kreiert. Die DeeJays dieser Sound-Systems (sie nannten sich MCs), allen voran Peter King und Phillip »Papa« Levi für das »Saxon«-Sound-System, begannen, ihre Texte immer schneller zu toasten und sich gegenseitig im »Worte-pro-Minute-Schnitt« zu überbieten. Bereits 1982 toastete Peter King den Fast Style live, erst 1984 jedoch wurde er von Papa Levi mit dem Stück *Me God Me King* auf

Vinyl gepreßt. Dieses Stück, das über das Backing von Maxie Priests Hit *Sensemilla* lief, bewirkte eine Sensation: Es wurde die erste *britische* Reggae-Platte, die den ersten Platz der *jamaikanischen* Charts eroberte. MC Smiley Culture zog mit *Cockney Translation* und anschließend *Police Officer* nach und etablierte den Fast Style schließlich durch eine hohe Positionierung in den britischen Pop-Charts. In *Police Officer* erzählt Smiley Culture, wie er abends, bei einer Autofahrt durch London, von einer Polizeistreife angehalten wird, die damit beginnt, seinen Wagen nach Ganja zu durchsuchen. Nachdem Smiley das (sehr gut versteckte) Marihuana herausgeben mußte, soll er im Polizeiwagen abtransportiert werden. Doch er sagt »You can't do that, ca' me name Smiley Culture«. Der Polizeibeamte erkennt in ihm den DeeJay der Platte *Cockney Translator* und erwidert: »My kids love it and so does my mother!« Der berühmte Smiley Culture braucht ihm daraufhin nur noch ein Autogramm zu geben und darf mit seinem Ganja davonfahren. Cockney-Polizisten und Patois-*Yardies* (Jamaikaner) verstehen sich! Neben der atemberaubenden Schnelligkeit, mit der *Police Officer* vorgetragen wurde, erzählte Smileys Stück eine vollständige Geschichte, mit dramatischem Aufbau, Dialogen etc., was bis dato bei den DeeJay-Texten ganz und gar unüblich gewesen war.

Diese rasanten Verbal-Attacken von Smiley Culture und seinen Kollegen wie Asher Senator oder Tippa Irie waren unterlegt mit einem minimalistisch anmutenden Baß- und Schlagzeug-Rhythmus, der die alten »Studio One«-Riddims neu und vor allem schneller intonierte. Produziert wurden diese Sounds alle im Londoner »A-Class«-Studio, auf dem »Fashion«-Label von Chris Lane, von dessen Toningenieur Gussie Prento und dem Sänger/Songwriter Barry Boom (alias Paul Robinson). Sie bildeten die Kreativzelle für viele weitere Entwicklungen im britischen Dancehall- und Raggamuffin-Sound der folgenden Jahre.

Aber auch in einer ganz anderen Kategorie des Reggae geschah in England (einige Jahre zuvor) wegweisendes. Der Betreiber und DeeJay des bereits erwähnten »Sir Coxsone Outernational«-Sound-Systems, Lloyd Coxsone, und der Produzent/Multi-instrumentalist/Dub-Mixer Dennis Bovell gründeten hier Ende der siebziger Jahre ein Label mit einem Namen der Programm war: »*Lovers Rock*«. Die Musik, die sie für dieses Label produzierten, war stark vom Soft-Soul beeinflußt, klang seicht, gleichmäßig und stereotyp, und diente allein dazu, mehr oder weniger schmalzige Liebeslieder zu untermalen. Insbesondere Sängerinnen wie Deborah Glasgow, Janet Kay, Cynthia Schloss, und Janet Davis begannen in den frühen achtziger Jahren, dieses Genre für sich zu entdecken und überschwemmten den britischen Reggae-Markt mit ihren schnell produzierten Schnulzen. Das neue Genre des Lovers Rock stieß in eine Marktlücke und verkaufte sich in phänomenalen Stückzahlen; 1980 waren in den Top Forty der britischen Reggae-Charts durchschnittlich fünfzehn Lovers-Rock-Stücke vertreten, und bis heute sind es überwiegend Lovers-Rock-Produktionen geblieben, die sich in der Spitze der Reggae-Charts festsetzen. Bereits in den frühen siebziger Jahren hatte die britische Plattenfirma »Trojan-Records« ein ähnliches Konzept entwickelt: Sie produzierten für ihr eigenes Label höchst kommerziellen Reggae, den sie mit großzügigem Einsatz von Streichern und Chören angereichert hatten und von arg soften Lovers-Interpreten wie John Holt, Boris Gardner oder Susan Cadogan besingen ließen. Oftmals spielten sie die Streicher auch nachträglich auf die aus Jamaika importierten sanfteren Reggae-Stücke auf.

Lovers Rock hat paradoxerweise trotz seiner artifiziellen Ausstrahlung etwas konsequent originäres an sich und ist fester Bestandteil des Kerns der schwarzen Reggae-Szene Englands. Insofern ist Lovers Rock eine echte Konstante im lebhaften Wechsel der Reggae-Stile und eine wichtige Inspirationsquelle für kommerzielle Crossover-Versuche im Club-Soul- und Pop-Gefilde, wie jüngst vorgeführt von Maxie Priest (auch ursprünglich Sänger im »Saxon«-Sound) mit seinen Alben *Bonafide* und *Fe Real*. Andere kreative Geister dieser extrem lebendigen Londoner Szene sind u. a. Sandra Cross, Janet Lee-Davis, Winsome, Deborah Glasgow, Mike Anthony, Trevor Hartley, Peter Hunningale, Michael Gordon und Phillip Leo.

Frankie Paul

Aber auch in Jamaika kündigten sich erneut Änderungen an: Gegen Mitte der achtziger Jahre war der Zenit der »analogen« Dancehall-Epoche überschritten, und man stand vor dem Anbruch einer neuen – der digitalen – Ära des Reggae. Sie sollte eines Abends im Jahre 1985 – unbemerkt von der restlichen Welt – mit einem legendären Sound-Clash eingeläutet werden. Während der Reggae nun zu einem Schritt ansetzte, der sich als entscheidend für die Zurückeroberung seines Platzes im internationalen Musikgeschehen erweisen würde, hielt man ihn in Europa und Amerika für tot und tröstete sich, in Form posthumer Alben und Remixes, mit dem Mythos seines verstorbenen Königs Marley.

Survival

Bob Marley und sein Mythos

Bob Marley, der auf dem Höhepunkt seines Ruhmes gestorben war, wurde zu einem Mythos, der bis heute die nicht-jamaikanische Sicht auf den Reggae überschattet; Marley wurde zum pauschalen Inbegriff für die ganze Vielfalt an Stilen und Inhalten, die diese faszinierende Musik zu bieten hat. Diese extreme Verengung der Sichtweise ist jedoch nur *eines* der Mißverständnisse, die unsere Rezeption von Bob Marley kennzeichnen und einen großen Teil seines »Mythos« ausmachen.

Chris Blackwell legte den Grundstein dafür, als er damit begann, Bob Marley und die »Wailers« konsequent zu *Rockstars* für ein weißes europäisches bzw. nordamerikanisches Publikum aufzubauen. Er stimmte die Musik Marleys exakt auf die Hörgewohnheiten dieses kaufkräftigen »Rock«-Publikums ab und erzeugte damit eine Reggae-Rock-Mischung, die keineswegs mehr repräsentativ für den Reggae in Jamaika war – aber für die gelangweilte Glitter-Rock-Musikszene einen vehementen Innovationsschub bedeutete. Der frische, unverbrauchte und innovative Sound des Reggae-Rock konnte ein lähmendes Vakuum füllen, das sich nach dem Abtritt der großen Rock-Legenden der 60er Jahre (wie Jimmi Hendrix, Janis Joplin, Jim Morrison) und durch die kommerzielle Veräußerlichung der Rock/Pop-Musik gegen Ende der Dekade (wie bei Mick Jagger, Bob Dylan, John Lennon) aufgetan hatte.

Mit der Akzeptanz der Musik Marleys sah man sich nun aber unvermittelt auch deren Inhalten gegenüber, die jedoch nicht wie die Musik auf die Hörgewohnheiten des weißen Publikums abgestimmt waren. Im Gegenteil, die Songs handelten in Form der Rastafari-Metapher von »schwarzer« Emanzipation und waren in keiner Weise mit den Vorstellungen der weißen Hörerschaft Marleys im Einklang. Nun geschah jedoch etwas

Paradoxes: Marleys Inhalte wurden in den weltanschaulichen Kontext des Rock und seines Publikums überführt. Die Rockfans pickten ihnen wohlvertraute Signal-Begriffe wie »revolution« oder »burning and looting« – die ihnen von Jagger, Dylan oder Lennon versprochen, aber nie eingelöst worden waren – heraus und begannen, sie ihren eigenen Bedürfnissen (und Defiziten) gemäß zu interpretieren. Hier liegt der Kern des Mißverständnisses, denn wenn Marley von »Revolution« spricht, dann meint er die *schwarze* Revolution, meint Afrozentrismus und schwarzen Nationalismus – während sein weißes Publikum unter »Revolution« einen Akt des sozialen Widerstands gegen die Verdinglichung und die Leistungsprinzipien der technokratischen Gesellschaft sowie einen pauschalen Affront gegen das bürgerliche Establishment versteht. Selbst wenn sich die Revolution auf beiden Seiten vordergründig an die gleiche Adresse richtet (Regierung, Polizei, das »System« etc.), so ist das angestrebte Ziel jedoch in seiner Bedeutung und existentiellen Notwendigkeit für beide Parteien ein vollständig verschiedenes: Für Marley ist es die »Erlösung des schwarzen Volkes«, für seine weißen Fans ist es eine bloße Attitüde.

Die Erlösung wird verkörpert durch die Rastafari-Metapher, in deren Bilderspektrum die Marley-Texte verankert sind. »Rastafari« – sei es nun als religiöse Metapher oder als Religion verstanden – ist aber auf die Lebensrealität eines »weißen« Menschen nicht übertragbar, da dieser in der Regel keineswegs unter rassistischer Unterdrückung, Diskriminierung und geistiger wie physischer Entwurzelung zu leiden hat (und daher auch keine »Repatriierung« in Afrika anstrebt). Dennoch übt Rastafari auch auf weiße Jugendliche eine besondere Faszination aus, denn Rasta verkörpert »Stolz«, »Überlegenheit« und »Stärke«. Blendet man also das obligatorische, aber nicht unmittelbar explizite Attribut »schwarz« bei Marleys Rasta-Texten aus – so wie es seine Fans getan haben – dann vermittelt sich dem Zuhörer das nunmehr unverbindliche Bild sehr erstrebenswerter Eigenschaften, die er aufgrund seines Identifikationsverhältnisses mit dem Star auch für sich selbst in Anspruch nehmen darf.

Darüber hinaus ist es aber vor allem der spezifisch religiöse Aspekt von Rastafari, der sich ideal den Bedürfnissen der westlichen, rationalistisch geprägten Gesellschaft anpassen läßt. Hier funktioniert Rastafari als esoterischer Zufluchtsort und als mythische Heilserwartung, die den Marley-Fans die Verwirklichung »alternativer« Hippie-Utopien verspricht. Marley und seine Rastafari-Religion wurden so zur Projektionsfläche der defizitären Bedürfnisse unserer Gesellschaft. Sein Charisma, sein Stolz und die »geheimnisvolle« Rasta-Weisheit funktionierten als perfekte Köder für eine frustrierte, sich am Ende der Hippie-Ära auf der Sinnsuche befindliche junge Generation. Marleys Rasta-Botschaft drang aus der exotischen, »ursprünglichen« und »wahrhaftigen« Ghetto-Welt zu ihnen und verkörperte eine ihnen selbst längst verlorengegangene Authentizität, Glaubwürdigkeit und Besinnung auf »wahre« Werte. So erschien Marley in der mythischen Verkörperung des »edlen Wilden« als ein Prophet, der die Revolution und eine »bessere«, harmonische Welt versprach. Diese Welt war jedoch in Wirklichkeit das mythisch verklärte Afrika als Symbol der schwarzen Identität und besaß keineswegs sinngebende Qualitäten für eine »weiße« Lebensrealität, weshalb Marleys Publikum den zentralen Punkt seiner Botschaft denn auch schlicht ignorierte und ihre mythische Substanz den eigenen Bedürfnissen anzupassen verstand. Der »Mythos Marley« war geboren – und war doch nur ein großes Mißverständnis.

Besonders bezeichnend für die Absurdität dieses Vorganges ist die Tatsache, daß Marley mit seiner Botschaft das schwarze Publikum außerhalb Jamaikas gar nicht erreichte. Seine afroamerikanischen Brüder hörten »botschaftsfreien« Funk, Soul und Disco, während sich die weißen Kids in Scharen mit der eigentlich an die Schwarzen gerichteten Befreiungsmessage identifizierten.

Erst nach Marleys Tod begannen Afroamerikaner, Afroeuropäer und sogar die Afrikaner selbst, ihn und seinen Mythos für sich zu entdecken – und nutzbar zu machen. Das lag jedoch nicht an einer verspäteten Wirkung seiner Botschaft, sondern vielmehr

am Symbolwert seiner Person. Marley wurde zum machtvollen Symbol der schwarzen Emanzipation – einem Symbol, das seine Macht aus der Tatsache zog, daß Marley in der weißen Gesellschaft nicht nur ein gefeiertes Star-Idol war, sondern von ihr gewissermaßen als Prophet verklärt (und in ihrem Sinne mißverstanden) wurde. Hier hatten die Schwarzen nun plötzlich einen Vertreter ihrer Sache, der die vorbehaltlose Zustimmung seitens der weißen Gesellschaft genoß. Maley wurde zum Undercover-Agent im Babylon-System »umfunktioniert«.

Aber war er wirklich eine subversive Kraft im Babylon-System? Hat er sich und seine Musik – und mit ihr den ganzen Reggae – nicht vielmehr verkauft an ein kolonialistisches System, das nun den Reggae musikalisch und kommerziell zu besetzen begann, wie zuvor fremde Länder und Kontinente?

Zweifellos wurde die Musik Marleys in weiten Zügen von den kommerziellen Interessen des europäisch / angloamerikanischen Musikgeschäftes bestimmt, und dennoch hat Marley sich weder verkauft, noch hat er den Reggae verraten. Marley war zwar – entgegen dem Bild, das sein Mythos von ihm zeichnet – ein durchaus kommerziell denkender Mensch, der stets bemüht war, Bestseller zu produzieren. Doch sein Interesse an finanziellem Gewinn war vielmehr aus der Erfahrung seiner Jugend motiviert, stets von den Produzenten und dem Musikgeschäft um den eigenen finanziellen Anteil betrogen worden zu sein – eine Erfahrung, die er mit allen anderen jungen jamaikanischen Musikern teilte. Marleys kommerzielle Interessen lassen sich deshalb so perfekt kaschieren, denn er frönte dem materiellen Luxus, den er sich aufgrund seines gigantischen Vermögens hätte leisten können, nur recht verhalten.

Eine viel stärkere Motivation als der materielle Reichtum waren Ruhm und soziale Anerkennung, die das internationale Musikgeschäft dem ehemaligen Ghettokind bot. Daß er dabei mit

---

Bob Marley

seiner Musik und Botschaft bei dem weißen Rockpublikum an den falschen Adressaten geraten war, verdrängte er angesichts des Ruhmes und der Macht, die ihm dieses Publikum bescherte. Genau hierin bestand die Versuchung des Babylon-Systems, der er erlag. Aufgewachsen als unterprivilegierter Ghettobewohner, in dem Bewußtsein, ein verachtetes Subjekt am Rande der Gesellschaft zu sein, beseelte ihn – wie alle anderen Ghetto-Kids auch – der Wunsch, mittels der Musik das Ghetto zu verlassen, aus der gesichtslosen Masse der »Sufferers« herauszutreten und sein Recht in der Gesellschaft einzufordern. In einem Klima der Gewalt und unter dem Gesetz des »Survival of the fittest«, wie es im Ghetto gilt, ist die soziale Anerkennung, die mit dem Erfolg im Musikgeschäft verknüpft ist, und die daraus erwachsende soziale Macht das primäre Ziel eines jeden jungen Ghettobewohners, der sich nicht dem anderen üblichen Weg aus dem Ghetto – einer Karriere als Krimineller – verschrieben hat. (Nicht zuletzt liegt genau hier der Grund für die ausbeuterischen Strukturen des jamaikanischen Musikgeschäftes, denn in Anbetracht des möglichen sozialen Erfolges verzichten Newcomer leichtfertig auf ihre Tantiemen.)

Bob Marley hat diesen Schritt aus der sozialen Diskriminierung zur gesellschaftlichen Anerkennung in unvergleichlicher Weise vollzogen. Da Marley nun ein Star im »weißen« Amerika und Europa war, wog sein Triumph gegenüber dem schwarzen jamaikanischen Establishment, dem primären Feindbild der Sufferers, doppelt schwer. Die jamaikanische Elite war auf diese Weise gezwungen, ausgerechnet ein »Randgruppensubjekt« als den ersten Repräsentanten ihrer Kultur anzuerkennen. Marley hatte sie mit den eigenen Waffen geschlagen, denn in guter alter Kolonialtradition genossen die Ansichten der weißen Gesellschaft – die ihn nun als »Star« auszeichnete – bei ihr hohe Achtung. Das »offizielle« Jamaika kam daher nicht länger umhin, den Reggae als ein wesentliches Stück der jamaikanischen

Bob Marley

Kultur anzuerkennen und mit ihm der ganzen Ghettokultur Respekt zu zollen. So verwirklichte Bob Marley (paradoxerweise) indem er den »Umweg« über das weiße Publikum nahm doch noch ein Stück seines eigentlichen Ziels, nämlich seinen schwarzen Brüdern zu mehr Freiheit zu verhelfen, indem er ihre kulturellen Werte etablierte.

Der Triumph gegenüber dem durch die »bessere Gesellschaft« repräsentierten »System« war umso größer, weil Marley nicht nur mit dem Establishment aufschloß und ihm nun selbstbewußt gegenüberstand, sondern es permanent kritisierte und ihm so die Verachtung zurückzahlte, die es ihm in seiner Jugend entgegengebracht hatte. Marley wurde damit zur Identifikationsfigur der unterdrückten – und aufbegehrenden – armen Jamaikaner, denn mit ihm hatten sie selbst Anteil an der inneren Befreiung aus den Ketten des ihnen aufgezwungenen existentiellen Minderwertigkeitskomplexes.

Das von Bob Marley vermittelte »weltliche« Selbstbewußtsein ging Hand in Hand mit der sich immer weiter ausbreitenden Rastafari-Religion. Während Marley zunächst noch gegen »das System« rebellierte und damit durchaus auch das politische System Jamaikas meinen konnte, benannte Rastafari den Unterdrücker wesentlich unkonkreter: die weiße Gesellschaft. Damit wurde das Feindbild keineswegs eingegrenzt, sondern im Gegenteil so stark ausgeweitet, daß eine politische Lösung unrealistisch wurde. An die Stelle einer möglichen politischen Revolte war religiöser Eskapismus getreten – und Bob Marley vollzog diesen Wandel widerspruchslos mit. Aus dem Rebellen wurde ein Guru.

Eine solche spirituell-abstrakte Sicht der Dinge erlaubte es Marley, in viel stärkerem Maße mit dem »Babylon-System« zu kooperieren, als es ihm in einer politisch motivierten Auseinandersetzung möglich gewesen wäre. So hatte er auch keine Probleme damit, seine »schwarze« Botschaft einem »weißen« Publikum zu *verkaufen* – und zwar keineswegs mit dem Hintergedanken, die weiße Gesellschaft zum Umdenken zu bewegen: Die Adressaten seiner Texte waren eindeutig schwarz, die Adressaten seiner Musik hingegen weiß. Da Bob Marley jedoch den Texten stets größeres Gewicht beimaß als der Musik, sah er keinen Grund für einen Gewissenskonflikt – und was die Musik betraf, so entsprach sie in der Weise wie er sie selbst subjektiv guthieß dem breiten Massengeschmack der europäischen und amerikanischen Hörer. Für ihn stellten die starken Rock-Einflüsse in seiner Musik keine Anpassung an die Marktbedürfnisse des Babylon-Systems dar, sondern waren schlicht »Roots«, weil die Rock-Elemente der Musik einen rauhen und harten Charakter verliehen.

Bob Marleys Sichtweise seiner eigenen Karriere war also recht unbedarft – um nicht zu sagen naiv. Wie ein Interview belegt, in dem er sagt, daß er sich nur dann seines Star-Status' bewußt werde, wenn man ihn direkt daran erinnere, reflektierte er seine politische, soziale und kulturelle Bedeutung kaum. Zwar war er sich seiner Macht bewußt und setzte sie auch ein zum Beispiel bei seinen Friedenskonzerten in Jamaika, aber er hinterfragte sie nie kritisch. Für ihn war der Vorwand, seine Botschaft einer möglichst großen Masse von Menschen mitzuteilen pauschale Legitimation für jede Kooperation mit dem »Babylon-System«. Umso leichter war es für das westliche Musikgeschäft, Marley und seine Musik so total zu vereinnahmen, daß sogar – und gerade – aus der Unverständlichkeit der Texte Kapital gemacht werden konnte.

Bei Bob Marley findet sich jene Naivität, wie sie vielen Künstlern zu eigen ist, die versuchen, die Wirklichkeit mittels ihres künstlerischen Empfindens statt durch rationale Analyse zu durchdringen. Oftmals führt dieser Weg zu einer intuitiv »wahreren« Sicht auf die Dinge, entzieht sich jedoch zugleich jeder objektiven (Selbst-)Kontrolle. Diese intuitive Arbeitsweise ist an den Texten Bob Marleys deutlich abzulesen; immer sind es verschiedenste Gleichnisse, Metaphern und Sprichworte, die sich zu einer diffusen emotionalen Aussage verdichten, ohne dabei einem nachvollziehbaren Argumentationsstrang zu folgen. Man muß daher Bob Marley (insbesondere in den späteren Jahren) vor allem als eine Künstlerpersönlichkeit begreifen, die den Gesetzen und der Logik einer eigenen, hermetisch abgeschirmten, introvertiert-künstlerischen Welt unterliegt, die in prinzipiellem Widerspruch zu der aktiv-pragmatischen, auf politische Veränderung zielenden Geisteshaltung von Revolutionären steht. Daß Marleys Weltanschauung dann schließlich in religiöser Transzendenz mündet, ist wiederum nur konsequent. Die Musik Marleys ist somit Ausdruck einer individuellen Künstlerpersönlichkeit – und nicht, wie es sonst im Wesentlichen für die jamaikanische Musik gelten kann, kollektiver Ausdruck einer Volkskultur. Von daher ist es viel sinnvoller und angemessener, Bob Marley als eine (Künstler-)Persönlichkeit (wie etwa Bob Dylan) zu verstehen – und zu bewerten –, anstatt ihn für den Repräsentanten des Reggae zu halten.

Seine Vergleichbarkeit im Rahmen der den westlichen Medien vertrauten Bewertungskategorien war dann auch ein entscheidender Faktor für die große Popularität, die Marley in der weißen Musikpresse so schnell verbuchen konnte. So war Bob Marley zweifellos ein überragender Songschreiber – eine Qualität, die das westliche Ausland fast mehr zu schätzen wußte als das auf Cover-Versions, Dub-Sound und DeeJaying konzentrierte Jamaika. Seine Texte waren sozialkritisch, ebenfalls eine Eigenschaft, die im politisch sensiblen Westen hoch im Kurs stand, während in Jamaika, wie auch in vielen anderen Drittweltstaaten, die Musik primär die Funktion hatte, die Hörer ihr tägliches Elend vergessen zu lassen und ihnen ein paar schöne Stunden zu verschaffen. Marley war eine höchst charismatische Persönlichkeit, die in Verbindung mit ihrer exotischen Erscheinung großen Eindruck auf Musikfans und -presse in Europa und Nordamerika machte – viel mehr als es im kleinen Jamaika der Fall war, wo ein Starkult in diesem Sinne nicht existierte. Vor diesem Hintergrund wird immer verständlicher, daß Bob Marley für eine Vermarktung im internationalen Musikgeschäft wie geschaffen war, während man in Amerika und Kontinentaleuropa mit der Musik, die in Bob Marleys Gefolge aus Jamaika herüberschallte, nur sehr wenig anfangen konnte. Man ignorierte sie weitgehend.

So erstaunt es nicht, daß die Musikpresse schließlich mit dem

Tode Bob Marleys das Dahinscheiden ihrer kolonialen Besitztümer verzeichnete und laut verkündete: »Der Reggae ist tot«. Das war er aber keineswegs, sondern er holte gerade in mächtiger Allianz mit dem HipHop zum Gegenschlag auf die Besitztümer des internationalen Musikgeschäftes aus, um es diesmal mit dem (Selbst-)Bewußtsein der eigenen musikalischen Identität zu erobern.

Hier aber würden die Traditionalisten einhaken und die berechtigte Frage stellen, ob die derzeitige Popularität des Ragga überhaupt denkbar wäre ohne die Vorarbeit, die Bob Marley geleistet hat. Zweifellos hat Bob Marley den Begriff »Reggae« in das internationale Musikgeschehen eingeführt (wofür er heute noch von den Jamaikanern verehrt wird), aber er blieb doch nahezu vollständig auf ihn als Hauptprotagonisten beschränkt. Nach Marleys Tod verschwand – aus der Perspektive des rock- und popzentrierten westlichen Musikmarktes – auch der Reggae wieder in der Versenkung. Der Ragga der neunziger Jahre mußte somit bei seiner Zurückeroberung des internationalen Musikgeschäftes gewissermaßen bei Null starten. Er konnte (und wollte) nicht auf den von Marley geebneten Wegen nach Amerika zurückkehren, denn diesmal sollte der Kurs nicht über das weiße Publikum führen, sondern über den schwarzen HipHop, den Produktionsweise, Darbietungsform und soziale Bedeutung mit dem Ragga verband.

In diesem neuen Kontext wurde Bob Marley von seinem komplexen musikalischen Hintergrund völlig abgelöst und diffundierte fortan in Form von gelegentlichen Samples als bloßes Symbol für ein unspezifisches schwarzes Selbstbewußtsein durch die HipHop-Tracks. In der Ragga-Szene der neunziger Jahre hingegen feiert er zur Zeit seine Renaissance als – nicht weniger pauschalisierte – Ikone eines sich von Slackness und Gun-Talk distanzierendem, anspruchsvollem »Consciousness«-Reggae. Dessen ungeachtet trägt dennoch jedes weitere Auftauchen seiner Musik im heutigen Musikgeschehen (wie das 1992 veröffentlichte *Iron, Lion, Zion*, bei dem ein alter bisher unveröffentlichter Vokaltrack von Marley mit neu eingespielter Musik unterlegt wurde) unweigerlich den Makel der Kommerzialität (was auch unzählige obskure Marley-Kompilationen oder gefällige Cover-Versions seiner Songs immer wieder von neuem unter Beweis stellen).

Erst jetzt, mit Blick zurück, ist es somit möglich, Bob Marley in all seiner Widersprüchlichkeit zwischen sozialkritischem Anspruch und kommerzieller Vereinnahmung, zwischen individueller künstlerischer Expression und kollektiver Repräsentation zu erkennen. Der Mythos relativiert sich, je nachdem aus welcher Perspektive man ihn betrachtet. Im westlichen Wertekanon stellt sich Marley zu Recht als eine unumstößliche Größe der Popmusikgeschichte dar. Von der Warte des Reggae war Marley aber viel mehr ein Gigant, der den internationalen Blick auf die originäre Form des Reggae verstellte und damit dem Westen eine klare *Alternative* zu den westlichen Hörgewohnheiten vorenthielt. Eine Alternative jedoch, die wahrscheinlich – auch das zeigt der Blick zurück – kaum Chancen in der damaligen Musiklandschaft gehabt hätte. Erst in der heutigen pluralistischen Musikszene, in der die schwarze Musik über eine eigene Infrastruktur verfügt und in der Reggae nicht mehr die Allianz mit dem weißen Rockpublikum nötig hat, gelingt schließlich mit dem Raggamuffin der Durchbruch des »originären« Reggae, der seine Verwurzelung im Sound-System nicht leugnen muß...

Greetings To All Raggamuffins
Der Raggamuffin (1985 – heute)

»The Big Clash« war für den 23. Februar 1985 angekündigt, und ganz Jamaika geriet in Aufregung: Die beiden größten Sound-Systems der Insel trafen sich zu einem Wettkampf, Black Scorpio gegen Jammy. Der Riese Jack »Black« Scorpio und der dickbäuchige Prince Jammy hockten schon seit Wochen hinter verschlossenen Studiotüren und nahmen ihre eigens für diesen Clash vorgesehenen Dub-Plates auf. Scorpio hatte einige vielversprechende Produktionen von Lord Sassafras, General Trees, Frankie Paul, Johnny Osbourne und Bobby Melody im Sack. Als er Bobby Melodys *Jammy Get Flat* hörte, lachte er sich leise ins Fäustchen. Prince Jammy hingegen saß in seinem kleinen Studio, einem umgebauten Schlafzimmer im Haus seiner Frau, und bastelte wichtigtuerisch an einer Geheimwaffe für den großen Showdown. Im Garten wurden inzwischen die riesigen Lautsprecher repariert und die Plattenspieler gereinigt; Selector Tupps tüftelte den Schlachtplan aus.

Schließlich war es soweit, der 23. Februartag neigte sich dem Ende zu. Schon bei Sonnenuntergang kamen die ersten Gäste in die Waltham Park Road, wo sich die gigantischen Lautsprecherboxen der beiden Sound-Systems gegenüberstanden. Nach und nach kamen immer mehr Menschen und drängten sich durch den Eingang. Alle waren da, die Reggae-Fans und die großen Stars der Insel: U-Roy, Leroy Smart, Gregory Isaacs, Fankie Paul...

Black Scorpio eröffnete den Showdown mit einigen seiner heißesten Dub-Plates. Die Tanzenden schwitzten bereits und die Atmosphäre schien zu kochen, als gegen 22.00 Uhr Jammys Selector Tupps seine geheimen Dub-Plates auf den Plattenteller legte. Er senkte die Nadel auf die erste Scheibe, es knisterte kurz, dann kam ein trockener Trommelwirbel, und eine harte, blecherne, synthetisch klingende Computer-Bassline setzte ein. Die

Menschenmenge schien zu explodieren, die Leute kreischten, warfen die Arme in die Luft, pfiffen auf Trillerpfeifen oder ließen die Signalhörner ertönen. Pistolenschüsse knallten und Bierflaschen flogen umher. Was da aus den Lautsprechern schallte war eine Sensation – dieser Sound war neu, vollständig anders als alles, was man bisher im Reggae zu hören bekommen hatte. *Under Me Sleng Teng* sang eine Knabenstimme über diesen simplen, monotonen, elektronischen Rhythmus. Selector Tupps legte daraufhin die zweite Version des gleichen Rhythmus auf: Sugar Minotts *War And Crime*. Damit war das Spektakel perfekt und der digitale *computerised* Reggae geboren.

Dieser revolutionäre Rhythmus, der als *Sleng Teng* in die Reggae-Historie eingehen sollte, war das Produkt eines kleinen Casio-Synthesizers, der so billig war, wie er klang. Ein Junge namens Noel Daley hatte ihn sich aus den USA mitbringen lassen, um mit Begleitung der ab Werk einprogrammierten Rhythmen Singen zu üben. Sein Freund Wayne Smith hatte schon bei einigen Produktionen für Prince Jammy in den frühen Achtzigern Erfahrungen als Sänger sammeln können. Als Daley und Smith nun den Speicher des neuen Casio-Synthesizer erforschten, stießen sie auf einen besonders interessanten werkseitig einprogrammierten Demo-Rhythmus. Sie verlangsamten dessen Geschwindigkeit auf Dancehall-Tempo, und Wayne begann dazu zu singen. Über Nacht reimte er schließlich einen Song zusammen, den er *Under Me Sleng Teng* nannte und am nächsten Morgen Prince Jammy vorspielen wollte – doch Noel konnte das Rhythmus-Programm nicht wiederfinden! Erst Tage später hatte er den *Sleng Teng* im kleinen Speicher des Gerätes lokalisiert. Mit der »Beat-Box« unter dem Arm lief er zu Jammys Studio, der Toningenieur Tony Asher schloß den Synthesizer ans Mischpult an, setzte noch ein paar Offbeats auf den Rhythmus und nahm das epochale Werk auf. Jammy produzierte mit dieser Aufnahme an die zwanzig verschiedene Versions, die besten mit Sugar Minott, Johnny Osbourne und Tenor Saw. Nach dem unbeschreiblichen Erfolg, den er damit beim »Big Clash« hatte, kopierten alle anderen Produzenten den Riddim und nahmen ihre eigenen Versions dazu auf. Im September 1985 gab es über zweihundert(!) *Sleng-Teng*-Versions – mehr als von jedem anderen Riddim bisher.

Nach *Sleng Teng* wollte niemand mehr »menschliche«, von Musikern handgespielte Backings hören – es mußte »strictly computerised« sein. Für die Produzenten war das ein Geschenk des Himmels, denn sie brauchten in Zukunft weder große Studios noch Session-Musiker zu bezahlen. Ein Sänger bzw. DeeJay und ein Computer reichten, um Hits zu produzieren – und das Volk liebte sie!

Prince Jammy wurde zum King Jammy gekrönt und avancierte zum überragenden Top-Produzenten der zweiten Hälfte der achtziger Jahre. Schon als elektrobegeisterter Teenager besaß Jammy ein eigenes kleines Sound-System und half gelegentlich in King Tubbys Studio aus. Als Mitte der siebziger Jahre Tubbys Toningenieur Phillip Smart nach Amerika ging, um dort sein eigenes »HCF«-Studio zu eröffnen, rückte Jammy auf den freigewordenen Studio Platz nach. Dort kam er mit zwei seiner wichtigsten Förderer in Kontakt: Bunny Lee und Vivian Jackson (alias Yabby U), beide einflußreiche Produzenten der siebziger Jahre. Jackson war es auch, der Jammy sein erstes Backing lieh, auf das er dann seine eigene Entdeckung, eine Gruppe namens »Black Uhuru«, aufnahm. Anschließend fuhr er mit Bunny Lee nach England, um zu sehen, wie das große Musik-Business funktionierte. Leider funktionierte es für ihn nicht so gut und er mußte seine »Black Uhuru«-Platten persönlich, mit dem eigenen Auto, in die Plattenläden der britischen Insel liefern. Trotzdem war er sicher, daß sich »Black Uhuru« für eine internationale Vermarktung eigneten. So gründete er, als er wieder nach Jamaika zurückgekehrt war, 1978 sein eigenes Label und veröffentlichte die erste »Black Uhuru«-LP mit dem Titel *Love Crisis*. Jammy sollte Recht behalten, 1980 kamen »Black Uhuru« bei »Island Records« unter Vertrag und wurden von Sly & Robbie auf deren »Taxi«-Label produziert. Das Trio um Micheal Rose wurde zu internationalen Superstars, das den Spuren Bob Marleys folgte.

Gussie Clarke

Prince Jammy vertiefte sich ins Produktionsgeschäft und brachte sich aus England ein Vier-Spur-Mischpult mit, das er gegen die Produktion einer Dub-LP (die nun mit dem neuen Pult entstehen würde) eingetauscht hatte. So ausgerüstet produzierte er neue Hits für Half Pint, Echo Minott, Junior Reid und Pat Anthony, die er von »Greensleeves«-Records in England vertreiben ließ. »Greensleeves« kannte Jammy schon durch sein Dub-Duell *Scientist vs Prince Jammy*, das noch für Junjo Lawes entstanden war. Junjo jedoch zog sich immer mehr aus dem Musikgeschäft zurück und »Greensleeves« war froh, neues Material von Jammy zu bekommen. Die erste Jammy-LP, die sie verlegten, war *One In A Million* von Half Pint – ein Meisterwerk, das schwindelerregende Verkaufszahlen erreichte. Half Pint war es auch, der – ebenfalls abgewandert zu Sly & Robbie – 1985 mit seinem Lobgesang *Greetings To All Raggamuffins*, dem neuen Dance-Hall-Sound seinen Namen gab. Die Bezeichnung *Raggamuffin* tauchte zwar schon 1981 zum ersten Mal auf, setzte sich aber erst gegen Mitte der achtziger Jahre, während der digitalen Ära des Reggae, durch.

Ein anderer Star von Jammy war der neunzehnjährige Tenor Saw, dessen Stimme das perfekte Äquivalent zum elektronischen Surren des neuen Computer-Sounds war: hell, verzerrt, nasal und scheinbar »verstimmt«. Beim Singen wedelte er wild mit den Armen und verzerrte sein Gesicht zu so extremen Grimassen, daß seine Performance gänzlich surreal wirkte. Sein Hit für Jammy hatte den Titel *Pumpkin Belly* – ein Kinderlied, das er zum *Sleng-Teng*-Rhythmus sang. Für den Produzenten Winston Riley, der bereits seit der Rocksteady-Zeit mit den »Techniques« für Duke Reid immer wieder große Hits produziert hatte, nahm Tenor Saw die Dance-Hall-Hymne *Ring The Alarm* auf, in der er beschreibt, wie das gegnerische Sound-System bei

King Jammy

einem Sound-Clash dem Erdboden gleichgemacht wird. Riley benutzte dafür einen Riddim, den er bereits 1972 produziert hatte (*Stalag 17*) und stürmte mit Tenor Saws Gesang die jamaikanischen Charts.

Der große King Tubby hatte unterdessen sein neues Studio fertiggestellt und ebenfalls einige Computerised-Rhythms aufgenommen. Er wollte nun Tenor Saw dazu singen lassen, konnte seiner aber im jamaikanischen Chaos nicht habhaft werden. Ein junger Sänger namens Anthony Red Rose erkannte seine Chance und bot Tubby an, das Backing für ihn im Stil von Tenor Saw zu besingen. Das Ergebnis war *Tempo*, ein Megahit für Tubby, und das erste von unzähligen Plagiaten der Stimme Tenor Saws. Drei Jahre später wurde der junge Tenor Saw wegen krummer Drogengeschäfte umgebracht. King Tubby wurde ein Jahr später – scheinbar grundlos – vor seinem Haus erschossen.

Trotz der harten Konkurrenz zwischen Tubby und Winston Riley (der noch andere gigantische Hits wie beispielsweise *Hol' A Fresh* von Flourgon oder *Boops* von Supercat produzierte), war es King Jammy, der den Raggamuffin beherrschte. Seine jungen DeeJays und frischen Singer wurden mit Jammy-Produktionen zu Superstars: Nitty Gritty (auch ein Tenor Saw-Imitator – er wurde 1991 von seinem Kollegen Supercat erschossen), Major Worries, Josey Wales, Chaka Demus, Pinchers, Lieutenant Stitchie und Shabba Ranks. Der größte Name in den späten achtziger Jahren war jedoch zweifellos Admiral Bailey; bereits 1986 hatte er im Duett mit Chaka Demus den Hit *One Scotch, One Bourbon* aufgenommen, der sich in Jamaika zwölftausendmal verkauft hatte. 1987 setzte er zum großen Sprung an mit einem Toast, der Yellowmans Slackness bei weitem übertreffen sollte: *Punanny* (krude Bezeichnung für die Vagina). *Punanny* wurde ein Dance-Hall-Knaller, der endlose Versions nach sich zog und der den Refrain »gimme punanny« zu einem feststehenden Ausdruck werden ließ. (Das Backing diente später Pinchers für seinen – auch inhaltlich passenden – Hit *Agony... in her body*.) Admiral Bailey belegte mit seinem sexistischen Machwerk auf Anhieb die Nummer eins der Verkaufscharts – wurde aber im Radio zensiert. So toastete er fürs Radio über dasselbe Backing das zweideutige Stück *Healthy Body*, in dem er seinen Hörern empfahl, den eigenen Körper fit zu halten – wozu, kann man sich ja denken – und erreichte damit die Nummer eins der JBC- und RJR-Charts. Kurz darauf verherrlichte er seinen dicken Bauch (offensichtlich hatte er zu viele hämische Kommentare wegen seines »Healthy Body« einstecken müssen) als Zeichen des Wohlstands und Reichtums, um mit der Feststellung zu enden, »girls them love the big belly man«. Die Selbstironie, die viele Texte der DeeJays auszeichnet, war unüberhörbar.

Humor ist eine der hervorstechensten Eigenschaften der karibischen Mentalität – und ein brillanter DeeJay, der über einen so außergewöhnlich geistreichen und intelligenten Humor verfügte wie kein zweiter, war der damals sechsundzwanzigjährige Biologie- und Sportlehrer Lieutenant Stitchie. Er war ein properer Sunnyboy, der selbst für die dem Reggae und Raggamuffin ablehnend gegenüberstehende jamaikanische Touristikbranche werben durfte. Er hatte ungefähr zeitgleich mit Baileys *Punanny* einen Hit mit *Wear Yuh Size*, in dem er sich höchst amüsant über die Frauen lustig machte, die Schuhgröße zehn haben, aber Größe acht kaufen und dann abends in der Dance Hall wegen ihrer schmerzenden Füße nicht richtig tanzen können. Oder er beschrieb in *Dress To Impress*, wie man sich als Mann zu kleiden habe, um die Frauen zu beeindrucken – jedenfalls sollte man nicht dem Beispiel seines Freundes Freddy folgen, der sich zum Ausgehen ein grünes Hemd, rosa Knickerbocker-Hosen, eine purpurrote Krawatte und weiß-braun geringelte Socken anzog und zudem noch nach Kokos-Parfum roch. Der Biologielehrer Stitchie verstand es sogar, die biologischen Vorgänge im menschlichen Körper so witzig zu beschreiben, daß er selbst mit diesem Thema im Reich der Slackness- und Nonsense-DeeJays einen Bestseller erzielen konnte. Schnell wurde die amerikanische Major-Plattenfirma »Atlantic« auf sein Talent aufmerksam und nahm Lt. Stitchie unter Vertrag. Er war damit der erste Raggamuffin-DeeJay, der den Sprung nach Amerika (und somit ins internationale Musikgeschäft) geschafft hatte, litt aber, wie viele

Steely & Clevie

seiner DeeJay-Kollegen, die ihm folgen sollten, unter dem Verlust des Kontaktes zur originären jamaikanischen Reggae-Szene. War es in Jamaika üblich, von einem aktuellen Star wöchentlich mehrere neue Singles veröffentlicht zu sehen, so wurde dieser schnelle Produktionsrhythmus in Amerika rapide gebremst. Ein bis zwei Alben pro Jahr höchstens und daraus nur wenige Single-Auskopplungen waren (und sind) bei den Majors möglich. Das bedeutet für den DeeJay: keinen »heißen« Riddim mehr zu »reiten«, keine Answer-Versions mehr zu »geben« und somit von den Fans schlicht vergessen zu werden. Reggae als originäre »Volksmusik« und Reggae als internationales Popmusikprodukt scheinen nicht kompatibel zu sein, versucht man dennoch beides, geht das nur auf Kosten einer der beiden Komponenten, d. h. in der Regel auf Kosten der Authentizität. So wurden, beginnend mit Lt. Stitchie, viele Raggamuffin-DeeJays für den internationalen HipHop- und Dance-Markt »aufbereitet«. Sie mußten über HipHop-Beats toasten oder gemeinsam mit Rap- und Soulstars vor dem Mikrophon stehen, wo sie oft nur die Funktion einer »Ethno«-Einlage hatten, um einem kommerziellen Popsong eine exotisch-originale Note zu verleihen.

Der neue Computersound aus Jamaika bot eine Annäherung an den amerikanischen HipHop-Markt geradezu an, die musikalischen und produktionstechnischen Voraussetzungen schienen vergleichbar. Den Weg dahin sollten die beiden Studiomusiker und Computer-Zauberer Wycliffe Johnson und Cleveland Brown, alias Steely & Clevie in King Jammys Studio nahezu im Alleingang beschreiten. Seit *Sleng Teng* zeichneten sie für hundert Prozent der Computerized-Rhythms aus Jammys Studio und für neunzig Prozent aller weiteren Computerrhythmen des Reggae verantwortlich; sie wurden die »Rhythm-Twins« des Computerzeitalters, vom Status vergleichbar mit ihren »menschlich-akustischen« Äquivalenten Sly & Robbie in den siebziger Jahren.

Steely & Clevie hatten schon als Kinder zusammen Musik gemacht und waren beide Mitglieder »echter« Bands gewesen – Steely spielte bei den »Roots Radics« unter der Regie von Junjo Lawes Keyboard, Clevie saß gelegentlich im »Studio One« für Coxsone Dodd hinter dem Schlagzeug. Beide experimentierten bereits um 1984 mit einer Drum-Machine und programmierten einige digitale Songs (wie Nitty Grittys *Sweet Reggae Music*), die sie Jammy vorspielten. Nach *Sleng-Teng* bestand für Jammy und sie kein Zeifel darüber, daß der digitale Sound die Zukunft des Reggae sein würde, und so machten sie sich daran, einen Berg an Musik zu produzieren, die direkt aus dem Computer ins Mischpult eingespeist und dort von Jammys Toningenieur (und zukünftigem Top-Produzenten) Bobby Digital abgemischt wurde. Zunächst dröhnten noch die künstlichen Synthesizer-Basslines zum Beat-Box-Pluckern und den Keyboard-Offbeats, dann aber

Shabba Ranks 1992

begannen die Rhythmen von Steely & Clevie immer holpriger, stakkatohafter und minimalistischer zu werden, bis schließlich zu Beginn der neunziger Jahre die Bassline in den synkopierten Schlägen einer synthetischen Bass-Drum vollständig aufgelöst wurde und nur noch ein perkussives Sound-Gemetzel übrig blieb. Im Prinzip war der Reggae damit auf seine elementarste Grundlage zurückgeführt worden: die Trommel. Alle Computer-Sounds wurden in komplex synkopierten Schlag-Lauten zu reiner Perkussion aufgelöst. So hatte der Reggae unter vollkommen anderen Bedingungen zum manischen Pocomania-Trommeln der Sklavenzeit zurückgefunden – und Steely & Clevie reflektierten dies in ihren *Poco*-Versions.

Der Produzent Donovan Germain investierte sofort in diesen zukunftsweisenden Sound – der nun kurz *Ragga* genannt wurde. Er besaß das Penthouse-Studio, das bald zum Synonym für den ausgeprägtesten »Silicon-Chip-Reggae« werden sollte. Steely & Clevie und ihr britisches Gegenstück Mafia & Fluxi begannen, extensiv für Germain zu arbeiten, der ein neues Konzept anstrebte. Germain hatte in den achtziger Jahren einige Hits mit sanften, Soul-orientierten Stücken wie *Good Thing Going* von Sugar Minott oder *Just Don't Wanna Be Loneley* von Freddie McGregor produziert, so daß er nun ein von diesen Erfahrungen (und Vorlieben) inspiriertes Experiment wagte. Er holte stark Soul-orientierte Sänger wie Beres Hammond, Thriller U oder Sanchez ins Penthouse-Studio und ließ sie über die harten Ragga-Rhythmen singen. Es funktionierte! Darüber hinaus kopierte er einen Effekt, der auf einer alten Technik beruhte, die der DeeJay Ninjaman und der Sänger Tinga Steward 1988 wiederentdeckt hatten: Wie bei den frühen Aufnahmen von U-Roy oder Big Youth – als sie noch über die Dub-Versionen bekannter Stücke toasteten, auf denen nur der Strophengesang ausgeblendet worden war, während der gesungene Refrain vorhanden blieb – kombinierte Germain nun den Toast des DeeJays mit dem Gesang des Sängers. Nur war dies nicht mehr ein Effekt des »übertoastens« alter Dub-Versions, sondern entstand jetzt »live« und von vornherein als »Duett« konzipiert im Studio. Der Sänger, oder oftmals auch eine Sängerin, intonierte also den sehr souligen Refrain eines Stückes und der DeeJay füllte die Strophen mit seinem Toast. Der Kontrast zwischen der teilweise zähen Gesangsmelodie und dem kraftvoll-dynamischen DeeJaying macht den sogenannten *Combination-Style* so reizvoll. (Zuletzt trieben ihn Chaka Demus und Pliers, unter der Regie von Sly Dunbar, auf die Spitze des Möglichen.)

Einen prinzipiell anderen Weg als »Penthouse« beschritt ein Produzent, der 1988 damit begann, den Reggae wieder aus seiner Dance-Hall-Isolierung herauszuführen. Die Rede ist von einem der entscheidenden Innovatoren des modernen Reggae: Augustus »Gussie« Clarke. Gussie war keineswegs neu im Produktionsgeschäft; schon 1973 hatte er das erste Album von Big Youth produziert, später erzielte er mit *Pass The Cuchie* von den »Mighty Diamonds« (von »Musical Youth« als *Pass The Dutchie* gecovert) oder *Private Beach Party* für Gregory Isaacs große Erfolge. 1988 hatte er sein neues »Music Works«-Studio in Kingston fertiggestellt, das hinsichtlich seiner technischen Ausstattung der jamaikanischen Konkurrenz weit überlegen war. Hier begann er, einen Sound zu kreieren, der gezielt auf die internationalen Märkte ausgerichtet war und zugleich – oder gerade deshalb – die klassischen Reggae-Traditionen nicht verleugnete. Seine Ansprüche waren hoch, denn er wollte originale Songs und originale Riddims, mit denen er Hits auf internationalem Niveau schaffen konnte. Dazu versammelte er ein »Music-Works«-Team um sich, das die Hits geradezu »konstruieren« sollte; ihm gehörten u. a. als Songwriter Hopeton Lindo und Mikey Bennett (Home-T) an, als Gesangs-Arrangeur der geniale Saxophonspieler Dean Frazer und als Musiker Steely & Clevie. Vor allem aber durch seine Wahl etablierter Sänger und Sängerinnen wie z. B. Gregory Isaacs, Dennis Brown, Cocoa Tea, Freddie McGregor und J. C. Lodge hielt er an soliden Reggae-Traditionen fest. Jeder von ihnen – obwohl selbst hervorragende Songwriter – bekam Melodien und Texte des »Music-Works«-Teams vorgelegt. Die Musik dazu war zwar computerized, jedoch verzichtete Gussie Clarke nie auf eine tiefe, durchgängige Bassline, die eingefügt war in ein oppulentes Arrangement aus Schlagzeug, Perkussion, Bläsern, Keyboards, klassischen Gitarren-Offbeats, Background-Chören und Streichertuschs (natürlich alles aus dem Computer!). Sein Konzept ging auf, und zum ersten Mal nach vielen Jahren – seit dem Tod Bob Marleys und Yellowmans Erfolgen – begann die Welt wieder vom Reggae Notiz zu nehmen. Mit dem Gregory Isaacs Stück *Rumors* erreichte Gussie Verkaufsrekorde in England, und die Version des *Rumors*-Riddims *Telephone Love* von J. C. Lodge wurde zum Hit in den New Yorker Clubs. Als Gussies größter Erfolg erwies sich jedoch ein DeeJay, der in vielerlei Hinsicht die Nachfolge Yellowmans antreten sollte; er wurde, wie dieser, ein internationaler

Star, kam bei einem amerikanischen Major unter Vertrag und war vor allem eines: *slack*! Der Mann heißt Rexton Gordon alias Shabba Ranks. Bereits als 8jähriger kam er 1975 aus seinem Geburtsort in St. Ann – dem Bezirk, in dem auch Bob Marley das Licht der Welt erblickte – nach Kingston, um dort im Sound-System-Geschehen mitzumischen. Sieben Jahre später war er dann DeeJay bei dem kleinen »Roots Melody«-Sound-System, bei dem auch Admiral Bailey arbeitete. Shabbas großes Vorbild und Mentor Josey Wales stellte ihn 1986 King Jammy vor, der mit Shabba das Stück *Original Fresh* produzierte – eine Answer-Version auf seine erste Single *Holda Fresh*, die er bereits als 14jähriger aufgenommen hatte. Aber Shabba war mit King Jammys Bezahlung nicht zufrieden und verbündete sich mit dessen Toningenieur Bobby Digital, für den er die Stücke *Live Blanket* und *Peenie Peenie* einspielte. Bobby gründete daraufhin 1987 sein eigenes »Digital B«-Label und veröffentlichte die beiden Stücke, die sein Label auf Anhieb etablierten. 1989 hatten Shabba und Bobby Digital mit *Wicked In Bed* einen großen Hit, der Shabba Ranks weltweit als Slackness-DeeJay bekannt machte. Im gleichen Jahr toastete er auch wieder für King Jammy, für den er mit Home T und Cocoa Tea das Stück *Who She Love* aufnahm. Das inspirierte wiederum Gussie Clarke, mit dem Trio gleich eine ganze LP aufzunehmen und anschließend Shabbas rauhe Stimme im Combination-Style mit den sanften Lovers-Rock-Stimmen von J. C. Lodge, Krystal und Deborah Glasgow zu kombinieren. *Hardcore Loving*, *Mr. Loverman* und vor allem der Megahit *Twice My Age* (in dem Krystal singt, sie sei in einen Mann verliebt, der doppelt so alt sei wie sie, und Shabba lakonisch darauf antwortet, sie wolle keine Liebe, sondern nur das Geld ihres Sugar-Daddy) bereiteten Shabbas Absprung in die Major-Gefilde vor. Gussies Mitarbeiter Mikey Bennett produzierte noch ein letztes Album mit Shabba (*Golden Touch*), und dann war der Star-Toaster auch schon in Amerika bei »Epic«-Records, einer Tochtergesellschaft von »Sony« (ehemals CBS), unter Vertrag. Die »Epic«-Funktionäre wußten, daß sie nicht die gleichen Fehler machen durften, wie einst die Kollegen von CBS mit Yellowman, und so verzichtete man weitgehend auf Kompromisse zugunsten der Verwertung des Albums auf dem Popmarkt und visierte stattdessen den gerade international im Entstehen begriffenen Ragga- und den etablierten HipHop-Markt an. Shabba war *as raw as ever* und gewann mit dem gleichnamigen Album (wieder weitgehend von Bobby Digital produziert) den Grammy. Sein Combination-Style-Stück *Housecall* mit Maxie Priest eroberte weltweit die Hitparaden, und sein sexistisches *Trailor Load Of Girls* stürmte die HipHop-Szene. Um weiterhin im schnellebigen jamaikanischen Ragga-Geschehen mitzumischen, gründete man eigens für Shabba ein Label namens »Shang-Music«, mit dem man kurzfristig auf neue Trends in den Dance Halls reagieren konnte.

Einer dieser neuen Trends war die *Bogle*-Manie des Jahres 1992, in die Shabba mit seinem Stück *Ting-A-Ling* gleich involviert war. Bogle war eine konsequente Fortführung der harten, rein perkussiven Ragga-Rhythmen, die lediglich aus manischem Snare- und Bass-Drum-Dauerfeuer bestanden. Im Bogle begann die zuvor im regelmäßigen Takt geschlagene Bass-Drum im synkopierten Rhythmus stakkatohaft zu »hüpfen«, während eine andere Perkussion, die an die indische Dholak-Trommel erinnerte, den Rhythmus in ein »blubberndes« Auf und Ab verwandelte. Ein leicht behinderter Dance-Hall-Besucher namens Mr. Bogle, dessen linkes Bein kürzer als das rechte war, erfand – unfreiwillig – den passenden Tanz dazu: den *Bogle-Dance*. Die Hüfte »holperte« nun im Rhythmus der Synkopen kreisförmig auf und ab, während die Arme wedelten und die zu Revolvern geformten Finger wahlweise auf den Tanzpartner, andere Dance-Hall-Besucher, den DeeJay oder sonstwohin anlegten. Shabbas *Ting-A-Ling* – eine Herausforderung an seinen DeeJay-Konkurrenten Ninjaman (der mit *Ting A Ling A Ling A School Pickney Sing Ting* antwortete) – war purer Hardcore-Bogle-Style und diente Shabbas zweitem Album für »Epic« (*X-Tra Naked*) als Aufhänger. Der Ausverkauf von Shabba Ranks kam dann aber doch noch in Form zweier Platten, auf denen sein älteres Material marktgerecht HipHop-kompatibel remixed wurde.

Der Bogle-Wahnsinn jedoch grassierte weiter in den Dance Halls und Studios zwischen Jamaika, England und New York. Vor allem in England holte sich der junge Bogle-Ragga ganz wesentliche Einflüsse aus dem indischen Bhangra, der Musik einer anderen sozialen Minderheit der ehemaligen Kolonialmacht, und erreichte nach dieser entscheidenden Befruchtung seine Stilhöhe. Speziell in Birmingham und London leben karibische und indische Einwanderer eng beieinander und bewirken dadurch zwangsläufig eine ständige Vermischung ihrer beiden Kulturen. In der indischen *Community* entstand gegen Ende der achtziger Jahre, unter dem Einfluß von Acid-House, eine House-Variante der traditionellen indischen Bhangra-Musik, die sich vor allem über das zentrale Instrument des Bhangra, die zweifellige »Dholak«-Trommel, definierte. Der Sound dieser Trommel gleicht einem Blubbern, wobei die Tonfrequenz des nachklingenden Schlages leicht schwingt. Der indisch-britische DeeJay Apache Indian fusionierte 1990 Bhangra-House mit Hardcore-Ragga zum sogennannten *Bhangramuffin*. Produzenten wie Bally Sagoo, auf indischer Seite, oder Sly Dunbar, auf Seiten des Reggae, griffen den Trend sofort auf und etablierten dieses kongeniale Crossover. Sly Dunbar hatte sich stets auch an musikalischen Trends außerhalb des Reggae-Spektrums orientiert, wie auch sein Disco-inspirierter Rockers-Style der siebziger Jahre oder seine Funk- und HipHop-Crossover-Versuche der achtziger Jahre zeigten. Um 1990 hatte er (u. a. mit den Töchtern von Toots Hibbert) einige vielversprechende Versuche unternommen, die Einflüsse der britischen »Soul II Soul«-Revolution im Reggae zu verarbeiten und als *Carib-Soul* in die New Yorker Clubszene zu exportieren. Aber erst mit seinen Bhangra-inspirierten Rhythmen von 1992 setzte er den entscheidenden Trend. Sly Dunbar führte in Zusammenarbeit mit Robbie Shakespeare und Gitsy Willis den Reggae nun auf breiter Front in die Märkte der Pop- und Club-Musik ein. Mit *Murder She Wrote* (später dann mit *Tease Me* und *Twist And Shout*) für Chaka Demus & Pliers eroberten sie auf Anhieb die britischen Pop-Charts.

Gleichzeitig stürmte der New Yorker DeeJay Shaggy weltweit die Hitparaden mit weit über vierhunderttausend verkauften Singles des Stückes *Oh Carolina*, das eine DeeJay-Version der alten Prince-Buster-Produktion mit Count Ossie und Owen Gray aus dem Jahre 1960 war. Der Produzent von Shaggys *Oh Carolina* war ein bis dato relativ unbekannter New Yorker Disc Jockey namens Sting International. Er verwendete in *Oh Carolina* eine Technik, die kurze Zeit vorher u. a. Sly Dunbar im Reggae etabliert hatte; er *samplete* (»entnahm«) Elemente alter Stücke wie »Studio One«-Trommelwirbel, Bläser-Hooklines oder, wie bei *Oh Carolina*, ganze Intros, und fügte sie in seine Produktionen und Arrangements ein. Seine Remakes alter Rhythms, wie Bunny Lees *My Conversation* oder Coxsones *You Don't Care*, atmen geradezu die Atmosphäre jener längst vergangenen Tage, die jetzt mit Computerrhythmen und Sampletechnik in der New Yorker Hip-Szene zu neuem Leben erweckt wurden – und dort so frisch klangen, als sei dies seit einem Vierteljahrhundert ihre wahre Bestimmung gewesen. So schließt sich der Kreis wieder unter der Regie dieses »postmodernen« Produzenten, der es versteht, den alten Schatz des Reggae – neunziger-Jahre-kompatibel – dem internationalen Musikgeschehen zuzuführen.

Auch inhaltlich fand der Reggae zu seinen »Wurzeln« zurück. Ragga geriet international – und auch im eigenen Land – zunehmend unter Kritik bezüglich seiner politisch wenig korrekten Einstellung zu Gewalt und Sex. Die Glorifizierung von Waffen im *Gun-Talk* eines Ninjaman oder die Diskriminierung der Frauen im Slackness eines Shabba Ranks prägten bald das Image des ganzen Genres. Der Produzent Philip »Fatis« Burrell erkannte als einer der ersten, daß die Zeit reif war für eine Rückbesinnung auf die »Consciousness«-Inhalte des Roots-Reggae. In den Songs des von ihm produzierten jungen Sängers Luciano spielt daher Rastafari wieder eine große Rolle. Auch andere Sänger wie Garnett Silk oder gar DeeJays wie Tony Rebel kehrten zurück zu den »cultural lyrics«.

Zeitgleich zu dieser »Rückbesinnung« fand in England – zunächst vom Musikgeschäft unbemerkt im »Underground« auf

Piratensendern und in kleinen Clubs – eine gänzlich gegensätzliche Entwicklung statt, deren halsbrecherisch schneller Rhythmus zwar nicht als eine Reggae-Spielart bezeichnet werden kann – ohne ihn aber auch nicht denkbar wäre: *Jungle*. Bereits 1989/90 hatten einige weiße DeeJays damit begonnen, Drum-Loops eines HipHop-Rhythmus auf ca. 180 *beats per minute (bpm)* zu beschleunigen. Sie nannten ihren Sound wahlweise »Drum & Bass«, Breakbeat oder schlicht »Hardcore«. Mit an vorderster Front kämpfte seinerzeit das »Shut Up And Dance«-Label, auf dem 1991 das Debutalbum der Ragga-Twins *Reggae Owes Me Money* erschien. Es war der Startschuß zu einer fruchtbaren Verbindung zwischen Breakbeat und dem ähnlich harten (aber beileibe nicht so schnellen) Ragga, die schließlich, nach einer dreijährigen Undergroundexistenz und dem Einfluß vieler Sound-Tüftler aus allen musikalischen Lagern, unter dem Namen »Jungle« ein Phänomen hervorbrachte, das 1994 die britische Clubszene und den Londoner Notting-Hill-Carnival beherrschte. Beim Jungle sind die Beats nicht ganz so rasend schnell wie beim Hardcore oder Breakbeat, dafür aber um so komplexer, da sich die ratternden Drumpatterns nun teilsweise von den vielfältig synkopierten Rhythmen des Ragga ableiten. Auch die dazu gespielten tiefen und extrem langsamen Basslines sind oft vom Reggae kopiert und verbreiten die dicke Atmosphäre schwerer Dub-Sounds. Drumpattern und Bassline kontrastieren somit auf höchst spannungsvolle Weise und der Tänzer kann sich aussuchen, ob er zum schnellen Beat zuckt oder sich zum langsamen Groove wiegt. Das Toasting oder gar der Gesang verabschiedeten sich bald nahezu vollständig aus diesem Extrem-Sound und wurden ersetzt durch zahlreiche (illegale) Samples aus der Welt des Reggae und Ragga. Mittlerweile entsteht fast zu jedem Ragga-Hit ein Jungle-Remix, der mit dem Original oft nur noch die versprengten Vocal-Samples des Toasters gemein hat. Diese Remixe sind es auch, die das Programm von schwarzen Clubs bestimmen, die sich früher ausschließlich dem Ragga gewidmet hatten. Ebenso stehen auch multikulturelle House-Raves ganz im Zeichen dieser Dschungel-Musik, die aufgrund ihrer vielfältigen Einflüsse und nicht zuletzt wegen der bpm-Nähe zum House-Hardcore über alle Genre-Grenzen hinweg das Publikum des Reggae, HipHop, House und Techno miteinander verbindet. Dennoch steht zu befürchten, daß es dem momentan so universal-innovativ wirkenden, aber auch ebenso engen wie extremen Jungle-Schema bald an genau dem fehlen wird, was ihm im schnellebigen Musikgeschäft eine längere Existenz sichern könnte: Innovation. Die Enge seiner musikalischen Nische, die im wesentlichen lediglich aus dem stark beschleunigten Rhythmus besteht, wird ihn über kurz oder lang ersticken. Die »rückbesinnliche« Entwicklung im Reggae auf all die Werte, die der Jungle wie eine Antithese nicht verkörpert, scheint hingegen um so fruchtbarer zu sein.

Produzenten wie Philip Burrell und Sting International ist es zu verdanken, daß im Reggae der Härterausch des Minimalismus wieder langsameren Grooves, rollenden Basslines, »vollen« Sounds und inspirierten Arrangements weicht. Philip »Fatis« Burrell, Sly Dunbar und Gussie Clarke sind zur Zeit die »Taktgeber«, die den Reggae in diesem Sinne aus seiner Isolation herausführen und ihn zu einem gleichwertigen Bestandteil einer zunehmend pluralistischeren Musikwelt werden lassen.

Hardcore-Ragga und Bogle jedoch haben den Weg zum internationalen Erfolg erst ermöglicht – ohne diese Extrempositionen formuliert zu haben, wäre eine Rückbesinnung, wie sie momentan erfolgt, nicht denkbar. Shabba Ranks, Supercat, Tiger, Lt. Stitchie, Shinehead, Cobra, Tony Rebel, Buju Banton – alles DeeJays, die bei US-Major-Plattenfirmen unter Vertrag genommen wurden – stehen als Beweis für diesen Erfolg, legen jedoch auch die Befürchtung nahe, daß Reggae dem Ausverkauf preisgegeben wird, und daß sich das Geschäft mit dem Ragga in Amerika, nicht in Jamaika, abspielen wird. Damit wird nicht nur in neokolonialistischer Manier erneut der Gewinn eines Dritte-Welt-Produktes aus dem Heimatland abgezogen, sondern es steht außerdem zu befürchten, daß der Reggae die Authentizität, die er zur Zeit noch besitzt, nicht lange wird behalten können. Denn was Reggae so interessant macht, ist seine enge Verbindung zum Publikum, seine Eigenschaft, allgegenwärtiger Bestandteil des täglichen Lebens zu sein und die Erlebnisse, Wünsche und Ansichten einer quirlig-chaotischen Gesellschaft im Spannungsfeld zwischen unbekümmerter Ausgelassenheit und sozialer Depression reflektieren zu können. Der energiebrodelnde Musik-Pool der Dance Hall und des Sound-Systems ist die unverzichtbare Basis dieser schier unvorstellbaren Vielfalt an Stilen, Genres, Sounds, Inhalten und Stars. Musik ist hier nicht nur marktgerechtes »Design«, sondern substantielle Expression.

Diese Expression hat sich allerdings in den letzten Jahren stark gewandelt, und der alte Bob Marley- und Roots-Reggae-Fan wird zweifellos unter »Expression« etwas anderes, letztlich viel konkreteres verstehen. Reggae ist nicht mehr Ausdruck des Leidens im Ghetto – aber auch nicht unbedingt Ausdruck der harten Realität der »Straße«, was der Raggamuffin gerne in Anlehnung an den HipHop für sich in Anspruch nimmt. Vielmehr ist Reggae (insbesondere für den europäischen Hörer) nach wie vor primär eine *ästhetische* Expression, die nicht massengeschmackskompatibel sein muß. Die Beschränkung auf eine kleine Zielgruppe, ein »Special-Interest«-Publikum (wie die Jamaikaner eines sind), gewährleistet die Individualität dieser Musik und verhindert den Verlust der ihr eigenen Schönheit und Qualität.

ANHANG A

Interview mit Lee Perry, Frühjahr 1992

Da stand er nun, der exzentrische »Madman« des Reggae in seinem Schweizer Exil: Ein kleiner alter Mann im roten Smoking und mit riesigen, kreischend bunten Schuhen, an denen Amulette jeder Art angebracht waren. Den Kopf schmückte eine obskure Krone, bestehend aus merkwürdigen okkulten Objekten wie Handtaschenspiegel, Münzen, Abziehbildern, einem Glasauge etc. Um den Hals trug er unzählige Ketten und in den Händen hielt er ein Buch (in das er gelegentlich Hakenkreuze und SS-Runen kritzelte), einen Stein, ein paar Bilder, einen Miniatur-Globus und eine Schüttelschnee-Landschaft. Mit listigem Blick schaute er in die Runde und fragte mit beißender Stimme: »Who is my victim?« Diesem Moment hatte ich zwar mit Interesse, aber dennoch mit einem dumpfen Gefühl im Magen entgegengesehen: »Hello Mr. Perry, nice to meet you!«, sagte ich und nach einem kräftigen Zug aus einer sehr dicken Zigarette (die auch so merkwürdig roch) sagte er: »Right, let's start with the Interview or Outerview, or what ever you want!«

Mr. Perry, nachdem es lange still um Sie gewesen ist, sagte man uns, daß Sie neue Alben aufnehmen und auch selbst mixen wollen?
Yes! A new record, right away. Ich werde mixen, und da die Leute es »dub-wise« lieben, werde ich viel Echo draufgeben. Es kann richtig gut werden. Ihr werdet alle sagen: »Ah, what is dis?!«, ihr werdet es nicht glauben, ein neuer Lee Perry! (Er greift eine Orange und pellt sie ab)
Haben Sie die letzten Alben, die Sie gemacht haben (u.a. mit Adrian Sherwood), auch selbst gemixt?

No, ich hatte keinen direkten Kontakt zum Mischpult, aber ich habe durchaus gesagt, wie es gemixt werden sollte.

Was ist Ihre Profession? Sind Sie Produzent, Mixer oder Sänger?
Diese Frage stelle ich mir auch immer wieder. Wie ich schon auf Platte sagte, bin ich ein gottgesegnetes Kind. So wie es aussieht bin ich mit allen drei Talenten gesegnet.

Seit vielen Jahren hört man nur noch als Sänger von Ihnen?
Yes, wenn ich singe, dann singe ich, um den Leuten Wissen zu lehren. Als Produzent kann ich das nicht. Das sind ganz besondere Lyrics, die ich singe. Und nachdem ich sie gesungen habe, setzen wir uns hin und überlegen, welche wir davon nehmen. So können wir verschiedene Stücke zusammenstellen.

Schreiben Sie Ihre Texte auf, oder singen Sie spontan, was Ihnen gerade einfällt?
Ich schreibe alle meine Lyrics auf. Ich investiere meine meiste Zeit in Schreiben und Malen. Ich muß schreiben, und ich höre niemals auf...

Sie malen auch?
Yes! (Er zeigt auf seine Schuhe)

Sie sollten ihr nächstes Cover selbst malen!
Das hört sich gut an, sie haben recht! (Er beißt in eine Banane)

Was bedeutet Musik für Sie?
Life! Unsterbliches Leben. (schmatzt)

Was wollen Sie durch Musik ausdrücken?
Daß Musik unsterblich ist, und daß wir die Wahrheit sagen, die Wahrheit unseres Herzens und der Musik. Ganja wird eines Tages frei sein. Eines fernen Tages wird das Kraut frei sein! Keine Regierung wird verkennen können, daß Ganja ein Kraut der Weisheit ist. Der Mensch wird lernen, daß er das Kraut nicht besiegen kann. Es inspiriert mich, und ich bin dann wie ein Professor und lehre den Menschen Wissen, wie es in keinem Buche steht.

Die so inspirierte Musik ist sehr mystisch...
Yes, eine mystische Offenbarung...

Vor allem Ihr Sound des »Black Ark«-Studios war mystisch. Ist die Musik wichtiger oder der Sound...

Der Sound, denn am Anfang war der Sound, der Klang des Donners, er ist unsterblich wie das Gebrüll eines Löwen.

Schaffen Sie Musik oder Sounds?

Sounds!

Sagen Sie mir, was ist das Geheimnis ihres mystischen »Black-Ark«-Sound aus den Siebzigern?

Es geschah wie ein Wunder, ich war nur ein Toningenieur, als die kosmische Energie und die »Vibes« mich trafen. Ich weiß, daß die Energie nicht aus der Hölle kommen kann, also muß sie vom Himmel sein. Und dafür war ich dankbar und fragte mich, was nun geschehen wird. Ich kann es nicht erklären.

Die Reggae-Fans wollen, daß Sie wieder in ihrem typischen Lee-Perry-Sound produzieren...

Ja? Das wollen die Leute? Ein bestimmtes Stück? Welches?

Nein, neue Stücke!

Das kann ich machen, no problem! Wenn ich zuviel singe, wie Sie sagen, dann werde ich sofort damit aufhören und wieder anfangen zu produzieren.

Warum haben Sie es denn überhaupt aufgegeben?

Oh, das hat finanzielle Gründe. Mein Geld ist zuende gegangen, und ohne Geld kann man als Künstler nicht weitermachen und seine Arbeit vollenden.

Was ist passiert, seit Sie in den frühen Achtzigern Jamaika verlassen haben?

The armageddon war! (Er schält einen Apfel...)

Warum leben Sie heute in der Schweiz, einem Land fernab von allen Reggae-Vibes?

Das mußte ich tun. Ich war auch in anderen Ländern, nur dort wird einem das Geld, das man hat, von den Politikern wieder geraubt. In der Schweiz kann man sein Geld zu einer Schweizer Bank bringen, da fragt keiner, wo das Geld herkommt.

Haben Sie jetzt günstige Bedingungen um ihre Musik so zu machen, wie Sie es wollen?

Ich habe jetzt wieder gute Bedingungen, ich habe die Probleme überwunden.

Dann werden Sie jetzt wieder Musik machen ohne Kompromisse?

No compromises! (beißt in den Apfel…)

Und was ist Ihre Idee von guter Musik, heute?

Musik muß von den Wahrheiten und Rechten, den Menschenrechten handeln, aber auch von den Rechten der Tiere – sie sind ein Teil von uns! Fe True!

Wie muß der Sound guter Musik heute sein?

Musik muß die Leute glücklich machen, egal welche Musik es ist. Mein Job ist es, die Leute in gute Stimmung zu bringen…

Kann Reggae-Musik das besser als andere Musik?

Jede Musik kann das, denn jede Musik kommt aus der gleichen Quelle: Do, Re, Mi, Fa, So, La, Si, Do! Ich möchte hier nicht bestimmte Musik kritisieren, sondern ich möchte eine Balance schaffen.

Was halten Sie dann von Raggamuffin?

Raggamuffin ist Raggamuffin, er war es schon immer und er wird es immer bleiben!

Mögen Sie ihn?

Ich muß nicht!

Es sind die Computer, die Raggamuffin geboren haben. Sie benutzten schon weit vor dem Zeitalter des Raggamuffin Drum-Machines…

Yes, meine Musik ist universal und unsterblich. So kann es sein, daß sie jemand kopiert und es dann Raggamuffin nennt. Aber meine Musik ist kein Raggamuffin, meine Musik ist »holy music«.

Ich mache Musik von den Wurzeln König Davids: heartical music and artical music, music with arts, music with hearts and music with thoughts, talking music, walking music, even flying music, sleeping music, waking music, dancing music, listening music, hearing music, feeling music, tasting music, das einzige ist, daß man Musik nicht sehen kann, aber selbst wenn ich unsichtbar wäre, könnten Sie mich hören.

Werden Sie in Zukunft dem Reggae treu bleiben?

Ich werde alle Musikstile miteinander mischen: Soul, Pop, Rock,

Reggae, Funk, Jazz, Merengue, Rumba, Soca. Ich werde alles mischen: die Sonne und den Mond, das Licht und die Finsternis.

Ist das die Aussicht auf ein neues konkretes Projekt?

Definitely! Ich bin ein lebendiger Fels, ich kann nicht stillstehen. (Ihm ist gerade eine Mango heruntergefallen)

Werden Sie wieder mit Adrian Sherwood zusammenarbeiten?

Nein, der hat eine Glatze.

Wollen Sie wieder ein eigenes Studio aufbauen?

Ja, und dann wird wieder alles so sein wie früher.

Wann und wo soll das Studio entstehen?

Es kann jeden Moment passieren, vielleicht in Deutschland, wer weiß?

Wie gefällt ihnen Deutschland?

Ich habe gute persönliche Kontakte in Deutschland. Ich war im Deutschen Radio, als der Krieg in Berlin war. Ich beobachtete das alles von den Bergen aus. Nach dem Krieg waren die sieben Teufel tot – niedergestreckt vom Super-Ape mit seiner Banane!

Warum gehen Sie nicht wieder »down to Jamaica« und machen dort neue Platten?

A man with knowledge don't go down, he goes up!

Das würden wir uns wünschen Mr. Perry!

ANHANG B

Literaturempfehlungen:

Zur Geschichte des Reggae:

»Reggae Bloodlines«, Stephen Davis/Peter Simon, Anchor Books, USA 1977 und Heinemann Educational Books, London 1979
(Klassiker der Reggae-Literatur. Aufgrund seines Alters mittlerweile wenig informativ – aber von historischem Wert)

»Reggae International«, Stephen Davis/Peter Simon, Thames and Hudson, London 1983
(Reich bebilderter und sehr informativer Nachfolger von »Reggae Bloodlines«. Standardwerk)

»Jah Music – The Evolution of the Popular Jamaican Song«, Sebastian Clarke, Heinemann Educational Books, London 1980
(Etwas akademische Einführung in die Geschichte des Reggae. Nicht mehr lieferbar)

»Reggae: Musiker, Rastas und Jamaika«, Udo Vieth/Michael Zimmermann, Fischer TB, Frankfurt a. M. 1981
(Nicht immer ganz fehlerfreie, aber interessant geschriebene, knappe Einführung in die Geschichte des Reggae bis 1980)

Zu Bob Marley:

»Bob Marley – Catch a Fire«, Timothy White, Hannibal, St. Andrä-Wördern 1993
(Überarbeitete, erweiterte und ins Deutsche übersetzte Fassung der bekannten Marley-Biographie von White. Bis ins Detail kompetent, aber allzu romanhaft)

»Bob Marley – Conquering Lion Of Reggae«, Stephen Davis, Plexus, London 1993
(Hervorragende Biographie Bob Marleys, die kein Detail ausläßt – leider sehr schlecht gedruckt. Erstauflage 1983.)

»Bob Marley – Music, Myth and the Rastas«, Henderson Dalrymple, Carib Arawak Publishing Ltd, (o. O.) 1976
(Als deutsche Ausgabe lieferbare Marley-Biographie)

»Bob Marley in his own Words«, Ian McCann, Omnibus Press, London 1993
(Sammlung von kurzen nach Themen sortierten Interviewausschnitten mit Bob Marley)

»Marley And Me – The Real Story«, Don Taylor, Kingston 1992
(Taylor packt aus!)

Zu Einzelaspekten der jamaikanischen Musik:

»Reggae ina Dance Hall Style, Featuring the Present Champion Sound Volcano«, Tero Kaski / Pekka Vuorinen, Black Star Publication, Kauppakirjapaino Oy, Helsinki 1984
(Alles über Dancehall, Junjo Lawes und Volcano)

»Linton Kwesi Johnson«, Jürgen Martini, Rock Session 5, Rowohlt TB, Reinbeck 1981

»Worte wie Feuer«, Stasa Bader, Buchverlag Michael Schwinn, Neustadt 1992
(Eine Dissertation über die »orale Poesie« der jamaikanischen DeeJays. Enthält auch viele Informationen über das DeeJay-Phänomen im Allgemeinen. Erste Auflage von 1988)

»Reggae, Kult, Kritik und Kommerz«, Wolfgang Kunz, Breitkopf & Härtel, Wiesbaden 1986
(Band 14 der Serie »Materialien zur Didaktik und Methodik des Musikunterrichts«. Wird daher seinem Titel nicht gerecht, enthält aber präzise, reich mit Notenbeispielen illustrierte Beschreibung des Reggae-Rhythmus)

»Dub Poetry«, Christian Habekost, Buchverlag Michael Schwinn, Neustadt
(Textsamlung von 19 Dub-Poets. Mit einer knappen Einleitung zum Thema Dub-Poetry)

»King Jammy’s«, Beth Lesser, Black Star Publications, Helsinki 1989
(Knappe King-Jammy-Biographie mit vollständiger (bis 1989) Dicographie)

Zur Kultur Jamaikas:

»History of Jamaica«, Clinton V. Black, Collins Educational, England (o. O.) 1979
(Erstauflage 1958! Standardwerk)

»Rastafari Kunst aus Jamaika«, Wolfgang Bender (Herausgeber); Edition CON, Bremen 1984
(Informativer Ausstellungskatalog zum Rastafari-Kunsthandwerk. Nicht mehr lieferbar)

»Dub Version, Über Jamaikas Wirklichkeit«, Rainer Epp / Klaus Frederking (Herausgeber), Rotbuch Verlag, Berlin 1982
(Aufsatzsammlung. Nicht mehr lieferbar)

»Kontra Babylon«, Wolf Christoph von Schönburg, Eres Edit, Liliental / Bremen 1981

Nachschlagewerke:

»The Guinness Who's Who of Reggae«, Colin Larkin (Herausgeber), Guinness Publishing, Middlesex 1994
(Enzyklopädie aller wichtigen Personen des Reggae, mit ausführlicher Biographie und Auswahldiscographie. Sehr kompetent sowohl in der Auswahl als auch in den Details. Zukünftiges Standardwerk!)

»Reggae Discography«, Hermann Moter, Minotaurus Project, Pfungstadt 1983
(Veraltete, aber bis 1982 nahezu vollständige Liste aller Reggae-LP-Veröffentlichungen)

»The Complete Irie Records Reggae & Ska CD Discography«, Irie Records, Münster 1994
(Discographie nahezu aller auf CD lieferbaren Reggae- und Ska-Alben)

»Never Grow Old«, Rob Chapman, T.S.I. Publications, Surrey
(Eine Liste aller »Studio One«-Titel – mit Angabe ihrer Versions!)

»Reggae Island – Jamaican Music in the Digital Age«, Brian Jahn / Tom Weber, Kingston Publishers Ltd., Kingston 1992
(Interviewsammlung mit allen wichtigen Protagonisten des »Computerised«-Reggae. Allerdings sind die meisten Kurzinterviews wenig informativ)

Jenseits des Reggae:

»Directory of World Music«, Philip Sweeney, Virgin, London 1991
(Um ein wenig über die Grenzen des Reggae hinauszuschauen: Ein
Führer zur Musik anderer Kulturen jenseits des Mainstream. Gut struk-
turierte, knappe aber wesentliche Informationen zu Musikstilen und
Musikern)

»Paris wie die Wilden«, Marianne Berna, Eco Verlag, Zürich 1991
(Eine Einführung in die populäre afrikanische Musik)

»The Rap Attack, African Jive to New York Hip Hop«, Davis Toop,
Pluto Press Ltd, London 1984
(Von Diedrich Diedrichsen übersetzte, als deutsche Ausgabe lieferbare
Geschichte des HipHop)

»Agit-Pop – schwarze Musik und weiße Hörer«, Günter Jacob, Edition
ID-Archiv, Berlin 1993
(Sammlung der Artikel von Günter Jacob zum Thema HipHop und
Raggamuffin vor dem Hintergrund des »schwarzen« Widerstandes ge-
gen rassistische Diskriminierung. »Politisch korrekt« und sehr informa-
tiv)

*Einige der importierten Bücher können über »Medium-Musikbücher«,
Rosenstraße 5–6, 48143 Münster, bezogen werden. Zeitschriften und
Bücher im Eigenverlag sind beim Reggae-Plattenhändler zu bekommen
(Adressen siehe Discographie).*

Auswahldiscographie

Für die Auswahl der Plattenempfehlungen galten vier Kriterien: Eine
Platte sollte repräsentativ für eine Ära, einen Stil oder einen Künstler
und hinsichtlich ihrer musikalischen Qualität überdurchschnittlich
sein. Wichtige Voraussetzung war auch, daß die Platten (i. d. R. auf CD)
regulär erhältlich sein sollen (deshalb sind sehr viele Kompilationen ausgewählt worden, da die Originalalben nicht mehr verfügbar sind). Es
wurden nur Alben – keine Singles und 12″-Maxis – ausgewählt. Die
Veröffentlichungs-Angaben beziehen sich *nicht* auf die Originalveröf-
fentlichung, sondern auf die jetzt aktuell im Handel befindliche (CD-)
Version. Um eine klare Orientierung zu ermöglichen, wurde die Auswahl pro Ära auf maximal zehn Alben beschränkt.

Die Ursprünge:

Various, »Drums Of Defiance«, Heartbeat 1992
(Aufnahmen des Maroon-Drumming aus den siebziger und frühen neunziger Jahren. Sehr umfangreiches Booklet mit detaillierten Informationen zu den einzelnen Stücken)

Rastafari-Drumming:

Count Ossie & The Mystic Revelation Of Rastafari, »Grounation«, MRR-Records
(3-LP-Box aus Jamaica)

Count Ossie & The Mystic Revelation Of Rastafari, »Tales Of Mozambique«, Crocodisc 1992
(Aufnahmen von 1975)

Ras Michael & The Sons Of Negus, »Love Thy Neighbour«, Dreadbeat 1993
(Von Lee Perry 1978 im »Black-Ark«-Studio produzierte Aufnahmen voller Mystik und Dschungel-Atmosphäre)

Calypso und Mento:

The Jolly Boys, »Pop'n'Mento«, Cooking Vinyl 1989
(Neue, aber vollkommen authentische Aufnahmen der dienstältesten Mento-Combo Jamaikas)

Various, »Calypso War – Black Music 56–58«, Sequel 1993

Jamaican R'n'B:

Various, »Ska Boogie«, Sequel 1993
(Jamaikanische R'n'B-Aufnahmen aus den Jahren 1960–62, die in England auf dem legendären »Blue Beat«-Label lizensiert wurden)

Various, »Shufflin On Bond Street«, Trojan 1989
(Von Duke Reid in den Jahren 1959–1966 produzierte R'n'B- und Ska-Aufnahmen)

Ska:

Prince Buster, »Fabulous Greatest Hits«, Sequel 1993
(Kompilation der größten Buster-Hits)

Derrik Morgan, »Blazing Fire – Vol. 1 & 2«, Unicorn 1993
(Kompilation)

Various, »Ska Authentic«, Studio One
(»Studio One«-Aufnahmen)

Don Drummond, »Best Of«, Studio One
(Der Meisterposaunist bei Coxsone…)

Don Drummond, »Memorial Album«, Treasure Isle
(…und bei Duke Reid)

Various, »Music Is My Occupation«, Trojan 1988
(Ska-Instrumentals von Don Drummond, Tommy McCook und Baba
Brooks aus den Jahren 1962–65. Produziert von Duke Reid)

Various, »Club Ska '67«, Mango 1993
(Hervorragende Kompilation der größten Ska-Hits)

Various, »Intensified – Original Ska 1962–66«, Mango 1993
(Essentielle Ska-Kompilation)

Various, »Bonanza Ska«, Heartbeat / Dreadbeat 1991
(Kompilation der großen »Studio One«-Ska-Hits. Doppel-CD)

Various, »Dance Crasher«, Trojan 1988
(Hervorragende Kompilation, die in die Ära des Rocksteady überleitet)

Rocksteady:

Prince Buster, »Rock Steady Hush Up«, Prince Buster 1990
(Legendäres Album von 1967)

The Heptones, »On Top«, Studio One
(Eines der besten »Studio One«-Alben)

Alton Ellis, »Sings Rock And Soul«, Studio One

Alton Ellis, »Cry Tough«, Heartbeat/Dreadbeat 1993
(»Treasure Isle«)

Slim Smith, »Born To Love«, Heartbeat/Dreadbeat 1991
(»Studio One«)

Melodians, »Swing And Dine«, Heartbeat/Dreadbeat 1992
(»Treasure Isle«)

The Techniques, »Run Come Celebrate«, Heartbeat/Dreadbeat 1993
(»Treasure Isle«)

Various, »Duke Reid's Treasure Chest«, Heartbeat/Dreadbeat 1992
(Ultimative »Treasure Isle«-Kompilation als Doppel-CD)

Various, »More Hottest Hits«, Heartbeat/Dreadbeat 1994
(Weitere zum Teil äußerst rare Aufnahmen aus dem »Treasure Isle«-
Studio. Als besonderes Schmankerl: Eine mitgeschnittene Diskussion
zwischen Duke Reid und U-Roy)

Various, »Explosive Rocksteady«, Heartbeat/Dreadbeat 1992
(Hits von Joe Gibbs »Amalgamated«-Label – meist produziert von Lee
Perry. Reicht bis in den frühen Reggae hinein)

Early Reggae:

Various, »People Funny Boy«, Trojan 1994
(Kompilation einiger sehr bekannter und vieler obskurer Perry-Produktionen)

Various, »Lee Perry & The Upsetters – Some Of The Best«, Heartbeat/
Dreadbeat 1985
(Eine Kompilation aller wichtigen frühen »Upsetter«-Produktionen)

Larry Marshall, »Presenting«, Heartbeat/Dreadbeat 1992
(Enthält *Nanny Goat*, den ersten Reggae-Song – »Studio One«)

Bob Andy, »Song Book«, Studio One
(U. U. *das* beste »Studio One«-Album. Nahe am Rocksteady)

Various, »Clancy Eccles presents his Reggae Revue«, Heartbeat/
Dreadbeat 1990

Slim Smith & The Uniques, »The Best Of«, Trojan 1994
(Alle großen Hits dieser fantastischen Vocalgruppe)

The Maytals, »Do The Reggae«, Attack 1988
(Kompilation mit »Maytals«-Hits der Jahre 1966–70)

Various, »Jumping with Mr. Lee«, Trojan 1989
(Frühe Bunny-Lee-Produktionen)

Various, »The Reggae Train«, Trojan 1988
(Produktionen von Joe Gibbs aus den Jahren 1968–71)

Various, »Fatty Fatty«, Trojan 1988
(Hervorragende Kompilation mit Produktionen von Clancy Eccles)

Dub:

King Tubby, »Meets The Upsetter At The Grass Roots Of Dub«
(Legendäre Tubby / Perry-Zusammenarbeit von 1974)

King Tubby, »Dub Gone Crazy«, Blood And Fire 1994
(Exzellente Zusammenstellung von Tubby-Mixes aus den Jahren
1975–79)

Augustus Pablo, »King Tubby Meets Rockers Uptown«, Shanchie 1987

Lee Perry, »Scratch Attack«, Clocktower 1988
(Enthält die beiden legendären Dub-Alben *Blackboard Jungle Dub* und
Chapter 1 – aufgenommen im »Black Ark«-Studio)

Keith Hudson, »Pic A Dub«, Blood And Fire 1994
(Aufnahmen von 1974)

Errol Thompson / Joe Gibbs, »African Dub Chapter 3«, Lightning Records 1993
(Effektreiche Mixes – ebenfalls legendär)

Scientist vs. Prince Jammy, »Big Showdown 1980«, Greensleeves 1991

Mad Professor, »Escape To The Asylum Of Dub«, Ariwa 1983

Jah Shaka, »Dub Symphony«, Mango 1990

Alpha & Omega, »Almighty Jah«, Greensleeves 1992
(Mystischer Dub mit endlos tiefem Bass-Sound)

DeeJays:

U-Roy, »With Words Of Wisdom«, Virgin 1979
(U-Roys legendäre Aufnahmen für Duke Reid)

Big Youth, »Screaming Target«, Trojan 1989
(Album von 1973, produziert von Gussie Clarke)

Prince Jazzbo, »Ital Corner«, Blue Moon 1990
(Lee-Perry-Produktion)

Dennis Alcapone, »My Voice Is Insured For Half A Million Dollars«,
Trojan 1989

Dennis Alcapone, »Forever Version«, Heartbeat/Dreadbeat 1991
(Coxsone-Dodd-Produktion)

Scotty, »Unbelievable Sounds«, Trojan 1988

Various, »If DeeJay Was Your Trade«, Blood And Fire 1994
(Hervorragende Kompilation von Stücken aus den Jahren 1974–77)

Various, »Keep On Coming Through The Door«, Trojan 1988
(Kompilation mit DeeJay-Tracks aus den Jahren 1969–73)

Various, »With A Flick Of My Musical Wrist«, Trojan 1988
(U-Roy and Friends 1970–73)

Yellowman, »Mister Yellowman«, Greensleeves 1992
(Yellowman auf der Höhe seiner Kunst 1982)

Roots und 70s:

Various, »Blood And Fire«, Trojan 1988
(Niney-Produktionen von 1971/72)

Dennis Brown, »Some Like It Hot«, Heartbeat/Dreadbeat 1992
(Niney & Dennis at their best)

The Abyssinians, »Satta Massagana«, Heartbeat / Dreadbeat 1993
(Roots par excellence)

Burning Spear, »Harder Than The Best«, Mango 1991
(Kompilation der besten Stücke seiner »Island«-Alben)

Dennis Brown, »The Prime Of Dennis Brown«, Music Club 1993
(Enthält u. a. die besten Songs der Alben *Wolves And Leopards* und
Words Of Wisdom)

Culture »Two Seven Clash«, Shanchie 1988

Willie Williams, »Armagideon Time«, Heartbeat / Dreadbeat 1992
(Roots-Hymne aus dem »Studio One«)

Max Romeo, »War Ina Babylon«, Mango 1976
(Perry-Produktion)

Junior Murvin, »Police And Thiefes«, Mango 1990
(Lee-Perry-Produktionen von 1977)

Various, »Open The Gate«, Trojan 1989
(Großartige Perry-Produktionen aus seiner besten »Black-Ark«-Zeit)

Dancehall:

Barrington Levi, »Englishman / Robin Hood«, Greensleeves 1991
(1980 produziert von Junjo)

Eek A Mouse, »Wa Do Dem«, Greensleeves 1987
(Erstveröffentlichung 1981)

Cocoa Tea, »Rocking Dolly«, RAS / Dreadbeat 1991
(Produziert von Junjo)

Michael Prophet, »Gunman«, Greensleeves 1991
(Enthält die beiden LPs *Michael Prophet* und *Rightious Are Conqueror*)

Frankie Paul, »Tidalwave / Pass The Tu-Shen-Peng«, Greensleeves 1988
(Produziert von Junjo und George Phang)

Various, »Forward«, Greensleeves 1994
(Eine Hit-Auswahl aus den Jahren 1977–82)

General Smiley & Papa Michigan, »Rub-A-Dub Style«, Studio One

Lone Ranger, »On The Other Side Of Dub«, Heartbeat/Dreadbeat 1991
(»Studio One«)

Sugar Minott, »Showcase«, Heartbeat/Dreadbeat 1992
(»Studio One«-Produktion)

Gregory Isaacs, »Night Nurse«, Mango 1982
(Gregorys bestes Album)

Raggamuffin:

Wayne Smith, »Sleng Teng«/»Computerized Dub«, Greensleeves 1992
(Enthält die Sleng-Teng-Originalversion)

Various, »Sleng-Teng Extravaganza«, Mélodie 1992
(21 Original Sleng-Teng-Versions von King Jammy)

Leroy Gibbons, »Four Season Lover«, Dynamics 1992
(Jammy-Produktion)

Frankie Paul, »Sarah«/»Cassanova«, Dynamics
(Zwei fantastische Alben von Frankie Paul für King Jammy)

Lieutenant Stitchie, »Great Ambition«, WER/Dreadbeat 1987
(Jammy-Produktion)

Admiral Bailey, »Undisputed Champion«, Rhino 1993
(= *Kill Them With It*, Baileys bestes Album für King Jammy)

Various, »Soundclash Dub Plate Style«, Sonic Sounds 1990
(»Computerised«-Dub Plates von King Tubby)

Super Cat, »Si Boops Deh!«, Techniques
(Produziert von Winston Riley)

Tiger, »Me Name Tiger«, RAS 1987

Various, »Reggae Hits« Vol. 1–16, Jet Star 1985–94
(Kompilation der Reggae-Hits seit 1985. Je eine Hälfte Ragga, eine Lovers)

Ragga:

Various, »Poco In The East«, VP
(Erster echter Ragga – Steely & Clevie-Produktionen)

Super Cat, »Don Dada«, Columbia 1991
(Eine der ersten Ragga-Produktionen auf einem US-Major)

Shabba Ranks, »As Raw As Ever«, Epic 1991
(Shabbas Debut für »Epic«)

Shabba Ranks, »Rappin With The Ladies«, Greensleeves 1990
(Gussie-Clarke-Produktionen)

Apache Indian, »No Reservations (Don Raja)«, Island 1993
(Bhangramuffin)

Various, »Just Ragga«, Charm 1992
(Hardcore-Ragga-Kompilation)

Various, »Tun It Over 2«, Mango 1992
(Bogle-Selection)

Buju Banton, »Voice Of Jamaica«, Mercury 1993
(Hardcore-Ragga)

Various, »Boom Tunes«, Signet 1993
(Großartige Produktionen von Sting International)

Beres Hammond, »Full Attention«, VP 1993
(Beste Reggae-CD des Jahres 1993 – Lovers-Ragga)

Post Ragga:

Chaka Demus & Pliers, »All She Wrote«, Mango 1993
(Sly & Robbie auf dem Weg in das pluralistische Musikbusiness)

Luciano, »Moving Up«, RAS 1993
(Luciano und Philip Burrell überwinden den Ragga in Richtung
Roots...)

Garnett Silk, »Gold«, Charm 1993
(... Garnett Silk ebenfalls...)

Cocoa Tea, »Tune In«, Greensleeves 1994
(...und auch hier wieder langsamere Rhythmen und Consciousness)

Various, »Jungle Hits Vol. 1«, Street Tuff 1994
(Der erste und ultimative Jungle-Sampler)

Various, »Fever in the Jungle Vol. 1«, Fist 2 Fist
(Besonders stark mit Reggae-Samples durchsetzte Jungle-Tunes)

Various, »The Story Of Jamaican Music«, Mango 1993
(Essentielle Vier-CD-Kompilation der epochalen Reggae-Stücke aus
der Zeit von 1958–1993. Reich bebildertes Booklet mit einem sehr in-
formativen Text von Steve Barrow. Ideal für einen akustischen Einstieg
in die Reggae-History)

Bob Marley:

»The Wailing Wailers At Studio One«, Dreadbeat 1994
(Frühe Ska-Aufnahmen der »Wailers« im »Studio One« – unverfälscht
und ohne Overdubbs. Teilweise in bisher unveröffentlichten alternate-
Takes)

»Simmer Down At Studio One«, Dreadbeat 1994
(Siehe oben, Teil 2. Beide CDs entsprechen der »Heartbeat«-Doppel-
CD »One Love At Studio One«)

»Soul Revolution 1 and 2«, Trojan 1988
(Doppel-CD der Lee Perry-Produktionen mit den »Wailers«. Eine CD
enthält die Versions)

»Chances Are«, Atlantic 1982
(Danny Sims-Produktionen)

»The Upsetter Record Shop – Part 1«, Esoldun 1992
(Enthält die Perry-Produktionen des original *Soul Rebels*-Albums, in-
klusive der Versions)

»The Upsetter Record Shop – Part 2«, Esoldun 1992
(Weitere – rare – Perry-Produktion. Enthält u. a. *Rainbow Country*)

»Catch A Fire«, Island 1973

»Burning«, Island 1973

»Natty Dread«, Island 1974

»Live!«, Island 1975

»Rastaman Vibration«, Island 1976

»Exodus«, Island 1977

»Kaya«, Island 1978

»Babylon By Bus«, Island 1978

»Survival«, Island 1979

»Uprising«, Island 1980

»Confrontation«, Island 1983

»Legend«, Island 1984

»Rebel Music«, Island 1986

»Talkin' Blues«, Island 1991
(Bisher unveröffentlichte Live- und Studioversionen. Mit Interviewausschnitten)

»Songs Of Freedom«, Island 1992
(Vier-CD-Box mit allen wichtigen Aufnahmen von Bob Marley und
den »Wailers«. Reich bebildertes Booklet mit interessanten Texten)

*Da viele Reggae-Platten nur über Import teilweise aus schwer zugäng-
lichen Quellen zu beziehen sind, gibt es darauf spezialisierte Reggae-
Mailorder-Dealers. Bei ihnen kann man nahezu alle verfügbaren Reg-
gae-LPs, -CDs, -Cassetten und -Videos per Katalog bestellen. Hier die
Adressen der beiden größten und bestsortierten:*

*Irie Records
Hüfferstraße 9–10
48149 Münster
Tel.: 0251/45106
Fax: 0251/42675*

Greensleeves Records
Mail Order
Unit 14, Metro Centre, St. John's Road
Isleworth, Middlesex TW7 6NJ
ENGLAND
Tel.: 0044 / 81 / 7 58 23 01
Fax: 0044 / 81 / 7 58 08 11

Bildnachweis

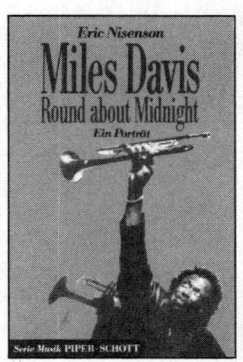

Serie Musik 8256

Wer kannte ihn nicht, »the man with the horn«, Miles Davis?
Der amerikanische Musikkritiker und
Jazzfachmann Eric Nisenson würdigt in diesem Buch
den 1991 verstorbenen legendären Jazztrompeter.

»Miles Davis hat zweifellos zu den wenigen wirklich
genialen Musikern des Jazz gehört.
Sein Tod stürzt einen in die gemischten Gefühle, die auch der
lebende immer wachgerufen, wachgerüttelt hat.«
Werner Burkhardt, Süddeutsche Zeitung

PIPER

Unterhaltung:
Bunt, frech und anders

SP 1712

SP 1662

SP 1643

SP 1742

SP 1730

SP 1732

Piper

Unterhaltung:
Bunt, frech und anders

SP 1869

SP 1764

SP 1861

SP 1858

SP 1937

SP 1813

Piper